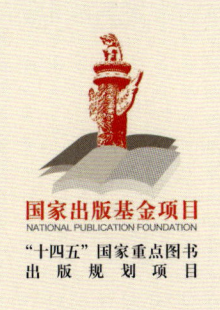

国家出版基金项目
NATIONAL PUBLICATION FOUNDATION
"十四五"国家重点图书
出版规划项目

中国语言资源保护工程

中国濒危语言志　编委会

总主编

曹志耘

主　编

李大勤

委　员（音序）

丁石庆　刘　宾　冉启斌

本书执行编委　李大勤

中国濒危语言志
少数民族语言系列

总主编 曹志耘
主编 李大勤

台湾嘉义邹语

潘家荣 著

商务印书馆
The Commercial Press

图书在版编目（CIP）数据

台湾嘉义邹语/潘家荣著. -- 北京：商务印书馆，2024. -- （中国濒危语言志）. -- ISBN 978-7-100-24371-1

Ⅰ. H631

中国国家版本馆CIP数据核字第2024R8U670号

权利保留，侵权必究。

台湾嘉义邹语

潘家荣　著

出版发行：商务印书馆
地　　址：北京王府井大街36号
邮政编码：100710
印　　刷：北京雅昌艺术印刷有限公司
开　　本：787×1092　1/16　　印　张：17¼
版　　次：2024年11月第1版　　印　次：2024年11月北京第1次印刷
书　　号：ISBN 978-7-100-24371-1
定　　价：228.00元

调查点村落　嘉义县阿里山乡/2012.2.8/潘家荣　摄

调查点传统村貌　嘉义县阿里山乡/2012.2.8/潘家荣　摄

工作照 1　嘉义县阿里山乡 /2016.8.8/ 潘家荣　提供

工作照 2　嘉义县阿里山乡 /2016.8.8/ 潘家荣　提供

语法标注缩略语对照表

缩略语	英语	汉义
1SG	1st person singular	第一人称单数
2SG	2nd person singular	第二人称单数
3SG	3rd person singular	第三人称单数
1PL	1st person plural	第一人称复数
2PL	2nd person plural	第二人称复数
3PL	3rd person plural	第三人称复数
AF	actor focus	施事焦点
ASP	aspect	体
BF	benefactive focus	受惠焦点
CAUS	causative	使动
CNTRFCT	counterfactual	与事实相反
COMP	comparative	比较
CONJ	conjunction	连词
COP	copula	系词
COS	change-of-state	状态改变
DEM	demonstrative	指示
DIST.DEM	distal demonstrative	远指
EMPH	emphatic	强调
EVID	evidential	示证

续 表

缩略语	英语	汉义
GEN	genitive case	属格
IF	instrument focus	工具焦点
INTER	interjection	感叹
IRR	irrealis	未实现
LF	location focus	处所焦点
NAF	non-actor focus	非施事焦点
NEG	negative	否定
NOM	nominative case	主格
NMLZ	nominalization	名物化
OBL	oblique case	旁格
PF	patient focus	受事焦点
PST	past	过去时
POSS	possessive	领属
PROX.DEM	proximal demonstrative	近指
REA	realis	实现
RED	reduplication	重叠
REL	relativizer	关系词
REFL	reflexive	反身

序

2022年2月16日，智利火地岛上最后一位会说Yagán语的老人，93岁的Cristina Calderón去世了。她的女儿Lidia González Calderón说："随着她的离去，我们民族文化记忆的重要组成部分也消失了。"近几十年来，在全球范围内，语言濒危现象正日趋普遍和严重，语言保护也已成为世界性的课题。

中国是一个语言资源大国，在现代化的进程中，也同样面临少数民族语言和汉语方言逐渐衰亡、传统语言文化快速流失的问题。根据我们对《中国的语言》（孙宏开、胡增益、黄行主编，商务印书馆，2007年）一书的统计，在该书收录的129种语言当中，有64种使用人口在10000人以下，有24种使用人口在1000人以下，有11种使用人口不足百人。而根据"语保工程"的调查，近几年中至少又有3种语言降入使用人口不足百人语言之列。汉语方言尽管使用人数众多，但许多小方言、方言岛也在迅速衰亡。即使是那些还在使用的大方言，其语言结构和表达功能也已大大萎缩，或多或少都变成"残缺"的语言了。

冥冥之中，我们成了见证历史的人。

然而，作为语言学工作者，绝不应该坐观潮起潮落。事实上，联合国教科文组织早在1993年就确定当年为"抢救濒危语言年"，同时启动"世界濒危语言计划"，连续发布"全球濒危语言地图"。联合国则把2019年定为"国际土著语言年"，接着又把2022—2032年确定为"国际土著语言十年"，持续倡导开展语言保护全球行动。三十多年来，国际上先后成立了上百个抢救濒危语言的机构和基金会，各种规模和形式的濒危语言抢救保护项目在世界各地以及网络上展开。我国学者在20世纪90年代已开始关注濒危语言问题，自21世纪初以来，开展了多项濒危语言方言调查研究课题，出版了一系列重要成果，例如孙宏开先生主持的"中国新发现语言研究丛书"、张振兴先生等主持的"汉语濒危方言调查研究丛书"、鲍厚星先生主持的"濒危汉语方言研究丛书（湖南卷）"等。

自2011年以来，党和政府在多个重要文件中先后做出了"科学保护各民族语言文字"、

"保护传承方言文化"、"加强少数民族语言文字和经典文献的保护和传播"、"科学保护方言和少数民族语言文字"等指示。为了全面、及时抢救保存中国语言方言资源，教育部、国家语委于2015年启动了规模宏大的"中国语言资源保护工程"，专门设立了濒危语言方言调查项目，迄今已调查106个濒危语言点和138个濒危汉语方言点。对于濒危语言方言点，除了一般调查点的基本调查内容以外，还要求对该语言或方言进行全面系统的调查，并编写濒危语言志书稿。随着工程的实施，语保工作者奔赴全国各地，帕米尔高原、喜马拉雅山区、藏彝走廊、滇缅边境、黑龙江畔、海南丛林等地都留下了他们的足迹和身影。一批批鲜活的田野调查语料、音视频数据和口头文化资源汇聚到中国语言资源库，一些从未被记录过的语言、方言在即将消亡前留下了它们的声音。

为了更好地利用这些珍贵的语言文化遗产，在教育部语言文字信息管理司的领导下，商务印书馆和中国语言资源保护研究中心组织申报了国家出版基金项目"中国濒危语言志"，并有幸获得批准。该项目计划按统一规格、以EP同步的方式编写出版50卷志书，其中少数民族语言30卷，汉语方言20卷（第一批30卷已于2019年出版，并荣获第五届中国出版政府奖图书奖提名奖）。自项目启动以来，教育部语言文字信息管理司领导高度重视，亲自指导志书的编写出版工作，各位主编、执行编委以及北京语言大学、中国传媒大学的工作人员认真负责，严格把关，付出了大量心血，商务印书馆则配备了精兵强将以确保出版水准。这套丛书可以说是政府、学术界和出版社三方紧密合作的结果。在投入这么多资源、付出这么大努力之后，我们有理由期待一套传世精品的出现。

当然，艰辛和困难一言难尽，不足和遗憾也在所难免。让我们感到欣慰的是，在这些语言方言即将隐入历史深处的时候，我们赶到了它们身边，倾听它们的声音，记录它们的风采。我们已经尽了最大的努力，让时间去检验吧。

曹志耘

2024年3月11日

目录

第一章　导论　1

第一节　调查点概况　2
　一　地理位置及历史沿革　2
　二　邹人人口概况　3
　三　邹人的起源　3

第二节　邹语的系属　5

第三节　邹语的濒危状况　6
　一　调查点周边语言情况　6
　二　邹语濒危状况　6

第四节　邹语的研究概况　11
　一　探索阶段　11
　二　发展阶段　12
　三　深化阶段　13

第五节　调查说明　15
　一　本次调查大致过程　15
　二　发音人简况　16

第二章　语音　17

第一节　元辅音系统　18
　一　元音音位系统　18
　二　辅音音位系统　19
　三　音节结构　23

第二节　音变　24
　一　塞音或塞擦音送气化　24
　二　元音同化　24
　三　元音删除　25
　四　元音缩减　25
　五　元音插入　25
　六　喉塞音插入　25
　七　元音换位　26
　八　元音的轻唇擦音化　26
　九　元音的齿龈擦音化　26

第三节　拼写符号　27

第三章　词汇　29

第一节　词汇特点　30
　　一　同音异义　30
　　二　一词多义　32
　　三　一词多"性"　33

第二节　构词法　35
　　一　派生法　35
　　二　复合法　46
　　三　重叠法　47

第三节　词汇的构成　53
　　一　固有词　53
　　二　借词　54

第四节　民俗文化词　56
　　一　交通运输与传统建筑　56
　　二　饮食文化与娱乐　60
　　三　捕捞文化与狩猎活动　62
　　四　农耕活动与生态保护　65
　　五　社会政治结构　69
　　六　婚姻制度　71
　　七　出草与战争　72
　　八　姓氏文化与服饰　73

第四章　分类词表　77

第一节　《中国语言资源调查手册·民族语言（侗台语族、南亚语系）》通用词　79
　　一　天文地理　79
　　二　时间方位　80
　　三　植物　81
　　四　动物　82
　　五　房舍器具　83
　　六　服饰饮食　84
　　七　身体医疗　85
　　八　婚丧信仰　86
　　九　人品称谓　86
　　十　农工商文　88
　　十一　动作行为　89
　　十二　性质状态　92
　　十三　数量　94
　　十四　代副介连词　94

第二节 《中国语言资源调查手册·民族语言（侗台语族、南亚语系）》扩展词　96
 一　天文地理　96
 二　时间方位　97
 三　植物　98
 四　动物　98
 五　房舍器具　100
 六　服饰饮食　101
 七　身体医疗　102
 八　婚葬信仰　103
 九　人品称谓　104
 十　农工商文　105
 十一　动作行为　106
 十二　性质状态　113
 十三　数量　115
 十四　代副介连词　115

第三节　其他词　117
 一　天文地理　117
 二　时间方位　118
 三　植物　118
 四　动物　119
 五　房舍器具　119
 六　服饰饮食　120
 七　身体医疗　121
 八　婚丧信仰　121
 九　人品称谓　122
 十　农工商文　123
 十一　动作行为　123
 十二　性质状态　125
 十三　数量　126
 十四　代副介连词　127

第五章　语法　129

第一节　词类　130
 一　名词　130
 二　代词　134
 三　数词　142
 四　量词　145
 五　动词　147

六	形容词	158	第六章	语料	195
七	副词	161	第一节	语法例句	196
八	连词	164	第二节	话语材料	210
九	格助词	166	一	歌谣	210
十	语气词	171	二	祭歌	214
第二节	短语	172	三	讲述	228
一	结构类型	172	四	故事	244
二	功能类别	175			
第三节	句子	177	**参考文献**		**256**
一	句子成分	177	**调查手记**		**259**
二	句类	180	**后　记**		**262**
三	句式	187			
四	复句	190			

第一章 导论

第一节

调查点概况

一 地理位置及历史沿革

邹语主要分布于台湾省嘉义县阿里山乡，另有一小部分说邹语的人居住在南投县信义乡。本书所述嘉义邹语的调查点位于嘉义县阿里山乡达邦村。

阿里山乡地处嘉义县东部，是嘉义县面积最大的乡镇。阿里山乡以驻地山脉"阿里山"命名，境内山峦起伏，平均海拔1000米左右，总面积427.85平方公里。阿里山乡下辖12村78邻，以乐野村为乡治所在地。

本书的调查点达邦村位于阿里山乡中部，村落总面积约79.5平方公里。达邦村主要由达邦社和特富野社两大聚落集合而成，并以聚落"达邦"命名。

在历史上，邹人原有四大社，分别是达邦社、特富野社、鲁富都社和伊拇诸社。特富野社聚居在阿里山曾文溪二流相交汇的平地，最初由梁氏家族管理，后来被汪氏取代，并持续到今天。达邦社从特富野社分化而来，是仅次于特富野社的第二大社，在发生重大事件时会听从特富野社的指挥。相传，鲁富都社也由特富野社分化而来。当鲁富都社从阿里山迁徙到南投时，遭到了南投伊拇诸族群的激烈抵抗。为了争夺生存的空间，鲁富都社和伊拇诸社之间发生了多次战争。最后，鲁富都社赢得战争，将伊拇诸部落的人屠戮殆尽，从而占据了南投这块地方。自此，邹人仅存达邦社、特富野社和鲁富都社三大社。其中达邦社和特富野社位于嘉义阿里山乡，鲁富都社位于南投县信义乡。

邹人的大社是由几个氏族联合组成的聚居单位，也是邹人社会结构的核心。一个大社的内部成员共享一片聚居地，共同耕作、打猎、抵御外敌。在长期的历史发展中，邹人形成了独特的民族文化和风俗民情。邹人社会文化的独特性蕴含在邹语中，反映在盛大的岁时祭仪中，也体现在邹人生产生活的方方面面。

二 邹人人口概况

根据台湾地区有关主管部门公布的2022年底的户籍登记人口数据，邹人人口为6732人，其中男性3163人，女性3569人。从行政区域上看，居住在嘉义县的邹人人数最多，共计4027人，占邹人总人口数的59.8%。同时，绝大多数的邹人在山区居住。据统计，居住在山地的邹人共6716人，占邹人总人口数99%以上。

在邹人中，能流利使用邹语的多为60岁以上的老年人，60岁以下的邹语使用者则因年龄差距而在语言流利度上呈现出不同程度的差别。一般年龄越高，邹语越流利；年龄越低，邹语越不流利。多数邹人除了使用母语邹语外，还会学习和使用"国语"，以便与汉族沟通和参与各项社会公共事务。

三 邹人的起源

在口传历史时期，邹人的起源故事经部落长老口耳相传得以传承。这些故事共分为两类，即来源故事和创世传说。来源故事有海上漂来说、玉山说和平原说，创世传说有山崩地裂说、神造说、泥造说、茅草说、神播种说、蛇生说和树生说等。下面分别做简要介绍。

1. 海上漂来说

在很久以前，台湾大地洪水泛滥，邹人祖先为躲避洪灾，顺着洪流迁移到了现在的聚居地区。

2. 玉山说

传说邹人一开始并不生活在一起，而是分散在各个地区。一天，一只大鳗鱼在水中横卧堵住了溪流，从而导致洪水泛滥。人们为了躲避洪水侵袭，逃到了玉山上。后来，一只螃蟹用螯夹住了鳗鱼，鳗鱼一转身，洪水便就此退去。自此，邹人祖先顺着溪流离开了玉山，逐渐迁徙到了现在居住的地方。玉山也就因此成了邹人心目中的圣地，被邹人视作自己的发源地。

3. 平原说

在清朝时期，邹人祖先住在平原地区。随着汉人进入，他们原来所住的土地被逐渐占据。后来因难以适应当地的自然环境，邹人离开平原，最后分批迁徙到了深山地区。

4. 山崩地裂说

传说在上古时代发生了一次巨大的地震。在天地崩塌之际，邹人祖先从天地裂缝中出世。

5. 神造说

在很久以前,天地混沌。天神哈莫来到玉山上制造了人类,因此玉山也就被邹人奉为圣山。

6. 泥造说

传说从前有个女神,它是所有神中最厉害的一位。这位女神用泥土造了一个男人和一个女人。女神让他们两个人好好生活,繁衍子孙后代。这两个人是邹人的祖先。

7. 茅草说

很久以前,邹人的天神从天而降,并在茅草里面生活。过了不久,天神便用茅草创造了人类,分别是一男一女。天神命令他们结合,繁衍子孙后代,建立部落,从此他们便成为了邹人部落的始祖。

8. 神播种说

据说天神哈莫来人间时,在大地上播撒种子。这些种子长大后便成了人类。天神只播种了一次,等人从土里出来后就停止了播种。自此,这些人繁衍出了今天邹人的子孙后代。

9. 蛇生说

传说很久以前,有一位住在平地的青年上山打猎,不久便碰到了一只体形庞大的鹿。青年马上拉弓射箭,将鹿射伤了。鹿带伤逃跑,青年向前追赶。不知不觉中,他便来到深山老林。因天色已晚,他不小心跌落到山谷之中,昏迷不醒。待到第二天醒来时,青年发现身旁有一条体形巨大的大蛇在为自己疗伤。为报答这条大蛇的救命之恩,青年便与其结为夫妇。大蛇生下了好多子女,它们都是人类的模样。这一家人聚居在深山里面一起生活了好多年。后来,青年厌倦了大山里的生活,便找借口逃回了平原地区。大蛇发现青年离开后十分恼怒,开始吞食自己的子女。其中有一人离大蛇较远,没有被大蛇吃掉,便借机从大蛇身边逃离,成为了邹人的祖先。

10. 树生说

关于树生说,邹人有两个版本。其一,天神哈莫从天而降。来到大地上后做的第一件事就是摇动树木,落下来的树叶就成为了大地上的第一批人,也就是马雅人和邹人的祖先。之后,天神又再次摇动树木,树叶再次落下来,落下来的树叶就变成了汉人的祖先。其二,相传很久以前,天神哈莫来到了大地上。他用力摇动树木,使树上落下来的叶子变成了女人。在当时的世界上已经有了男人,可那些树叶变成的女人不愿意和男人生活在一起。天神便设下酒宴,让男人和女人联谊,并且撮合他们生活在一起,繁衍后代。

以上关于邹人祖先的传说故事都是从口传历史时期传承下来的。这些故事虽然荒诞,但都是邹人代代相传的重要起源故事,体现了邹人的族群观和神灵观,具有十分重要的历史文化价值。

第二节

邹语的系属

基于 Blust（1977）的分类，南岛语系可分为泰雅语群、邹语群、排湾语群和马来—波利尼西亚语族，前三者都分布在台湾。邹语群分为北邹和南邹，北邹包括伊拇诸邹语、鲁富都方言、达邦方言和特富野方言，南邹包括拉阿鲁哇语和卡那卡那富语。邹语群在整个南岛语系占据独立的一个分支，这充分体现了其在整个南岛语系中的独特性和重要性。

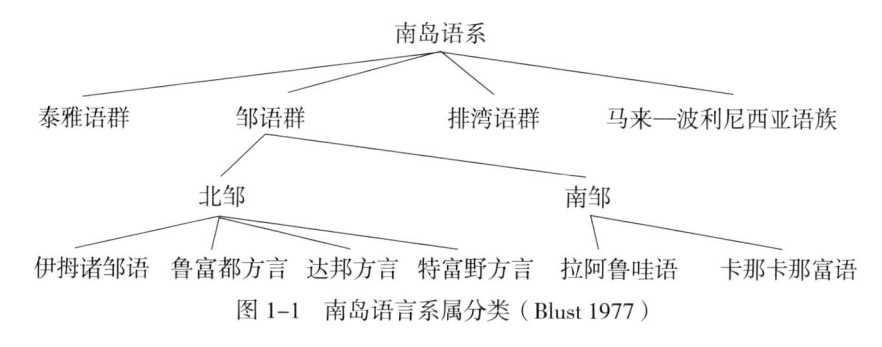

图 1-1　南岛语言系属分类（Blust 1977）

基于 Blust（1999）的另一分类，南岛语系可分成十个语群或语族，即泰雅语群、东台湾南岛语族、卑南语群、排湾语群、鲁凯语群、邹语群、布农语群、西台湾平原南岛语群、西北台湾南岛语群和马来—波利尼西亚语族。在这一分类中，邹语群依然被视作一个独立的语群并包含北邹和南邹两个语支，这再次显示了其在南岛语系中的重要地位。

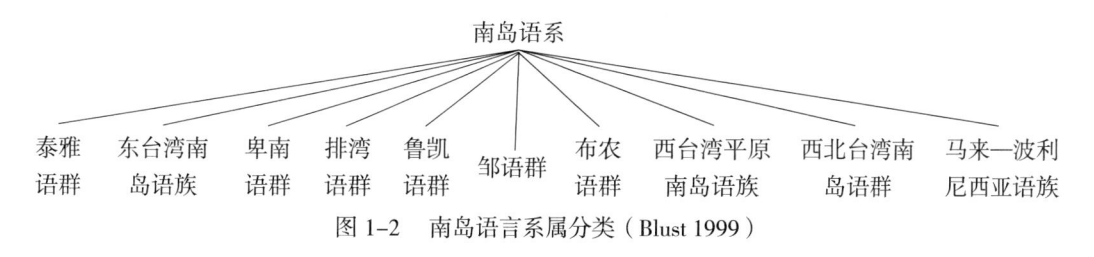

图 1-2　南岛语言系属分类（Blust 1999）

第三节

邹语的濒危状况

一 调查点周边语言情况

嘉义县阿里山乡是邹人最主要的聚居地，也是说邹语者比较集中的一个乡。现在的邹语共有三个方言：特富野方言（tfuja）、达邦方言（tapaŋɨ）和鲁富都方言（ɖuhtu）。其中，特富野方言和达邦方言通行于嘉义县阿里山乡，鲁富都方言仅通行于南投县信义乡久美村（mamahavana）。在阿里山乡，特富野方言使用于三个地点：特富野（tfuja）、来吉（pŋuu）和乐野（ɖaɖauja）；达邦方言使用于五个地点：达邦（tapaŋɨ）、里佳（niaeʔutsna）、山美（saviki）、新美（siŋvi）和茶山（tsajamavana），后三者统称南三村。邹语内部方言的差异较小，仅在少数词汇和语音上存在不同。

由于阿里山乡地理位置偏僻，交通较为闭塞，因此该地自古为邹人领地，基本上没有其他族群或部落在此居住。除邹语外，其他台湾南岛语言在阿里山乡未见分布。

根据台湾地区有关主管部门公布的2022年底的户籍登记人口数据，嘉义县包括邹人在内的少数民族原住民共计6005人，仅占嘉义县总人口的1.23%。在阿里山乡，汉族也是主要的居住人口。汉族所使用的"国语"和闽南话不仅通行于阿里山乡，也是汉人和邹人之间交流所使用的主要语言。

二 邹语濒危状况

邹语使用人口较少，语言使用情况也比较单纯。年龄较大的邹人几乎都会使用邹语，同时由于历史原因，也有部分高龄者能够使用日语。年轻人一般仍能听懂邹语，但大部分人已不具备流利地说邹语的能力。

下面我们尝试根据联合国教科文组织设计的评估语言濒危九项指标来评估邹语的濒危程度。

指标1：代际间的语言传承

在当地的学龄前儿童中，有一些孩子可以用邹语说些简单的日常生活用语，但这种情况大多出现在祖父母及父母都会说邹语的家庭中。若在一个家庭中，祖辈或父辈都不会说邹语，那么孩子也大都不会说邹语。等到了入学年龄，邹人儿童均在当地小学或中学就读，以使用"国语"为常。由此可见，邹语在代际之间的语言传承十分受限，属于2级（严重濒危），即该语言主要被祖父母辈及以上辈分的人使用。

指标2：语言使用者的总人数

联合国教科文组织没有给出一个具体的数字来确定到底多少人使用的语言或方言算是濒危状态。但下列一些数据能说明邹语的濒危程度：根据台湾地区有关主管部门公布的2022年底的户籍登记人口数据，邹人人口为6732人，其中还能流利使用邹语的人多为60岁以上的老人，粗略估计在百人左右。

指标3：语言使用者占总人口的比例

与其他地区相比，阿里山乡的特富野、达邦、里佳三地使用邹语的情况相对较好。然而，这三个地方的人口本来就少，近几年人口流动也较以前多，加之孩子初中或高中之后基本都到市区上学，不会留在邹人部落所在地，所以邹语流失的情况仍比较严重，而且流失速度也在加快。其结果是，年轻人中真正会说邹语的并不多。据此，从邹语使用者占总人口的比例上看，邹语属于2级（严重濒危），即仅少部分人使用该语言。

指标4：语言使用领域的转变情况

邹语的使用范围大多限于特定场合，如传统节日和祭祀庆典。在日常生活中，老一辈人之间或家庭成员之间交谈时可能会使用邹语，但同时也会使用汉语。因此，就语言使用领域的转变情况而言，邹语属于2级（严重濒危），即邹语仅在有限的社会领域中使用且功能受限。

指标5：语言对新领域与媒体的反应情况

随着社会的发展，电视、广播、报纸等各类媒体开始进入使用邹语的地区，对当地的生产生活造成了较大的影响。然而，这些媒体都使用汉语来传播信息，使邹语的使用空间被进一步压缩。在与汉语接触的过程中，邹语借入了部分汉语词汇并创造了一些邹语新词，这使邹语在一些新兴领域中也得到使用。总体来看，邹语的濒危程度属于2级（严重濒危），即在某些新领域中能够使用该语言。

指标6：用于教育和学习的语言材料

邹语的使用多局限于日常生活，少见于演讲、会议等正式场合。随着邹语保护意识的提高和保护工作的推进，一些用于教学的邹语书面材料开始在学校中使用，学生也可以选择邹语作为选修课程。因此，在教学可获得的书面材料方面，邹语属于4级，即有书面材料供师生教学使用，但书面语言仅用于课堂教学，不用于行政管理。

指标7：政府机构的语言态度与采取的保护政策

当地政府对保护邹语的工作非常重视，并向上了年纪的老人提供物质上的帮助，即通过保证他们在物质上的需求来助推非物质文化遗产的保护。此外，当地每年都会在县里、乡里组织节日庆典活动和学术研讨会等。总体而言，邹语获得的政府保护等级为4级（有区别的支持），即邹语主要作为私人场合使用的语言得到政策保护。在公共领域，邹语并不是官方或主体语言。

指标8：社区成员对自己语言的态度与认识

大多数邹人都非常热爱自己的母语，并对邹语的现状及未来发展表示担忧，但也有一小部分人对邹语的保护和发展持无所谓的态度。根据这一情况，邹语属于3级（确实濒危），即语言社区中有许多成员支持语言的维持，但有部分成员的语言认同感偏低，对语言持消极甚至否定的态度。

指标9：文献的数量与质量情况

由于邹语没有发展出成熟的文字体系，因此基本没有古代文献记录。邹人的传说故事、童谣歌曲、传统祭歌等主要通过口耳相传的方式在代际间进行传承。近年来，随着语言保护意识的提高和语言学研究的发展，不少邹语母语者同语言学研究者合作，对邹语进行记录和保护，以促进邹语的传播和发展。中国语言资源保护工程的大力推进也对邹人语言文化的保护和传承起到了重要影响和积极作用。就整体情况来看，邹语在文献数量与质量方面属于2级（严重濒危），即有一些语法、词汇、语音等方面的文献，如参考语法、词汇表和长篇语料等，但并不全面；此外也有一些录音和录像资料，但质量参差不齐，有一些得到了标注和分析，有一些没有或无法注解。

通过对以上九条指标考察，邹语的濒危程度可归纳如下：

表1-1 邹语的濒危程度

序号	指标	级别	具体表现
1	代际间的语言传承	2	该语言主要被祖父母辈及以上辈分的人使用
2	语言使用者的总人数	—	百人左右
3	语言使用者占总人口的比例	2	少部分人使用该语言
4	语言使用领域的转变情况	2	该语言被用于有限的社会领域，且只能发挥有限的几个功能

续 表

序号	指标	级别	具体表现
5	语言对新领域与媒体的反应情况	2	该语言使用于某些新领域
6	用于教育和学习的语言材料	4	学校里有该语言的书面教学材料和课程,但该语言不用于行政管理
7	政府机构的语言态度与采取的保护政策	4	该语言作为私人场合使用的语言得到保护
8	社区成员对自己语言的态度与认识	3	许多成员支持使用该语言,但部分人持无所谓的态度,甚至可能支持该语言的消失
9	文献的数量与质量情况	2	有一些语法、词汇、语音等方面的文献,但不全面;有一些质量不等的视听材料,有的被解读过,有的还没有注解

到目前为止,邹人使用邹语的人数在不断减少,而使用者年龄则逐年增加,使用范围也逐渐缩小,这进一步加速了邹语的流失。究其原因,我们认为主要有以下几个方面:

一是生产方式的改变。在较长一段时间内,邹人处在没有电视、手机等电子产品的传统生活方式中,人们一直保持着原有的生活特点和风俗习惯。在忙完一天的农活后,他们会在晚饭后聚在一起聊天,听老人用邹语讲故事。尤其是在没有农活的冬季,一起聊天、听故事是邹人的主要休闲方式。随着社会的发展,如今人们的生活有了很大的变化,特别是电视、手机等电子产品的出现,使得人们将较多的闲暇时间用于看电视或手机聊天上,日常生活中使用邹语的机会减少,使用邹语进行交流的时间也明显缩短。

二是语言态度的改变。这一点在年轻人中比较突出。许多年轻人认为各种语言在未来都是要融合为一的。他们接受"优胜劣汰"的观念,认为人类的各种语言是在相互竞争中发展的,强势语言占主导地位而弱势语言逐步走向消亡是不可避免的自然规律。多数年轻家长都坚持认为孩子只有掌握汉语才能同汉族小孩竞争。因此,邹人的小孩都被要求尽快地掌握和使用汉语,以获得更好的教育资源。

三是异族通婚与人口流动。阿里山乡的邹人近几年同外民族通婚的比例在不断增加。这样一来,就会出现家庭用语不统一的情况。此时家庭成员大都选用汉语作为日常交流语言,这就使孩子在母语学习阶段失去了学习邹语的机会,许多邹人的子女自小就成了汉语单语者。另外,学校基本都采用单一的汉语教学,课余活动也是用汉语交流,在校园中几乎不使用邹语。其结果是,即使是那些在学龄前初步掌握了邹语的学生,其母语能力在入学后也无法得到巩固和提高。久而久之,他们的邹语口语表达能力就越来越差。在过去几十年间,随着经济的发展,外出经商和打工的邹人越来越多,他们离开聚居区去外地后一般只使用汉语与他人交流，母语能力因此逐渐退化。

面对邹语的迅速流失，不少邹人耆老忧心忡忡。有些耆老说，丢了邹语，邹人就"断根了"；有些耆老认为，没有邹语，邹人的特征也就不存在了。当然，也有一些耆老在预测邹语未来前景后，积极地寻找防止邹语流失的措施。此外，越来越多的当地知识分子开始认识到，必须抓紧时间采取有力措施、创造有利条件，尽可能地把在台湾南岛语言中具有重要地位的邹语用科学的手段记录、保存下来。我们认为，这也是语言学专业工作者目前应该承担起来的最重要的任务。

第四节

邹语的研究概况

自20世纪以来，学者们开始着手邹语的调查研究。其探索过程漫长但各有代表性成果，这个过程大致可分为"探索""发展"和"深化"三个阶段。

一 探索阶段

20世纪60年代到90年代，是国内外学者初步探索邹语语言特点的时期。成果主要集中在语音方面，在语法研究方面也有一定的收获。

董同龢的《邹语研究》（1964）对台湾阿里山邹语的语音系统、形态变化和语法结构做了全面、细致的描写。该书的语音部分首先描写邹语语音系统中的音段音位（the segmental phonemes），指出邹语有十五个辅音音位，六个元音音位；而后就超音段特征（the suprasegmental phonemes）展开了分析描写，重点讨论了重音强度（the degree of stress）、接合特征（the junctural features）和语调类型（the type of intonation）等超音段现象。

该书对句子进行了细致的分类描写，指出邹语的每句话都有一个特殊的语调，并根据句子的特征分出了一些下位类型，如标准句（standard sentence）、前置标准句（preceded standard sentence）、倒置标准句（inverted standard sentence）、复杂句（complex sentence）、合并句（compound sentence）等，总数多达二十三种。另外，作者还分章节详细介绍了邹语句子中各结构成分的特点，为读者了解邹语句子构成提供了很好的参考。

在词汇、短语方面，作者介绍了连词短语和构词法。按照组成成分，该书把邹语的词分为四类，分别是简单词（simple words）、复杂词（complex words）、缩减词（shortened words）和合成词（compound words）。该书还注意到连词在邹语语法中所起到的重要作用，指出邹语短语实际上就是相同种类的单词或短语通过连接词按照一定模式构成的。

此外,学界早期的邹语研究成果还有土田滋(Tsuchida 1976)的《邹语音系重构》(*Reconstruction of Proto-Tsouic Phonology*)、何大安(1976)的《邹语音韵》、李壬癸(Li 1979)的《邹语方言的语音差异》(*Variations in the Tsou Dialects*)、Wright 和 Ladefoged(1994)的《邹语语音研究》(*A Phonetic Study of Tsou*)、Wright(1996)的《邹语辅音串及线索感知》(*Consonant Clusters and Cue Perception in Tsou*),以及张雅音(Chang 1998)的《邹语疑问词结构与疑问词移位现象之探讨》(*Wh-constructions and the Problem of Wh-movement in Tsou*)等。土田滋(Tsuchida 1976)以历史语言学的研究视角考察了邹语、沙阿鲁阿语和卡那卡那富语之间的语音对应与演变规则;何大安(1976)利用董同龢的语言资料探讨邹语的语音系统及其音韵规律;李壬癸(Li 1979)深度考察邹语各方言之间的语音差异,并提供其对应规律;Wright 和 Ladefoged(1994)对邹语的语音进行了初步的调查和描写;Wright(1996)从声学研究视角分析邹语辅音串的语音特点;张雅音(Chang 1998)立足于原则与参数理论探讨了邹语的疑问句结构及相关的疑问词移位现象。

二 发展阶段

20世纪末到21世纪初,是邹语研究的发展阶段。这一时期的主要成果均集中在句法方面。

齐莉莎(2000)的《邹语参考语法》对邹语做了简要但系统的描写分析,内容涉及语音、构词以及部分句法结构等方面。该书首先指出了邹语所具有的许多重要的语言学特征,比如该语言没有声调,词呈现出多音节特征,运用前缀法、重叠法等构造新词,存在着语法化程度较高的焦点系统,等等。

该书的语音部分从语音系统、音韵结构和音节结构三方面展开。书中指出:邹语共有十五个辅音、一个滑音和六个元音;辅音可出现在词首或单元音后,但不能出现在词末;元音的位置较自由,可出现在词首、两辅音之间或词末;邹语存在一定的音韵规则,如鄂化、音位转换、音位转移和元音省略等;其基本音节结构是"辅音+元音",基本音节可以相连,且重音一般落在词的倒数第二个音节之上。

该书把邹语的词分为单纯词、衍生词、复合词、重叠词和外来语借词五类。其中,单纯词可分为单音节和多音节单纯词两类。衍生词由词根和词缀组合而成,其中词缀分为前缀、后缀和环缀三类。重叠词是指名词性或动词性的词根通过重叠法构成的词,其中名词性词根重叠表复数,动词性词根重叠表"加强"或"重新做"。外来语借词主要指那些从西班牙语、闽南语、日语等其他语言或方言中借用而来的一些词。

在语法结构方面,《邹语参考语法》一书分别介绍了邹语简单句结构和复杂句结构的特点。前者涉及词序、格位标记系统、代名词系统、焦点系统、时貌（语气）系统、存在句结构、祈使句和使役结构、否定句结构、疑问句结构等多个方面。这显然有助于深化学界对邹语语法特点的认识。

这一时期其他的重要成果还有：黄宣范（Huang 2002）的《独特的邹语：从认知视角看语言中的情绪词和身体词》（*Tsou Is Different: A Cognitive Perspective on Language, Emotion, and Body*）、张雅音（Chang 2002）的《邹语名物化结构》（*Nominalization in Tsou*）、陈银玲（Chen 2002）的《邹语音位音节与借字研究》（*Tsou Phonology: A Study of Its Phonemes, Syllable Structure and Loanwords*）、蔡维天和张雅音（Tsai & Chang 2003）的《疑问副词的两种类型：邹语中疑问词"怎么"和"为什么"的类型学研究》（*Two Types of Wh-adverbials: A Typological Study of HOW and WHY in Tsou*）、张雅音（Chang 2004）的《邹语语法结构与主语问题探究》（*Subjecthood in Tsou Grammar*）、Zeitoun（2005）的《邹语》（*Tsou*），以及黄惠如和黄宣范（Huang & Huang 2007）的《从词汇视角看邹语的语态结构》（*Lexical Perspectives on Voice Construction in Tsou*）等。其中，黄宣范（Huang 2002）分析了邹语表达情绪的词语，张雅音（Chang 2002）探究了邹语名物化的内部结构和特点，陈银玲（Chen 2002）重新阐述了邹语基本音韵议题，蔡维天和张雅音（Tsai & Chang 2003）对邹语中的两类疑问副词进行了深度考察和对比研究，张雅音（Chang 2004）尝试根据最简方案理论解决与邹语主语、主题等相关但一直有争议的问题，Zeitoun（2005）对邹语进行了简要概述，黄惠如和黄宣范（Huang & Huang 2007）则重点讨论了各种类型动词的语态标记。

三 深化阶段

近年来，随着对邹语研究的深入，学者们对邹语的研究开始向多维度拓展，特别注重从多视角考察邹语与其他语言在语法现象方面的联系。

张永利（Chang 2009，2011a，2011b，2015a，2015b）深入探讨邹语的副动词结构、格位标记系统、双及物结构、名词性动貌，以及复杂的动词结构。潘家荣（Pan 2010）分析了邹语各种类型时间词的语法表现及其特点，考察了拉阿鲁哇语、卡那卡那富语和邹语的报道型示证现象；黄惠如（Huang 2010）则针对言谈语句的语法表现和语用展开了进一步的探讨。林谷静（Lin 2010，2017）考察了邹语的论元结构及无焦点呼应连动结构的事件合并和论元表现；刘彩秀（Liu 2011）探讨了邹语、阿美语、泰雅语的补语句，包括完整的补语句、论元共享的补语句和论元提升的补语句等。潘家荣（2014，2019，2020）分别考察了沙阿鲁阿语和邹语的形容词，分析了邹语和拉阿鲁哇语的祈使结构，归纳了邹语时点和时段词语的特征；潘家荣和张永利（2017）对邹语进行了概要式的描写分析；潘家荣和杜佳烜（2019）则从跨语言视角考察了邹语的语序问题。

张永利和潘家荣（2018[2016]）细致地梳理了邹语语法的全貌，是21世纪以来邹语研究领域中最为全面且最有深度的调查、描写成果。全书共分十五章。第一章是导论，介绍邹语的分布和语言现状；第二章分别介绍了邹语的语音、音韵系统和书写符号；第三章讨论了构词单位、构词方法、外来语借词以及拟声词等；第四章介绍了邹语的词类与词序；第五章和第六章分别讨论了邹语复杂的格位标记与代名词系统以及焦点与时貌语气系统；第七章到第十一章讨论的是简单句结构，包括存在结构、祈使结构、使动结构、否定结构以及疑问结构；第十二章至第十五章则考察了复杂句结构，包括补语小句、完整补语句、修饰结构和并列结构。另外，此书还附有长篇语料和邹语的500个基本词汇。

以上这些研究大多数是从调查邹语所得的一手资料入手的，为后续邹语研究的细化和拓展奠定了坚实的基础，也在促进邹语的传承和保护过程中发挥了良好的作用。

第五节

调查说明

一 本次调查大致过程

（一）调查背景

随着现代化进程的加快和城镇化工程的推进，我国少数民族语言和汉语方言正在以前所未有的速度发生变化，许多语言、方言趋于濒危或面临消亡。为了全面掌握语言国情，更好地保护国家语言资源，传承和弘扬中华各民族的优秀文化，并向社会提供语言资源和口头文化资源服务，教育部、国家语委从2008年起开展了中国语言资源有声数据库建设工作。2015年，教育部、国家语委印发了《关于启动中国语言资源保护工程的通知》（以下简称《通知》），《通知》要求严格按照有关规范进行调查、摄录、整理工作，并且要切实抓好培训、实施、预验收三个环节。这是一项具有重大现实意义的文化工程，同时也是当前十分重要又紧迫的任务。

2016年本书作者组建的课题组承担了中国语言资源保护工程专项任务"民族语言调查·台湾嘉义邹语"项目（项目编号为YB1624A128），按照相关要求完成了录音、录像、拍照、整理、转写语料并对语料进行语法标注等任务。紧接着，我们承担了濒危语言志《台湾嘉义邹语》的撰写任务。为此，在2016年7月至8月、2017年7月至8月和2022年2月至3月，本课题组赴嘉义县阿里山乡对邹语进行了三次较长时间的实地调查。

（二）调查过程

做好前期准备是语言学田野调查顺利进行的基本保证。在前期准备阶段，课题组成员参加了语保工程组织的调查方法和语料标注等培训，目的是做出符合语保工程要求的成果。

在2016年调查之初，课题组一开始选定在阿里山达邦村内进行语料录制工作。然而，由于该村地处山区，汽车的鸣笛声、拖拉机的轰鸣声及其回音都特别大，录音效果并不理想。同时，在村民家工作时，常常会有社区里的邹人来串门，影响调查工作的开展。为保证录音质量，提高工作效率，课题组成员和发音人最终决定到中正大学的校内酒店进行摄录工作。

完成主体调查工作和语料分析后，课题组于2017年和2022年先后两次回到达邦村调查点，在发音人和其他邹人的帮助下，完成了语料增补、核对以及图片资料拍摄等工作。

二　发音人简况

（一）庄某某

男，邹人，1945年出生，台湾嘉义阿里山乡达邦村人，其妻也是邹人，夫妻俩都是高中文化程度。庄某某会说流利的邹语，可以讲民间故事。夫妻俩基本上使用邹语进行交流，因而其子女也都会说点邹语。庄某某还经常参加母语教学活动，教幼儿园、小学的孩子们学习邹语。

（二）汤某某

女，邹人，1953年出生，台湾嘉义阿里山乡达邦村人，高中文化程度。汤某某的丈夫也是邹人。汤某某会说流利的邹语，可以讲民间故事，对谚语及谜语多有了解。汤某某和家人基本上使用邹语进行交流，因而其子女也都会说点邹语。此外，汤某某还知道很多有关邹人的历史文化知识。

第二章 语音

第一节

元辅音系统

一 元音音位系统

邹语元音较少，共有6个，分别是i、ɨ、u、e、a、o。下面根据不同的发音特征对这6个元音做分类描写。

（一）根据舌位的前后，邹语元音可以分为前元音、央元音、后元音三类，即：

前元音　　　i　　e　　　a

央元音　　　ɨ

后元音　　　u　　o

（二）根据舌位的高低，邹语元音可以分成高元音、中元音和低元音三类，即：

高元音　　　i　　ɨ　　u

中元音　　　e　　o

低元音　　　a

（三）根据唇的圆展情况，邹语元音可以分成圆唇元音和不圆唇元音两类，即：

圆唇元音　　o　　u

不圆唇元音　i　　ɨ　　e　　a

综上，邹语的元音其音值可分别描写如下：

i: 前、高、不圆唇元音。

ɨ: 央、高、不圆唇元音。

u: 后、高、圆唇元音。

e: 前、中、不圆唇元音。

o: 后、中、圆唇元音

a: 前、低、不圆唇元音。

表2-1是对邹语元音系统的归纳：

表2-1　邹语的元音音位系统

	前	中	后
	不圆唇	不圆唇	圆唇
高	i	ɨ	u
中	e		o
低	a		

元音在邹语词汇中的位置较自由，可出现于词首、词中和词尾。根据元音出现的不同位置，我们将其整理如表2-2所示：

表2-2　邹语的元音分布

	词首		词中		词尾	
i	ino	母亲	iŋkina	龙眼	iski	雄鹰
e	esou	竹枝	hiaemoza	穿山甲	inhe	母猪
u	utsei	芋头	tutuŋaza	螳螂	faju	蛔虫
o	oteofʔu	害喜	foʔkuŋe	青蛙	umo	舌头
ɨ	itki	吊桥	mvietsɨ	雾	efohɨ	山苏菜
a	amtsu	山葡萄	tamajae	蟋蟀	papasa	切

二　辅音音位系统

邹语中有16个辅音，即p、t、k、ʔ、ɓ、ɗ、f、s、h、v、z、ts、m、n、ŋ、j。下面根据发音部位及发音方法对这16个辅音进行具体的分类描写。

（一）根据发音部位，邹语中的辅音可分为双唇音、唇齿音、舌尖音、舌面音、舌根音和喉音6种。

双唇音　　　p　　　ɓ　　　m

唇齿音　　　f　　　v

舌尖音　　　t　　　ɗ　　　s　　　z　　　ts　　　n

舌面音	j	
舌根音	k	ŋ
喉音	ʔ	h

（二）根据发音方法，邹语中的16个辅音可分为塞音、擦音、塞擦音、鼻音和滑音。其中塞音有清塞音和浊内爆音的区别；擦音有清擦音和浊擦音的区别。

清塞音	p	t		k	ʔ
浊内爆音	ɓ	ɗ			
清擦音	f	s	h		
浊擦音	v	z			
清塞擦音	ts				
鼻音	m	n	ŋ		
滑音	j				

上述16个辅音按照发音部位和发音方法，其各自具体的音值可归纳如表2-3所示。

表2-3 邹语的辅音音位系统

		唇音		舌尖音	舌面音	舌根音	喉音
		双唇音	唇齿音				
塞音	清	p		t		k	ʔ
	浊内爆音	ɓ		ɗ			
擦音	清		f	s			h
	浊		v	z			
塞擦音	清			ts			
鼻音		m		n		ŋ	
滑音					j		

根据辅音在邹语音节结构中出现的不同位置，可将其具体分布整理如表2-4所示。

表2-4 邹语的辅音分布

	词首		词中		词尾
p	papai	水田	poepe	风	—
t	tʔotsŋa	葱	hotueva	枕头	—

续表

	词首		词中		词尾	
k	koju	耳朵	oko	小孩	—	
ʔ	ʔotsea	茶	teʔi	大便	—	
ɓ	ɓoki	阳具	eoɓako	打	—	
ɗ	ɗueʔamamia	懒	poɗo	蚯蚓	—	
s	sipisipi	缝儿	moseoʔohni	天亮	—	
h	hopŋo	双胞胎	tsoŋeoha	星星	uh	去
v	vihi	喉咙	kavʔoe	坛子	—	
f	fʔuhu	背	ʔofifihosi	徒弟	—	
z	zosʔusi	戳	tupuza	烧	—	
ts	tsotsoja	宽敞	tsietsɨ	矮	—	
m	majahe	快	siseomɨ	平	—	
n	naihiʔhi	狐臭	noeʔinʔi	软	—	
ŋ	ŋoveo	困难	hoʔonɨ	糊	—	
j	japui	火花	hapuju	石灰	—	

邹语中两个辅音可以连起来，构成辅音串，其中间没有元音串联。根据辅音串在邹语中出现的不同位置，我们将其具体分布整理如表2-5所示：

表2-5 邹语的辅音串的分布

	词首		词中（元音间）		词尾
pt	ptsɨjɨ	肾	japtɨ	树皮	—
ps	psipsi	癣	koekopsɨpsɨ	梳子	—
pk	pkaako	逃跑	—		—
pʔ	pʔeatsʔa	罚站	popʔupʔuŋu	跪	—
pŋ	pŋaja	含	jupŋotsu	胀	—
fk	fkuu	北斗星	tifkitsi	掐	—
fs	fsoi	葛藤类	ɗemotʔafso	消防员	—
tp	tposɨ	书	peotpuʔa	子弹	—

续 表

	词首		词中（元音间）		词尾
tk	—	—	itkɨ	吊桥	—
kt	—	—	zotɨktsɨi	逼	—
vh	vhoŋɨ	细	amɨpɨpivhɨ	努力	—
mt	mtuehu	三十	aʔɨmtɨ	真	—
nt	nte	假如	entotsu	烟囱	—
ŋt	ŋtosɨ	白发	peŋtsi	钳子	—
ŋv	—	—	ekujuŋva	头巾	—
mh	mhotsni	窄	esmomhahie	东方	—
nh	—	—	inhe	母猪	—
ʔp	ʔpitva	七月	aaʔputsu	概括	—
ʔt	ʔtueva	三月	mauʔtoʔtohiŋi	聪明	—
ʔk	—	—	maʔkoju	希望	—
ʔm	—	—	paʔmomɨtɨ	部落入口处	—
ʔŋ	—	—	piʔŋi	黏土	—
ʔn	—	—	foʔna	鹊豆	—
fʔ	fʔuhu	背面	heufʔa	坟墓	—
sʔ	sʔofɨ	棍子	tasʔusna	入赘	—
hp	hpɨhpiŋi	国家	ɓohpino	托腮	—
hts	htsoi	干叶子	tsihtsihi	独自	—
hk	hkuju	驼背	kuhku	狐狸	—
hʔ	hʔojunsova	生活器具	peɨhʔita	山洞	—
vʔ	—	—	paskuvʔi	挑拨	—
zʔ	—	—	hpozʔo	稻谷的花	—
tsʔ	tsʔosɨ	樟树	akʔetsʔoeha	河神	—
mʔ	mʔeaɓonɨ	讨饭	tsumʔu	附近	—
nʔ	nʔa	一下	maitanʔe	今天	—

上表显示，邹语中的辅音串主要分布在词中和词首，在词尾没有分布。

三　音节结构

邹语的音节结构较为简单。若以 V 和 C 代表元音和辅音，邹语的音节可分为如下五类：

1. V	i.no	母亲	fo.u	瘦肉
2. CV	tso.tso.ja	宽敞	vi.hi	喉咙
3. CCV	vho.na	右	ho.pŋo	双胞胎
4. CCVV	ju.pteɨ.d̪ɨ	相遇		
5. CVV	meo.i.si	大	mo.o.teo	等待

值得注意的是，并非两个元音邻接就是双元音。邹语的重音固定在倒数第二音节之上，因此其词语中的重音位置可以作为区分双元音的标准。例如，moŋoi"离开"表面上看起来像是含有两个音节的实词，oi 好像是双元音，但其重音落在其中的第二个元音 o 上，而非第一个元音 o 上。这就表示，该词中的第二个 o 是单独成为一个音节的。可见，o 和 i 虽然紧邻，但其实并没有形成双元音，因而 moŋoi "离开"实际上包含的是三个音节，即 mo.ŋo.i。

第二节

音变

邹语的主要音变是因构词运作而衍生的语音变化，包括塞音或塞擦音送气化、元音同化、元音删除、元音缩减、元音插入、喉塞音插入、元音换位、元音的轻唇擦音化、元音的齿龈擦音化等。

一　塞音或塞擦音送气化

在邹语中，塞音 p、t 或塞擦音 ts 后接 h 时会变为送气塞音 pʰ、tʰ 或送气塞擦音 tsʰ。例如：

phieni	卖	→	pʰieni
tshua	烤、宰杀（受事焦点）	→	tsʰua
otsɨphɨ	密	→	otsɨpʰɨ
huphina	价钱	→	hupʰina
matsatsaphɨ	脚印	→	matsatsapʰɨ
tmophi	缝	→	tmopʰi
smophoi	蜕	→	smopʰoi
tsatsaphɨ	脚大	→	tsatsapʰɨ
phiŋi	门	→	pʰiŋi

二　元音同化

在邹语中，当两个词根复合时，前一词根末尾的元音会同化为后一词根的词首元音。例如：

ju- 成长　+　ilili 帅　→　jiilili　长得挺拔帅气

| tu- 割 | + | aisɨfeiŋnɨ 早 | → | tiisɨfeiŋnɨ | 早割 |

三　元音删除

在邹语中，大部分以 u、o、ɨ 结尾的动词在后接受事焦点后缀（-a）、处所焦点后缀（-i）等时，u、o、ɨ 会删除。例如：

tsmuhu	烤、宰杀	→	tsʰua
mimo	喝	→	ima
ɓonɨ	吃	→	ana
ɓonɨ	喂食	→	pʔani
ɓaito	看	→	aiti
maʔiunu	寄	→	paiʔuni

但此规则也存在例外：一小部分静态动词在附加后缀时，u、o、ɨ 未删除。例如：

| kuzo | 讨厌 | → | kuzoa |
| ɨmnɨ | 喜欢 | → | ɨmnɨa |

四　元音缩减

在邹语中，词根中的双元音在重叠时会缩减为单元音。例如：

heesi	山楂	→	heheesi	很多山楂
pkaako	逃走	→	pkapkaako	每个人都逃走
poojojo	裤子	→	mapopoojojo	各种各样的裤子
emoo	房子	→	maemoemoo	各式各样的房子

五　元音插入

在邹语中，当两个或多个词素复合时，会出现元音插入的现象。例如：

a- 前缀	+ u + po 重叠	+ pohaʔo 迟	→	aupopohaʔo	慢慢（走）
pe- 喝	+ e + aŋu 超过	+ -tmuzu 多	→	peeŋuzu	喝过多
o- 吃	+ e + aŋu 超过	+ -tmuzu 多	→	oeŋuzu	吃过多

六　喉塞音插入

在邹语中，两个或多个词素复合构词时，其中间存在喉塞音 ʔ 插入的情况。例如：

| ʔo 重叠 | + ʔ + oko 小孩 | → | ʔoʔoko | 小孩们 |
| ju- 成长 | + ʔ + va 重叠 | + vhoŋi 细 | → | juʔvavhoŋi | 长得细细的 |

七　元音换位

在邹语中，两个音位组合后，在发音的时候会出现辅音与元音或元音与元音调换位置的情况。例如：

tmopsɨ 写（施事者焦点）	+	-i 处所焦点后缀	→	tposi	写（处所焦点）
tmoetsɨ 砍（施事者焦点）	+	-a 受事焦点后缀	→	teotsa	砍（受事焦点）
tmiehi 吊（施事者焦点）	+	-a 受事焦点后缀	→	teiha	吊（受事焦点）
ɓotsʰi 知道（施事者焦点）	+	-i 处所焦点后缀	→	tsohivi	知道（处所焦点）

八　元音的轻唇擦音化

在邹语中，一部分以 u、o、ɨ 结尾的不及物动词后接受事焦点后缀（-a）、处所焦点后缀（-i）等及物后缀时，u、o、ɨ 会转变为轻唇有声擦音 v。例如：

pasunaeno 唱歌	+	-a	受事焦点后缀	→	pasunaenva	唱歌
ɓotsʰio 知道	+	-i	处所焦点后缀	→	tsohiv	知道
asŋitsɨ 总是	+	-a	受事焦点后缀	→	asŋitsva	总是

九　元音的齿龈擦音化

一部分以 i、e 结尾的不及物动词在后接受事焦点后缀（-a）等及物后缀时，i、e 会转变为齿龈浊擦音 z。例如：

| majahe 快 | + | -a | 受事焦点后缀 | → | majahza | 快 |
| ahoi 开始 | + | -a | 受事焦点后缀 | → | ahoza | 开始 |

第三节

拼写符号

依据台湾地区"原住民族委员会"与教育机构编制的"原住民族语言书写系统",邹语采用罗马拼音而舍弃国际音标。其中的主要考量之一就是国际音标有过多的特殊符号标示细节。而这些细节在一种语言的书写符号系统中若是略去,不但便于书写录入,而且更能呈现该语言发音的系统性。采用表音的罗马拼音文字作为书写系统,在符号取舍时,最重要的考虑便是:

(1) 符号使用是否便利;

(2) 是否能区别语言中重要的音韵对比;

(3) 能否呈现语音在不同环境下的系统性;

(4) 是否标示了足够多的细节,以便使用者可以立即掌握正确的发音。

邹语拼写符号及其与国际音标的对照情况如表2-6所示。

表2-6 邹语拼写符号和国际音标对照情况

	拼写符号	国际音标
1	i	i
2	e	e
3	ʉ	ɨ
4	a	a
5	o	o
6	u	u

	拼写符号	国际音标
7	p	p
8	t	t
9	k	k
10	'	ʔ
11	b	ɓ
12	l	ɗ
13	f	f
14	s	s
15	h	h
16	v	v
17	z	z
18	c	ts
19	m	m
20	n	n
21	ng	ŋ
22	y	j

下面通过一段话语样例简要展示邹语的拼写及其与国际音标的对应情况：

a	hici	'e	totfu	ta	haahocngʉ.	la	peel-a	teai
a	hitsi	ʔe	totfu	ta	haahotsnɨ.	ɗa	peeɗ-a	teai
EMPH	兽皮	NOM	绑腿	GEN	男人们	ASP	能够–PF	制作

poso'eʉ	'o	evi	no	tahiucu	ho	mayayaptʉ	no	evi
posoʔeɨ	ʔo	evi	no	tahiutsu	ho	majajaptɨ	no	evi
男用束腰带	NOM	树	GEN	桑葚	CONJ	皮	GEN	树

ho	feo'u.	la-ta	m-eelʉ	m-ooyai	ceopngu	no	hici.
ho	feoʔu.	ɗa-ta	m-eeɗɨ	m-oojai	tseopŋu	no	hitsi.
CONJ	兽皮	ASP–3SG	AF–会	AF–制作	帽子	GEN	兽皮

男人们的绑腿是兽皮做的。桑葚树、树皮及兽皮能做束腰带。他会做兽皮帽。

第三章 词汇

第一节

词汇特点

邹语的词汇自有其特点。本节首先对词义和词性两方面的特点进行介绍。词汇构成和构词特点等问题我们将在本章后续的其他小节展开讨论。

从词汇与意义及词类的关系出发，邹语的词汇在音义结合方面有以下值得注意的一些特点：

一　同音异义

在邹语词汇中，一个语音形式对应多种不同意义的现象比较多。例如：

词汇	词义	词汇	词义
ɓuekematmohɨ	放置陷阱、破坏	posmoeɓako	射击、炸
tsʰua	宰杀、烤	psoedʑɨ	照射到、炸到
tsou	邹人、其他人、胚胎成形	seodʑa	正是时候、绑
ehohaʔva	谨慎讲、轻点打、轻点拉	sieu	盐、汤
ehoi	迎神曲、先说	soesoha	法术之神、做事不专注
eʔohɨ	出发、打猎	taatsni	全听到、每个人都分到
eʔpoʔpou	顾左右而言他、干扰	tapeoha	摇落、不算在内
etipɨ	洪水、海洋	toeku	地名、水源
hʔojunsova	生活习俗、生活器具	tokuaʔŋai	去黑、越洗越黑
hɨsɨ	骨髓、油腻的	todʑɨ	钓到、撞到
koeʔia	害羞、尊敬	toɨdʑɨdʑɨ	躲得隐秘、堆好、靠好
koju	耳朵、香菇	tpiei	骗人、黄喉貂

ɖaɖauja	乐野村、枫树林	tuŋɓo	死光光、拔光光
ɖomtɨ	变窄、耳聋	tutu	种子、眼球、睾丸
ɖoiŋi	耳聋、愚笨	veina	左边、左手
matseofɨ	盖被子、穿着	juʔausna	习俗、长得像
maeɖɨ	丢中~目标、找到	jufeiʔi	仰泳、肿胀
maezo	也要、像	juftoŋi	生长受阻、移动受阻
maʔpajoʔɨ	晕倒、忘记	jiɖia	遇见、借到
mʔeatosvo	请假、请辞	jiɖineni	借到、挖到
meefutsu	小矮人、用布袋装	jumajahe	伸展得快、游得快
mhino	买、卖	juŋɓo	长满、对什么都生气
niatsmoʔna	女人、后门旁边	jiniʔva	不收拾、借了不还
oŋko	名字、影子	jiniʔveni	不收拾、一直生长、一直生气
pania	瓶子、子弹	jiʔpɨ	篱笆、苍鹰
papai	水稻田、鼠蹊部	jupuja	推倒、欠债不还
pasvoʔha	拿得动、负担得起	jusaʔo	身高高过、借款额度超过
pʔeatsʔa	罚站、建立	jɨɨtsɨtsɨhneni	长满、脱光、剥光
heesi	山楂、苹果	ʔeoŋi	线、借口
peieŋu	吸管、笛子	ʔoahŋi	亲戚、属于
pono	双花龙葵、射	ʔoteke	食量大、肚子大
poʔojua	竹筒料理、水管	ʔitei	很有胆量、脾气不好

下面举几组用例来展示邹语的同音多义的情况：

te-ta-tsu **tsʰu-a** ʔe feiʔi.
IRR-3SG-COS 杀-PF NOM 猪
他要杀那头猪了。

os-ʔo-tsu **tsʰu-a** ʔo nia foumoatiʔnɨ.
REA.NAF-1SG-COS 烤-PF NOM NIA 山羊肉
我把山羊肉烤了。

mo aɖɨ mahsiohɨ ʔo mo **posmoeɓako**.
REA.AF 竟然 射九次 NOM REA.AF 射击
有人竟然射击了九次。

mo **posmoeɓako** to fatu ʔo pasuja.
REA.AF 炸 OBL 石头 NOM 人名

巴苏亚炸石头。

mi-tsu　　　eʔohi　　ta　　te　　jaahioa.
REA.AF–COS　出发　　NOM　IRR　工作

工作的人出发了。

mo　　　eʔohi　　ʔo　　pasuja.
REA.AF　打猎　　NOM　　人名

巴苏亚去打猎。

二　一词多义

词汇中的一个词项其多种意义之间有一定的关联。这种一词多义现象在邹语中也较为突出。例如：

词汇	词义₁	词义₂	词汇	词义₁	词义₂
akeʔi	一点	至少	matsutsuma	物品	什么
amamzo	生病	懒散	maʔhiezuhu	变换睡姿	变换所属
anou	只有	独处	mahtiitsɨ	坚固	固执
aono	脱衣洗澡	脱漆	maitsa	像这样	按照
aptsi	劈	裂开	mamotse	软壳的	身体瘫软
asŋitsɨ	常常	一直	matvaveivei	重复说	重复地唱
ausuʔu	顺便	接着	matnɨskɨ	打一次	射杀一次
ɓoh-	伸	撑	mŋai	口齿不清	说得不清楚
ɓohidʑi	砍到	切到	naho	请	可以
ɓohŋi	认出来	看得见	niahosa	梁氏	旧部落
tsietsɨ	低	便宜	ŋitsɨ	鼻子	鼻涕
ekvoʔi	谩骂	说坏话	patseofa	盖	穿
eŋheni	读	念	pahsospoti	打四次	射杀四次
entihi	断气	拉断	papasa	切	锯
kaeɓi	高兴	幸灾乐祸	papoevɨ	兽头	头领
maʔtsohio	通知	教导	peepeutsi	吹	吹奏

下面举几组用例来展示邹语的一词多义的情况：

mi-ta　　akeʔi　aoʔpoʔpou　to　　mo　　seodʑa　no　natsʔo.
REA.AF–3SG　一点　慰问　　OBL　REA.AF　正在　　OBL　伤心

他稍微安慰了一下那正在伤心的人。

te-ta	uso	ho	**akeʔi**	aoʔpou	to	mo	natsʔo.
IRR–3SG	去	CONJ	至少	慰问	OBL	REA.AF	伤心

他至少要去丧家慰问一下。

i-ta	us-a	ho	ait-i	ʔo	mo	**amamzo**	tsi	ohaesa.
REA.NAF–3SG	去–PF	CONJ	看–LF	NOM	REA.AF	生病	REL	妹妹

他去探望生病的妹妹。

mi-hinʔi	**amamzo**	no	tsoŋʔehie.
REA.AF–3PL	懒散	OBL	酷热天气

他们因为酷热天气而懒散。

maintsi	**anou**-tsʔo	maitsa	ʔe	i-ta	tovʔoh-a?
怎么	只有–ASP	这样	NOM	REA.NAF–3SG	收入–PF

他的收入怎么只有这样？

mo-tsʔo	**anou**	ne	emoo	ʔo	pasuja.
REA.AF–ASP	独处	OBL	家	NOM	人名

巴苏亚独自在家。

三 一词多"性"

邹语的词汇系统中存在一定数量的意义相同、相近但兼具两种或两种以上词性的词。例如：

词汇	词义₁	词义₂	词汇	词义₁	词义₂
aʔhoŋa	标示	明显的	knuju	瘤	长瘤
aidɨ	正在	真正的	ɖemaʔtsohio	老师	教学
ɓeahtsi	果实	结果子	ɖejaezoi	农夫	务农
ɓivnɨ	花	开花	mamameoi	长者们	老
tsoŋʔehie	炎热	太阳很大	nonaʔo	待很久	旧的
ehohamo	故事	讲故事	nunʔu	乳房、乳汁	吃奶
eiskɨ	山崩（名词）	山崩（动词）	ŋaŋajo	大嘴巴	多嘴
fihŋau	响亮的声音	发出响亮的声音	ŋeesaŋsi	平地	平坦
foinana	年轻的	婴儿、年轻人	ŋiɲitsi	鼻子大	流鼻涕
fuu	灰烬	成为灰烬	omso	够吃	吃饱
fiʔi	脓包	长脓包	pasunaeno	歌	唱歌
hahotsŋi	男人	男的	pepe	高处	贵

heeku	气喘（名词）	气喘（动词）	poojojo	裤子	穿裤子
hie	太阳	日出	sifu	尿	小便
hiʔhioa	所作所为	作为	toŋhifza	墙	做墙壁
hnoo	酬劳（名词）	酬劳（动词）	vtsoni̷	配偶	嫁娶
homejaja	收获祭	举行收获祭	jonpuhu	灰尘	尘土飞扬

下面举几组用例：

i-ta **aʔhoŋ-a** ta pasuja ʔo te mia tsi tseoni̷.
REA.NAF–3SG 标示–PF GEN 人名 NOM IRR 经过 REL 路
巴苏亚标示要经过的路。

mi-ʔo-tsu eŋha sohpoi ho os-ʔo-tsu **aʔhoŋ-a** siʔnov-a
REA.AF–1SG–COS 相当 厌烦 CONJ REA.NAF–1SG–COS 明显–PF 生气–PF
si pasuja.
NOM 人名
我对巴苏亚非常生气，气到我已经厌烦了。

mo-tsu jihoʔa ʔo **ɓeahtsi** to ɓi̷ni̷vhi̷.
REA.AF–COS 结果实累累 NOM 果实 OBL 李子
李子树已经长出很多果子。

mi-tsu **ɓeahtsi** ta ɓi̷ni̷vhi̷.
REA.AF–COS 结果子 NOM 李子
这棵李子树长出很多果子了。

mo joŋhu ʔo **ɓi̷vni**.
REA.AF 漂亮 NOM 花
花很漂亮。

mi-tsu **ɓi̷vni** ʔe ʔume.
REA.AF–COS 开花 NOM 梅子树
这棵梅子树开花了。

第二节

构词法

邹语的构词方法主要有三种，即派生法、复合法和重叠法。其中，派生是该语言中最为发达的构词手段。

一 派生法

派生词是由词根附加上词缀构成的。词根附加词缀之后，词义和语法功能有可能发生变化。在形式上，词缀可以分成前缀、中缀、后缀和环缀。在邹语中，前缀数量最多，其他词缀数量相对较少。

（一）前缀

1. a-

a-是动词化前缀，有"分配"义，附加在动词上，不改变词性。例如：

| hmɨhmɨskɨ | 相同 | a-hmɨhmɨskɨ | 同样分配 |

2. ea-

ea-是动词化词缀，加在动词前。例如：

hihioa	很多工作	ea-hihioa	有很多工作
eoia	昆虫	ea-eoia	有昆虫
ɓoɓonɨ	食物	ea-ɓoɓonɨ	饮食、筵席
jono	雀榕树	ea-jonoa	有雀榕树
mʔumʔu	毛	ea-mʔumʔa	长毛
tsei	梦	ea-tsei	做梦
emi	酒	ea-emia	有酒

fʔisɨ	头发	ea-fʔisɨ	长头发
nsoua	生命、呼吸	ea-nsoua	有生命、呼吸
ŋipza	霉	ea-ŋipza	发霉
peisu	钱	ea-peisu	有钱
fou	兽肉	ea-fou	打猎
maameoi	长者们	ea-maameoi	认亲

现在来看几个具体的用例：

te-ta　　uh　to　mo　eaɓoɓonɨ.
IRR–3SG　去　OBL　REA.AF　饮食
他要去聚餐。

te-ta　　eafou　ʔe　pasuja　ho hutsma.
IRR–3SG　打猎　NOM　人名　明天
巴苏亚明天要打猎。

te-ta　　eamaameoi　to　joifoana.
IRR–3SG　认亲　　　OBL　庄家
他要到庄家去认亲。

3. ho-

原义为"烧"，附加在动词上构成新词，但不改变词性。例如：

epiŋi　　　结束　　　ho-epiŋi　　烧完

下面是具体的用例：

tena-tsu-tsʔo　fuu　ho　mi-tsu　　ho-epiŋi　ʔo　evi.
IRR–ASP–ASP　灰烬　CONJ　REA.AF–COS　烧–完成　NOM　木头
木头烧完了就剩下灰烬。

4. i-

动词化词缀，原义"穿、戴"，即通过要穿戴的东西来表示穿戴的动作。通过帽子表示戴帽子的动作，通过裙子表示穿裙子的动作。例如：

hitsi	兽皮	i-hitsi	戴兽皮帽
tseopŋu	帽子	i-tseopŋu	戴帽子
posoʔeɨ	男用束腰带	i-posoʔeɨ	穿束腰带
keoeii	束缚衣	i-keoeii	穿束缚衣

现在来看几个具体的用例：

ɖa i-tseopŋu to hitsi ʔo haahotsŋɨ.
ASP 戴-帽子 OBL 兽皮 NOM 男人们
男人们戴兽皮帽。

mi-ta i-hitsi si pasuja.
REA.AF-3SG 戴-兽皮帽 NOM 人名
巴苏亚戴兽皮帽。

moso-ɖa atʔotsɨ i-posoʔeɨ ʔo haahotsŋɨ ne noanaʔo.
REA.AF-ASP 习惯 穿-束腰带 NOM 男人们 以前
以前男人们习惯穿上束腰带。

5. si-、a-

si-、a-像 i-那样也表示穿、戴,但三者在使用上不一样:i-表示穿或戴腰带、帽子之类的装饰品;si-表示穿皮衣、裙子等衣服;a-加在"衣裳"这个词上,泛指穿所有类型的衣服。例如:

kuhtsu	皮制披风	si-kuhtsu	穿皮制披风
tafʔu	女裙	si-tafʔu	穿裙子
ʔiʔihosa	衣裳	a-ʔiʔihosa	穿衣裳

现在来看几个具体的用例:

ɨmnɨ ho mo si-kuhtsu ʔo haahotsŋɨ.
好 CONJ REA.AF 穿-皮制披风 NOM 男人们
男人们穿皮制披风很好看。

ɖea si-tafʔu si ino.
ASP 穿-裙子 NOM 母亲
母亲穿裙子。

pan to da kaeɓɨ si-fɨhŋoja ho mo a-ʔiʔihosa.
有 OBL ASP 喜欢 穿-红色 CONJ REA.AF 穿-衣裳
有的人穿衣裳喜欢穿红色的。

6. ɖe-

名物化前缀,在动词前加词缀 ɖe-表示专于此项活动,或者以此项活动为职业、为生计。例如:

eafou	捕猎	ɖe-eafou	猎人
maʔtsohio	教学	ɖe-maʔtsohio	老师
jaezoi	务农	ɖe-jaezoi	农夫
aototʰomɨ	治疗	ɖe-aototʰomɨ	医生

| motʔafso | 灭火 | ḍe-motʔafso | 消防员 |
| koitsɨ | 训斥 | ḍe-koitsɨ | 训斥者 |

现在来看几个具体的用例：

mo　　asnoʔzonɨ　　ʔo　　ḍemaʔtsohio-mza.
REA.AF　认真　　　NOM　老师–1PL.POSS

我们的老师很认真。

oʔa　　mo　　ḍojo　　ta　　tsou　　na　　ḍa　　ḍeaototʰomɨ.
NEG　REA.AF　普遍　OBL　邹　　NOM　ASP　医生

邹人做医生的并不常见。

ḍa-ta　　ḍemotʔafso　　si　　pasuja.
ASP–3SG　消防员　　　NOM　人名

巴苏亚是消防员。

7. mah-/maʔ-/ma-

动词化前缀，加在名词前表示使用这个名词所指的事物。例如：

tuapzu	木柴	ma-htupuzu	用来当柴火烧
haeŋu	五节芒	maʔ-haeŋu	用五节芒盖屋顶
vhona	右、右手	ma-vhona	用右手
hapuju	石灰	ma-hapuju	制作要吃的槟榔（原指在槟榔上加石灰的动作）

现在来看几个具体的用例：

te-ta　　mahtupuzu　　to　　kaapana.
IRR–3SG　用来当柴火烧　OBL　竹子

他用竹子当柴火烧。

mi-ta　　maʔhaeŋu　　to　　teova.
REA.AF–3SG　用五节芒盖屋顶　OBL　工棚

他用五节芒盖工棚屋顶。

mo　　mavhona　　ho　　mo　　ti-pojave　　ʔo　　pasuja.
REA.AF　用右手　CONJ　REA.AF　拿–刀子　NOM　人名

巴苏亚用右手拿刀子。

8. mai-

附加在名词前，表示相似或像。例如：

| aʔo | 我 | mai-aʔo | 像我 |
| suu | 你 | mai-su | 像你 |

9. mas-

mas-加在名词前表示指向该名词的所指。例如：

feonasi	侧面	mas-feonasi	指东或指西
pepe	天上	mas-pepe	指向上方
maskɨ	十	mas-maskɨ	指向十点
maskɨveiautsni	十一	mas-maskɨveiautsni	指向十一点

现在来看几个具体的用例：

zou　　masfeonasi　　ʔo　esmomzahie　ho　　meoveahie.
COP　指东或指西　NOM　日出　　　CONJ　日落
日出和日落是东西两边。

mi-tsu-tsʔo　　　　maspepe　si　　mo　　aftuŋu　ta　poʔojua.
REA.AF–COS–ASP　指向上方　NOM　REA.AF　断口　OBL　水管
水管断掉的地方指向上方。

tena-tsʔu　masmaskɨ　ʔo　　huomzahie.
IRR–ASP　指向十点　NOM　十点
快十点了。

10. me-

me-作为动词化前缀，加在名词前表示与名词的所指人结婚。例如：

vtsoŋɨ	配偶	me-vtsoŋɨ	结婚
tsou	邹人	me-tsou	与邹人通婚
mavʔovʔo	很多种类	me-avʔovʔo	结好几次婚
tsihi	一人	me-tsihi	两个配偶、生两个

现在来看几个具体的用例：

ma　　mi-tsu　　mevtsoŋɨ　ʔe　　pasuja.
EMPH　REA.AF–ASP　结婚　　NOM　人名
巴苏亚早就已经结婚了。

pan　to　ɖa　meavʔovʔo　mevtsoŋɨ.
有　OBL　ASP　结好几次婚　结婚
有的人会结好几次婚。

pan　to　　mo　　metsou　　　tsi　puutu.
有　OBL　REA.AF　与邹人通婚　REL　汉人
有汉人与邹人通婚。

11. me-

me-是动词化前缀,加在食物名词前表示食物得以形成或出现。例如:

| emi | 酒 | me-emi | 酿酒 |
| ftsuju | 蛋 | me-ftsuju | 下蛋 |

现在来看几个具体的用例:

mo　　　meemi　　to　　tonʔu　　ʔo　　tanivu.
REA.AF　酿酒　　OBL　小米　　NOM　人名

达妮舞用小米酿酒。

mo　　　seodʑa　　no　　meftsuju　　ʔo　　teoʔua　　tonoi.
REA.AF　正在　　　CONJ　下蛋　　　　NOM　鸡　　　DIST.DEM

那只鸡正在下蛋。

12. mee-

动词化前缀mee-加在祭祀的对象和可用作祭品的事物名词前,表示与祭祀有关的活动。例如:

hitsu	鬼神	mee-hitsu	祭祀鬼神
tsʔoeha	河	mee-tsʔoeha	祭河
foʔna	鹊豆	mee-foʔna	鹊豆祭

现在来看几个具体的用例:

ɖa　　mavʔovʔo　　ʔo　　ɖa　　hia　　meehitsu　　ta　　tsou.
ASP　各式各样　　　NOM　ASP　HIA　　祭祀鬼神　　OBL　邹人

邹人有很多祭祀鬼神的仪式。

da　　totovaha　　meetsʔoeha.
ASP　每年　　　　祭河

每年都有祭河仪式。

13. mi-

mi-加在表示方位的词语前,表示看向某个明确的方向。例如:

| fʔuhu | 背后 | mi-fʔuhu | 向后看 |

14. no-

动词化词缀,附加在方位名词前,表示住或者待在此地点、此方位。例如:

fʔufʔu	底部	no-fʔufʔu	在底下
peohna	下方	no-peohɨ	在下方
taitso	中间	no-taitso	在中间

| aaskiti | 海岸 | no-askiti | 住在海岸 |

现在来看几个具体的用例：

mo nofʔufɨ ta paŋka si tsaʔhɨ.
REA.AF 在底下 OBL 桌子 NOM 椅子
椅子在桌子底下。

mo nopeohɨ to hosa ʔo teova-mu.
REA.AF 在下方 OBL 部落 NOM 工棚-2PL.POSS
你们的工棚在部落下方。

mo notaitso to emoo ʔo paŋka-su.
REA.AF 在中间 OBL 家 NOM 桌子-2SG.POSS
你的桌子在家中间。

15. ti-

动词化词缀，表示与手部相关的动作行为。例如：

| koju | 耳朵 | ti-koju | 拉耳朵 |
| poʔe | 法术 | ti-poʔe | 施法术 |

请对比如下两个用例：

zou poʔe tsi hitsu ʔe nivnu.
COP 法术 REL 鬼神 NOM 邹人神话的女神
邹人神话的女神会法术。

mo manʔi na hioa-si tipoʔe no nivnu.
REA.AF 很多 NOM 做-3SG 施法术 OBL 邹人神话的女神
邹人神话的女神施了很多法术。

16. ju-

动词化前缀，加在名词前表示通过某种动作行为使得该名词的所指被制成、延长或扩展。例如：

feoŋo	洞	ju-feoŋo	挖洞
nsou	生命	ju-nsou	活、生命
pahu	蒸汽	ju-pahu	冒蒸汽
mʔumʔu	毛	ja-mʔumʔa	长毛

现在来看几个具体的用例：

tsuma na teai ta avʔu-su ho mo jon tanʔe ho
什么 NOM 做 GEN 狗-2SG.POSS CONJ REA.AF 在 这里 CONJ

jufeoŋo?
挖洞

你的狗在这里挖洞做什么？

mio-nʔa　　　 junsou?
REA.AF–ASP　活

还活着吗？

mo-nʔa　　 jupahu　　si　　os-ʔo　　　　peiʔi　tsi　naveu.
REA.AF–ASP　冒蒸汽　NOM　REA.NAF–1SG　煮　　REL　饭

我煮的饭还在冒蒸汽。

（二）后缀

1. -a

（1）-a 作为名物化后缀，附加在表做食物的动词词根上，表示已做好了的食物，形式上用受事焦点 -a 来表示。例如：

pivujuʔu	做切块的地瓜汤	pivujuʔ-a	切块的地瓜汤
poatsnɨmɨ	做香蕉糕	poatsnɨmɨ-a	香蕉糕
poaɖuki	做地瓜丸	poaɖuki-a	地瓜丸
poaʔutsei	做芋头黏糕	poaʔutsei-a	芋头黏糕
poaʔufi	做年糕	poaʔufi-a	年糕

现在来看几个具体的用例：

ɖea-hinʔi　　naʔno　himafe　to　　poaɖukia.
ASP–3PL　　非常　　爱吃　　OBL　地瓜丸

他们非常爱吃地瓜丸。

atvaʔes-a　mafe-a　to　　pasuja　ʔo　　poatsnɨmɨa.
最–PF　　爱吃–PF　GEN　人名　　NOM　香蕉糕

巴苏亚最爱吃香蕉糕。

atvaʔes-a　mafe-a　to　　amo-si　　　　ʔo　　poaʔutseia.
最–PF　　爱吃–PF　OBL　父亲–3SG.POSS　NOM　芋头黏糕

他的父亲最爱吃芋头黏糕。

（2）-a 作为名物化词缀，也可改变词性。加在动词后派生出的名词在语义上和原本动词词根的意义相关。例如：

| vtsoŋɨ | 配偶/嫁娶 | navtsoŋ-a | 夫妻 |
| moʔoju | 烤竹筒鱼 | poʔoju-a | 竹筒料理 |

omzi	到此为止	omz-a	上方
supeohna	摔下	peohn-a	下方
peesi	禁忌	peesi-a	禁忌
psohe	穿前挡布	psohz-a	前挡布
jojaso	游戏	jojasv-a	游戏场所
toptso	贴上	topts-a	贴的东西

现在来看几个具体的用例：

tena-cu　　jujuso　　ʔe　　navtsoŋa　　ho　　tojovtsu.
IRR–ASP　两人一起　NOM　夫妻　　　CONJ　下山

夫妻俩要一起下山了。

ɖa　　naʔno　mafe　ʔo　　joskɨ　　ho　　i-si　　　　　poʔojua.
ASP　非常　　好吃　NOM　鱼　　　CONJ　REA.NAF–3SG　竹筒料理

用竹筒料理的鱼非常好吃。

2. -si

名物化后缀，加在表示时间的动词之后表示时点，包括起始点、终结点等。例如：

atavei	后来	atavei-si	之后
auju	先	auju-si	之前
ahoi	开始	ahoi-si	起初

现在来看几个具体的用例：

to　　ataveisi　　ne　　moso　　mɨtshɨ,　mi-tsu　　kuzo　　ʔe　　tseonɨ.
OBL　之后　　　CONJ　REA.AF　下雨　　REA.AF–COS　坏　　NOM　路

下过雨后这条路就已经不通了。

mo　　　naʔno　　tmaʔtsoŋo　　ʔo　　pasuja　　ne　　aujusi　　ne　　te-tsʔu
REA.AF　非常　　　生病　　　　NOM　人名　　　OBL　之前　　　CONJ　IRR–ASP

homejaja.
收获祭

在收获祭之前，巴苏亚病得很厉害。

no　　ahoisi　　moso-tsʔo-ɖa　　　　titho　　ta　　popsusa　　ho　　soupuzu.
OBL　起初　　　REA.AF–ASP–ASP　　使用　　OBL　火具袋　　　CONJ　起火

一开始只用火具袋来生火。

3. -su

附加在名词后面，是名词性后缀，表领属。例如：

jɨsɨ	衣服	jɨsɨ-su	你的衣服
oko	小孩	oko-su	你的小孩
kujai	车子	kujai-su	你的车子
peisu	钱	peisu-su	你的钱
tposɨ	书	tposɨ-su	你的书
piŋsiaŋ	冰箱	piŋsiaŋ-su	你的冰箱

现在来看几个具体的用例：

i-ta　　　　jainenu　ʔo　kujai-su?
REA.NAF–3SG　怎么样　NOM　车子–2SG.POSS
他怎么处理你的车子？

mo　　　pio　　na　　peisu-su?
REA.AF　多少　NOM　钱–2SG.POSS
你有多少钱？

os-ʔo　　　　ait-i　　si　　tposɨ-su.
REA.NAF–1SG　看–LF　NOM　书–2SG.POSS
我看到过你的书。

（三）环缀

1. ho-...-a

这个是名物化环缀，与季节相关。春天发芽，夏季热，秋天成熟，冬天冷，以这个季节里最显著的特征来表示此季节，邹语在描述这些特征的动词或形容词上加环缀 ho-...-a。例如：

fuŋaho	发芽	ho-fuŋaho-a	春季
muʔei	热	ho-muʔei-na	夏季
tatsɨmɨ	成熟	ho-tatsɨmɨ-a	秋季
sojɨmɨ	冷	ho-sojɨm-a	冬季

现在来看几个具体的用例：

ɖa　　na ʔno　muʔei　ho　　mo　　　homuʔeina.
ASP　非常　热　　CONJ　REA.AF　夏季
夏天非常热。

mo　　　　naʔno　sojɨmɨ　ta　　hosojɨma　maitanʔe.
REA.AF　非常　冷　　NOM　冬季　　现在
今年冬季非常冷。

2. ʔo-...-a

这也是个名物化环缀，主要功能是根据动作行为来表示动作行为发生的地点，如贴布告的地方是布告栏，休息的地方是休息区，洗脸的地方是洗脸盆等。这些都是以具体的动作行为来确认这些动作行为常规出现或发生的地方。稍微抽象一些的地方，也能通过这样的方式来表达，如嘲笑行为所针对的"地方"就成为嘲笑的对象。这种通过确认动作行为来识别处所或对象的认知方式，在语言层面上都可采用环缀的方式表达。例如：

toptso	贴	ʔo-topts-a	布告栏
tosvo	休息	ʔo-tosv-a	休息区
tsotsvo	笑、嘲笑	ʔo-tsotsv-a	嘲笑的对象
joemuju	洗脸	ʔo-joemuj-a	洗脸盆
joni	在、住	ʔo-jon-a	常在的地方
jusuhŋu	坐下	ʔo-jusuhŋ-a	专属的座位
jomza	用来	ʔo-jomzan-a	工具

现在来看几个具体的用例：

no　　ʔotsotsva　　ho　　mi-ko-tsu　　　　si-tafʔu.
OBL　嘲笑的对象　CONJ　REA.AF–2SG–COS　穿–裙子

你穿裙子成了嘲笑的对象。

mo　　　iminɨ　　ʔe　　ʔojona　　　juʔeteujunu　　ta　　hosa-mu.
REA.AF　好　　　NOM　常在的地方　集会　　　　GEN　部落–2PL.POSS

你们部落的集会场所很好。

mo　　　　mavʔovʔo　　ʔo　　ʔojomzana　　jaahioa.
REA.AF　　各式各样　　NOM　工具　　　　工作

工作用的工具各式各样都有。

在实际的话语表达过程中，可能会删除原有动词词根的最后一个元音（如 o、u 或 i 等）。

（四）中缀

邹语中的中缀只有一个 <m>，主要附加在动词上（插在词的中间），表示施事者焦点，有动词化功能或不同焦点转换功能。例如：

taɖii	听到	t<m>aɖi	听到
tposɨ	书	t<m>opsɨ	读书
tsua	宰杀	ts<m>uhu	宰杀

请对比如下两个用例：

taɖi-i　　tso　　oko-su　　　　mo　　　moŋsi.
听–LF　　NOM　小孩–2SG.POSS　REA.AF　哭

注意听，你的小孩在哭。

mi-ta　　　　t<m>aɖi　to　mo　moŋsi　tsi　oko-su.
REA.AF–3SG　<AF>听　OBL　REA.AF　哭　REL　小孩–2SG.POSS

他听到你的小孩在哭。

二　复合法

复合法指的是两个或两个以上的词所组合而成的词。组合之后的词，其意义并非是两个或两个以上的词意义的简单相加。在邹语中，与派生法相比，复合法能产性要低得多，数量有限。

邹语的复合法主要包括名词性复合、动词性复合、名词性词根和数词性词根复合、动词性词根和数词性词根复合。

（一）名词性复合

名词性复合指的是名词性词根和名词性词根进行复合，组合成一个名词性的新词。邹语名词性词根复合的数量最多。下面略举几例并做简单的分析说明。

1. joskɨmaskɨ "咸鱼"

joskɨ 是 "鱼" 的意思，maskɨ 是 "咸" 的意思，二者作为词根进行复合所组成的词是 joskɨmaskɨ。这个词并不是 "咸的鱼" 的意思，而是一种专有名词，指的是 "咸鱼" 这种食物，区别于新鲜的鱼、干鱼等。例如：

ɖea-hinʔi　naʔno　kaeɓi　ɓoni　to　joskɨmaskɨ.
ASP–3PL　非常　喜欢　吃　OBL　咸鱼

他们非常喜欢吃咸鱼。

2. joskɨaiɖɨ "苦花鱼"

joskɨ 是 "鱼" 的意思，aiɖɨ 是 "真正" 的意思，二者作为词根进行组合所生成的词 joskɨaiɖɨ 指的是 "苦花鱼" 这种东西，而不是 "真正的鱼"。可见，所构成的新词指称的是一种鱼，用以区别于其他类别的鱼，比如黄花鱼、鲤鱼、鲫鱼等。例如：

mo-nʔa　　　jaa　joskɨaiɖɨ　ʔo　vaʔhi　maitanʔe.
REA.AF–ASP　有　苦花鱼　NOM　河　现在

现在河里还有苦花鱼。

3. ʔuatsʰumu "牛"

ʔua 是 "水鹿" 的意思，tsʰumu 是 "水" 的意思。二者作为词根进行复合所构成的词 ʔuatsʰumu，不是指 "水中的水鹿"，而是指 "牛"。例如：

oʔana-ɖa　　titʰo　　to　　ʔuatsʰumu　　ho　　efʔoɲi　　maitanʔe.
NEG–ASP　使用　OBL　牛　　　　CONJ　犁田　　现在

现在已经不用牛犁田了。

（二）动词性复合

指动词性词根和名词性词根组合成一个动词性的新词。例如，ea是"寻找"的意思，fou是"兽肉"的意思，二者作为词根复合成一个新的动词eafou。该词并不是"寻找兽肉"的意思，而是"打猎"的意思。例如：

mi-ta　　　　eafou　　ʔe　　pasuja.
REA.AF–3SG　打猎　　NOM　人名

巴苏亚在打猎。

（三）名词性词根和数词性词根的复合

指名词性词根和数词性词根结合在一起复合成一个新词。例如，amo是"父亲"的意思，tsoni是数字"一"的意思，二者作为词根进行复合构成了新词amotsoni，指的是亲属称谓"叔父"或"伯父"。同样，ino是"妈妈"的意思，tsoni是数字"一"的意思，二者作为词根进行复合构成的新词是inotsoni。这个新词不是"一个妈妈"的意思，而是指"阿姨"或"姑姑"。例如：

te-ʔo　　　ait-i　　　to　　amotsoni-ʔu.
IRR–1SG　看–LF　　OBL　叔父–1SG.POSS

我要看我的叔父。

mo　　　　naʔno　　joŋhu　　ʔo　　inotsoni.
REA.AF　　非常　　 漂亮　　 NOM　阿姨

阿姨非常漂亮。

（四）动词性词根和数词性词根的复合

指动词性词根和数词性词根进行复合组合成一个新的词。例如，ɓonɨ是"吃"的意思，tsoni是数字"一"的意思，二者作为词根进行复合，就可形成新词ɓonɨtsoni，其缩写形式为o-tsni，都表示"吃一个"的意思。例如：

ɖea-hinʔi　　huhutsmasi　　o-tsni　　ta　　heesi.
ASP–3PL　　每天　　　　　吃––一　　OBL　苹果

他们每天吃一个苹果。

三　重叠法

重叠在邹语中也是比较重要的构词手段。

（一）按重叠的基础及功能来分类

重叠可以划分成音节重叠和词基（base）重叠两个小类。词基重叠主要有名词性重叠和动词性重叠两种情况。

1. 音节重叠

指两个相同的音节叠加而成的单词。这其中作为重叠基础的音节并没有独立的意义，只能重叠使用，不能单独使用。下面仅举几个例子略做说明。

（1）noŋonoŋo

noŋonoŋo 是"笨"的意思，是对 noŋo 进行重叠的结果。也就是说，单独的 noŋo 是没有意义的，也不能够单独使用。例如：

mi-ta　　　　naʔno　noŋonoŋo　ʔe　　pasuja.
REA.AF–3SG　很　　笨　　　　NOM　人名

巴苏亚很笨。

（2）ftɨftɨ

ftɨftɨ 是"帝雉"的意思，明显是对 ftɨ 进行重叠的结果。ftɨ 不能够单独使用，也没有意义。例如：

ɖa　noepehe　　ʔo　　ʔojona　to　　ftɨftɨ.
ASP　住在高处　NOM　地方　　GEN　帝雉

帝雉习惯待在高处。

（3）feofeo

feofeo 是"锋利"的意思，是对 feo 进行叠加而成的词。这个单独的 feo 是没有意义的，也不能单独使用。例如：

os-ʔo　　　　　tɨtʰ-a　　s<m>ohsɨ　ʔo　　mo　　　feofeo　tsi　pojave.
REA.NAF–1SG　使用–PF　<AF>削　　NOM　REA.AF　锋利　　REL　刀子

我用锋利的刀子削东西。

类似这样的词还有 feufeu "烟"、fʔufʔu "底部"、kurukuru "火鸡"、hanahana "鸭子"、hʔihʔi "腋下"、ʔihɨʔɨhɨ "山粉圆"等。

2. 词基重叠

（1）名词性重叠

名词性重叠指重叠之后所产生的词，其词类属性为名词。名词性重叠表示复数、场所、分指（"每"）等语义。

1）表示复数

例如，oko 是"小孩"的意思，但重叠 ʔoʔ 之后得到的 ʔoʔoko 就是"小孩们"，明显增加了复数义。例如：

mo　　　tsotsvo　　co　　　ʔoʔ-oko.
REA.AF　笑　　　NOM　RED–小孩

小孩子们在笑。

2）表示场所

例如，ʔotsea 是"茶"的意思，但重叠 ʔoʔ 之后的 ʔoʔotsea 则表示"茶园"。例如：

te-to-nʔa　　　　uh　ne　　ʔo-ʔotsea.
IRR–1PL–ASP　去　OBL　RED–茶

我们去一下茶园。

3）表示分指的"每"

例如，tsihi 是"一个人"的意思，但重叠 tsi 并前加 ma 之后的 matsitsihi 表示"每个人"。例如：

te-to　　　ma-tsi-tsihi　　　o-tsni　ta　　heesi.
IRR–1PL　MA–RED–一个人　吃––一　OBL　苹果

我们每一个人吃一个苹果。

（2）动词性重叠

动词性重叠指重叠之后所产生的词在词类属性上仍然为动词。动词性重叠的功能包括：表示动作所指涉名词的数量，表示程度的加强，或表达动作行为反复进行等。

1）表示动作所指涉名词的数量

meipeohɨ 是"飞落"的意思，重叠之后的 meipeopeohɨ 表示"很多物品飞落"。例如：

mo　　　meipeopeohɨ　　　ʔo　　fatu　　taʔe.
REA.AF　很多物品飞落　　NOM　石头　　那里

那里很多石头飞落。

2）表示程度加强　例如：

asonɨ	或许	asosonɨ	可能
okameosɨ	快吃	okakameosɨ	很快地吃
poakaeɓɨ	使高兴	poakokaekaeɓɨ	使很高兴

下面举个具体的用例：

os-ʔo　　　　poa-ko-kae-kaeɓɨ　　ʔo　　pasuja.
REA.NAF–1SG　使–KO–RED–高兴　NOM　人名

我使巴苏亚很高兴。

3）表示动作行为反复进行 例如：

| moftiʔi | 跳 | moftiftiʔi | 反复跳 |

下面举个具体的用例：

| mo | kokaekaeɓɨ | ʔo | pasuja | ho | ait-i | ʔo | oko | ho | mo |
| REA.AF | 高兴 | NOM | 人名 | CONJ | 看–LF | NOM | 小孩 | CONJ | REA.AF |

moftiftiʔi.
反复跳

巴苏亚很高兴看到小孩反复跳。

以上是从重叠的基础及重叠后的功能来分析重叠的。总体来说，可把重叠分成两大类三小类，每类有自己的基础或功能，尤其是名词性重叠和动词性重叠的功能比较多。

（二）按重叠的形式来分类

从重叠的形式来看，邹语的重叠又可以分为以下几种情况：

1. C1V1 例如：

fuzu	山猪	fufuzu	很多山猪
tsʰae	菜	tsʰatsʰae	菜园
tsofkoja	干净	tsotsofkoja	很干净
hutsmasi	隔天	huhutsmasi	每天
ɖauja	枫树	ɖaɖauja	乐野 地名
pai	稻子	papai	稻田
joskɨ	鱼	jojoskɨ	很多鱼
ʔotsea	茶	ʔoʔotsea	茶园
ʔua	水鹿	ʔuʔua	很多水鹿

下面举几个具体的用例：

| ɖa | huhutsmasi | ɓonɨ | ta | heesi | si | pasuja. |
| ASP | 每天 | 吃 | OBL | 苹果 | NOM | 人名 |

巴苏亚每天吃苹果。

| te | mainenu | na | te | hia | uh | ne | ɖaɖauja? |
| IRR | 如何 | NOM | IRR | HIA | 去 | OBL | 地名 |

要如何去乐野？

| mi-tsu | aeʔohɨ | ʔo | tseoʔɨ | no | papai | taʔe. |
| REA.AF–COS | 松动滑落 | NOM | 路 | GEN | 稻田 | DIST.DEM |

那里的田埂已经松动滑落了。

ɖa	peesi	hotsi	ɓonɨ	to	nakuzo	ho	to	majojoskɨ	ho	mo
ASP	忌讳	假如	吃.AF	OBL	臭味	CONJ	OBL	各种鱼	CONJ	REA.AF

homejaja.
小米收获祭

小米收获祭时忌讳吃有臭味的瘦肉或腥味的鱼。

2. C1C2V1 重叠 例如：

| tsmoi | 熊 | tsmotsmoi | 很多熊 |
| moftiʔi | 跳 | moftiftiʔi | 反复跳 |

下面举几个具体的用例：

mo	siʔno	ʔo	amo	ho	ait-i	ʔo	pasuja	ho	mo
REA.AF	生气	NOM	爸爸	CONJ	看–LF	NOM	人名	CONJ	REA.AF

moftiftiʔi.
反复跳

爸爸很生气看到巴苏亚跳个不停。

3. ʔV1ʔ 重叠 例如：

oko	小孩	ʔoʔoko	小孩们
evi	树	ʔeʔevi	森林
utsei	芋头	ʔuʔutsei	很多芋头

下面举几个具体的用例：

mo	ɓotŋonɨ	ta	ʔoʔ-oko	no	t<m>opsɨ.
REA.AF	很多	NOM	RED–小孩	GEN	<AF>读书

有很多学生。

4. ma-C1V1 重叠 例如：

tsihi	一个人	matsitsihi	每个人
tsono tonsoha	一年	matsotsono tonsoha	每年
nenu	哪里	manenenu	哪些地方
sia	谁	masisia	哪些人

下面举几个具体的用例：

mo	tsihi	ʔo	mo-nʔa	t<m>opsɨ	tsi	ohaesa-ʔu.
REA.AF	一个人	NOM	REA.AF–ASP	<AF>读书	REL	弟弟–1SG.POSS

我有一个还在读书的弟弟。

te-mu   ma-tsi-tsihi   ɓonɨ   ta   heesi-ʔu.
IRR–2PL MA–RED--一个人   吃   OBL   苹果–1SG.POSS

你们每个人都吃我的苹果。

sia   na   mo-nʔa   jaa   peisu?
谁   NOM   REA.AF–ASP   有   钱

谁还有钱？

zou   masisia   na   mo-nʔa   jaa   peisu?
COP   哪些人   NOM   REA.AF–ASP   有   钱

还有钱的是哪些人？

5. C1V1V2重叠

ɓahtsi	果实	ɓeaɓahtsi	很多果实
supeohɨ	掉落	supeopeohɨ	很多物品掉落
meipeohɨ	飞落	meipeopeohɨ	很多物品飞落

现在来看几个具体的用例：

mi-ʔo   matmitɨ   to   mo   supeopeohɨ   tsi   heesi.
REA.AF–1SG 捡   OBL   REA.AF 很多物品掉落   REL   苹果

我捡掉下来的苹果。

mo   meipeopeohɨ   ta   mo   meoisi   tsi   fatu.
REA.AF   很多物品飞落   NOM   REA.AF 大   REL   石头

很多大石头飞落。

不管是哪种重叠，基本都是部分重叠，即一个辅音和一个元音进行部分重叠、两个辅音和一个元音进行部分重叠、一个辅音和两个元音进行部分重叠等。

第三节

词汇的构成

词汇能够反映语言在其所属的语系或语族中的固有特点，也可以展现语言在特定的使用环境和交际过程中所具有的文化特色和民族风貌。词汇的产生、固化、变动和消亡不仅能够体现社会和时代的变迁，也会在一定程度上影响语言本身的发展变化。

从来源的角度看，邹语的词汇可分为固有词和借词两个部分。

一 固有词

从词汇来源上看，邹语属于南岛语系，因此它的固有词汇是以南岛语词为核心的。邹语固有词中有些是南岛语族同源词，甚至其中还有些是古南岛语词。

由于邹人长期生活在阿里山地区，依赖自然山川生产生活，邹语对山林草木有着特殊的命名和细致的分类。除了对各类植物命以专名，一些植物的枝干、花朵、果实等因其特殊的性质或功用也在邹语中作为不可拆解的固有词出现，例如：

hpozʔo	稻谷的花	fkuo	染红的木槿树皮
hponɟ	分叉的树枝	hufu	棕榈树的树皮
esmɨ	枯的芒草茎	tseafʔu	倒下的腐木
piesi	不饱满的谷粒	htsoi	干叶子

此外，邹人擅长捕捞和狩猎，在邹语中有许多与捕鱼和打猎的工具相关的固有词，例如：

popsusa	火具袋	fohŋu	做绳套陷阱用的树枝
sikotva	陷阱地弓	tsotsku	鸟套挂钩
feoʔisi	做绳套陷阱用的钢线	tompu	背篓底座

二 借词

邹语借词指的是由其他语言借入的、非邹语固有的词汇。邹语的借词有两个方面的特点：来源的多样性和内容的多样性。

（一）来源的多样性

邹语的词汇系统中叠加着三种历史来源不同的借词，分别是闽南话借词、日语借词和汉语普通话借词。

1. 闽南话借词

例如：savuŋu"肥皂"、tʰauke"老板"、viitsiu"米酒"、viifuŋ"米粉"、tsʰana"田"、heeku"哮喘"等。下面是几个含有闽南话借词的例子：

mi-tsu   mavʔovʔo   ʔo   savuŋu   maitanʔe.
REA.AF–COS 很多种   NOM   肥皂   现在

现在的肥皂有很多种。

mo   naʔno   kiadٍa   ʔo   tʰauke   ta   voju.
REA.AF   很   小气   NOM   老板   GEN   人名

博育的老板很小气。

te-mu-nʔa   uh   ne   tsʰana   ho   johoʔa   ʔo   voju.
IRR–2PL–ASP 去 OBL   田   CONJ   呼唤   NOM   人名

你们去田里叫博育回家。

oʔa   mo   ahtu   jovʔo   ʔo   heeku-su.
NEG   REA.AF   曾经   痊愈   NOM   哮喘–2SG.POSS

你的哮喘一直都没有痊愈。

2. 日语借词

例如：sekkeŋ"肥皂"、sooko"仓库"、taodٍu"毛巾"、tedٍevi"电视"、tenva"电话"、teŋki"电"、joi"网子"、suika"西瓜"、suiziva"厨房"、tokei"钟表"、vioin"医院"、fudٍova"浴室"、hikoki"飞机"、kiokai"教会"、ŋadٍasu"玻璃"、sato"砂糖"、ziten"字典"、zitensa"脚踏车"。下面举几个含有日语借词的例子：

dٍa-ta   kaeɓɨ   ɓonɨ   to   suika.
ASP–3SG   喜欢   吃   OBL   西瓜

他喜欢吃西瓜。

ta-mu-nʔa   tusiʔŋ-a   ta   suiziva!
IRR–2PL–ASP   打扫–PF   NOM   厨房

你们打扫一下厨房！

ukʔa   tsi   mo   vioin   ta   niaeʔutsna.
NEG   REL   REA.AF   医院   NOM   地名

里佳没有医院。

3. 汉语普通话借词

较为典型的汉语普通话借词有 tennou"电脑"、piŋsiaŋ"冰箱"。下面是含有汉语普通话借词的例子：

mo   naʔno   okosi   ʔo   tennou-mu.
REA.AF   很   小   NOM   电脑–2PL.POSS

你们的电脑很小。

（二）内容的多样性

借词在词类上主要涉及名词和动词两个词类。名词的借词内容多样，比如日常生活用品、动物、植物、处所、职称、学科、食物等，动词的借词涉及面相对窄一些。例如：

名词：   tʰauke   老板   kaiju   瓮   （闽南语借词）
         teŋki   电   sooʔiu   酱油   （日语借词）

动词：   sumanai   抱歉   ʔuntoo   运动   （日语借词）

下面是含有动词性借词的例子：

aʔɨmti   sumanai!
真的   抱歉

真是抱歉！

la   naʔno   koa   ɨmnɨ   ta   feaŋo   ho   la   ʔuntoo.
ASP   非常   原因   好   NOM   身体   CONJ   ASP   运动

运动对身体非常好。

第四节

民俗文化词

一 交通运输与传统建筑

（一）交通运输

1. tseonɨ "路"：tseonɨ no hosa "社路"、eʔohɨ tsi tseonɨ "猎路"

台湾原住民所居住的大山深处，峰峦叠嶂，道路崎岖难行。大山深处的道路一般都是在险峻的地方开凿出来，行走较为不易。山区的道路一般分为两种：古代官方修建的"社路"和原住民自己走出来的"猎路"。"社路"指的是清朝政府派管理台湾的官员前来修建的道路，这些道路由政府修建，路面状况相对较好。"猎路"则是古时猎人出征或狩猎时踩踏而逐渐形成的小路。这种小路一般一次只能由一个人通过，无法让多人同时穿行。在有沟壑、峡谷以及溪水湍急的地方，古代原住民会搭设一些木桥或竹桥来行走。同时，在桥的内侧会搭建栏杆，以降低过桥时的危险。

2. nia tseonɨ no tfuja "特富野古道"

特富野古道位处于阿里山的深山之中，是古时原住民去山中狩猎的通道，全长十多公里，入口是早期运输木材的废弃铁道。特富野古道主要分为两段：第一段是从自忠检查哨后面的山一直往下走。这一段是下坡，步行容易，沿途还有阿里山的原始山林风景；第二段是从特富野往上走，直到自忠检查哨。这一段是上坡，步行较为困难。由于时代的变迁，特富野古道的许多自然文化遗迹已经不在。现今，特富野古道只剩下不到五分之一的长度。

在台湾地区，被称为"古道"的道路一般包括两类，一类是清朝政府官方修建的道路，称这些道路为"官道"，而另一类就是原住民们自己修建的古道，称这些道路为"婚姻道路"。关于"婚姻道路"，根据相关民俗文化学者的研究，乃是在原住民部落人口不断增加的情况下，人口数量多的大社内部分立出许多小社，这些分出来的小社之间会进行十分频繁的通婚、探亲、交易、盟约等活动。在进行这些活动的时候，人们不断地在山林间穿行往来，走的人多了，也就出现了路。特富野古道也属于这样的一种"婚姻道路"。

图 1　特富野古道入口　　嘉义县阿里山乡 /2022.2.16/ 潘家荣　摄

（二）传统建筑

1. emoo "屋子"

邹人的传统房屋主要是用石头、竹子和茅草搭建起来的。屋子的地基由石头构成，墙壁用竹子搭建，房顶由茅草覆盖。房屋的形状一般是长方形或椭圆形，屋顶会做成倾斜状以便于排水。屋子一般有三到四个门，入口是个大门，旁边是侧门，面向北边或南边的一般是应急门，平时不会打开。屋子里还会有储藏食物的横梁、储存小米的谷仓，以及专门存放用来祭祀小米女神的谷仓。

图 2　传统屋子屋外　　嘉义县番路乡 /2022.2.13/ 潘家荣　摄

图 3　传统屋子屋内　嘉义县番路乡 /2022.2.13/ 潘家荣　摄

除了用于居住的房子外，其他比较有代表性的邹人建筑物还有英雄屋、瞭望台、祭屋、农作小屋、打铁小屋、猎寮、棚圈和渔具小屋等。

2. emoo no maotano "英雄屋"

英雄屋是用来彰显男子勇力和功绩的地方，邹人每个氏族都有。邹人会将打猎得到的战利品放在英雄屋里，比如兽骨和皮毛等，还会放置许多男性专用的物品，如打猎穿的皮衣、皮帽、皮鞋、腰带等服饰和狩猎使用的刀枪、弓箭等武器，以彰显男子的勇力和功绩。女子是不能进入英雄屋的，也不能触碰里面的物品。

图 4　兽骨　嘉义县番路乡 /2022.2.13/ 潘家荣　摄

3. emoo no ɓaito "瞭望台"

瞭望台主要用来警戒和观察。如果有紧急的情况发生，人们可以在瞭望台上观察到，并马上通知部落里的人。

4. emoo no peisia "祭屋"

祭屋是邹人最神圣的地方，主要用来进行小米祭祀。祭屋有的搭建在住宅里面，有的则搭建在屋外。祭屋存放两件重要物品：一件是摆放男子出征或打猎时所用武器的武器架，另一件是供奉祭拜仪式所使用圣物的"圣粟仓"。武器架一般放在屋子外面，用来祭拜土地神和战神。圣粟仓则放在屋子里面，用来祭拜小米女神。小米女神所居住的地方就在圣粟仓。小米女神会在农忙时监督邹人的耕作活动，以督促邹人勤劳耕种。小米女神喜欢安静，在圣粟仓周围必须保持安静，不能吵闹喧哗。祭屋内一切的东西都不能随便挪动位置，闲杂人等或辈分低的人不能随意进出祭屋，进入祭屋的人必须衣着整洁，不能吃葱蒜、鱼类等食物。

图5　瞭望台　嘉义县番路乡 /2022.2.13/ 潘家荣　摄

5. emoo no heoemiʔɨ "农作小屋"

农作小屋是邹人耕作结束后休息的地方。小屋的框架一般是木制的，房顶用茅草搭建。

6. titho memeno tsi emoo "打铁小屋"

打铁小屋是邹人专门用来锻造铁器的地方。

7. teova "猎寮"

猎寮是打猎时的补给中心。在打猎的时候可以从猎寮拿取武器，并且在那里休息。此外，人们还可以将猎到的野兽带回猎寮，在猎寮内对兽肉进行处理、烘烤和分食。

8. emoo no teoʔua "鸡舍"、poʔovnɨ "猪舍"

除了耕作、打猎、捕鱼外，邹人还会从事一些动物饲养活动，以此来使自己在资源较少的情况下仍能够维持生活。棚圈就是邹人用来饲养鸡、猪等动物的地方，即所谓的鸡舍、猪舍。人们用圆形的木头制成屋顶，然后再用茅草搭盖，棚圈的面积一般比较小。这类工作一般由女性负责，男性不参与。

9. emoo no juŋu "渔具小屋"

渔具小屋是邹人用来摆放渔具的地方，和猎寮不同的是，人们不能在渔具小屋里食用捕获的鱼类。

10. kuba "男子聚会所"

男子聚会所是邹人部落男性集会的地方，女性禁止进入。男子聚会所建立在部落的核心位置，为高脚式建筑，距离地面大约两米。建造男子聚会所需用圆形的木头作为支架，再用藤条和石头围砌，还需要用木头做楼梯，并铺设地板。男子聚会所的内部十分宽敞，可以同时容纳二十多个人。在男子聚会所的中央会放置一个用石头堆砌的火炉，其旁边还会有火炬笼、火具袋、武器架等物品。在古代出征前，人们会从火具袋里取出相应的物品来保佑自身平安。如果一个人在战斗中死去，人们就会将他的火具袋丢到火炉里烧毁，以此来纪念他的功勋和灵魂。

邹人在男子聚会所的周围会种上许多榕树。在举行战祭祭祀典礼的时候，人们相信战神会从天而降，沿着榕树的树荫来到男子聚会所里面。当然，一般人不被允许随意接近榕树周围。邹人男子在小的时候，他们的父母就会让他们进入男子聚会所接受长老的教诲和训练，并让他们在这里学习打猎的技巧和战斗的技能。在接受训练的同时，青少年男子也在男子聚会所学习文化知识，了解祖先的历史文化、传统习俗、神灵信仰、祭祀仪式等内容。同时，大家也会在男子聚会所举行集会仪式，处理人事纷争、部落决议等，每年的"战祭""团结祭""凯旋祭""成年礼""迎神""送神"等活动都会在这里举行。

图6 男子聚会所　嘉义县阿里山乡/2022.2.26/潘家荣 摄

二 饮食文化与娱乐

（一）饮食文化

1. fou "兽肉"

阿里山山脉有丰富的森林资源和野生动物资源。古时的邹人依靠这些天然的动植物资源获取所需的食物,包括溪流中的淡水鱼虾和山林中的猪、羊、鹿等野兽。邹人采用熏烤法来保存兽肉。具体过程是先用火对兽肉进行烘烤,然后再将其放到火炉上,用烟慢慢熏,烧死致病的细菌和寄生虫,从而达到长久保存这些兽肉的效果。在烘烤前也可以先对兽肉进行腌制,以增加风味。这些兽肉因为被长时间熏烤,外层焦黑,与木炭相似,用水清洗净之后方可食用。

2. emi "酒"

邹人认为借由酒可以和天地神灵沟通,因而酒也是祭祀时献给神灵的祭品之一。古时候,如果没有一些重要或特别的事情,例如婚丧、祭祀、建筑物落成等,人们不会轻易去酿酒。在古老习俗中,只有上了年纪的老人才能参与正式的饮酒活动,一般的青壮年只有在祭祀时或在老一辈人允许的情况下才能小酌一杯。同时,饮酒在邹人的传统社会中意义重大,在各类祭祀活动中都会有饮酒仪式。饮酒仪式的参与者一定是团体中的长者或有重大功绩而受到尊敬的人。

3. fiesɨ "米"

传说在很久以前,人们因洪水泛滥而到玉山上避难。有一天,一个人在玉山的荒野中发现了一些非常可口的野生芋头。此人费力将其拔出来后,发现这些芋头生长的地方居然有一个很大的洞穴。他找了一根藤条放入洞穴之中,并顺着藤条爬入洞穴,结果发现里面有人正在吃一种从未见过的食物。经询问得知洞里的人所吃的是稻米所做的米饭,于是他向洞里的人要了一些稻米。带回地面后,此人就将这些稻米进行培育并开始推广种植。

(二)娱乐

1. jojaso "游戏"

邹人的文化娱乐包括打陀螺、打弹弓、射箭竹枪、吹竹制响片、掷矛、角力、打鸟、设圈套、掷准和掷远等。邹人对男女游戏有一些规定,如十二岁以前男女可一同游戏,但十二岁以后必须分开。男子跟随父亲或者兄长接受训练,女子则跟随母亲接受传统教育。

2. pasunaeno "唱歌"

邹人的歌舞文化十分丰富,充满自身独特的魅力。邹人有几个关于歌舞的传说。1)天神传授说:传说天上降下一个男孩,不仅教会了邹人生活的技能,还教给了他们祭祀上天的仪式和歌谣。2)瀑布说:邹人的祖先在瀑布下聆听水流的声音,觉得很和畅,就模仿瀑布之声创作出了歌曲。在此之后,若要学习唱歌,就需在瀑布前举行仪式。3)玉山起源说:传说邹人在洪水来临时前往玉山避难,他们停留在玉山的时候通过吟唱来祭祀神仙,以此得到神明的保佑,最后也使洪水顺利退去。

邹人生长在山里,歌谣多以"山"为背景。邹人最为著名的音乐家是高一生,出生于1908年,曾在台南师范学校求学,是原住民中第一位师范学校的学生。毕业后,他毅然决然地回到了的部落,并投入邹人的卫生、农业、经济、文化、教育等工作。在工作之余,他创作了很多歌曲,比如《杜鹃山》《移民之歌》《长春花》《古道》《春之佐保姬》等。

三 捕捞文化与狩猎活动

(一) 捕捞文化

1. meodɨ "捞鱼"、toaɖuŋu "钓鱼"、mamtesŋusŋu "叉鱼"、juŋu "捕鱼器具"

邹人捕鱼用的工具很多,比如渔网、鱼叉、鱼竿等。邹人的经济生产活动因时制宜,不同的季节做不同的事情,而捕捞活动一般在农闲的时候进行。渔人们会根据溪流的水量变化采取不同的捕鱼措施,并使用不同的捕鱼工具。一般情况下,冬天降水量较少,河水浅且水流缓慢,人们会徒手抓鱼或用鱼叉去刺鱼;夏天雨水丰沛,河水较深且水流湍急,人们就会用鱼竿去钓鱼或者用渔网去捞鱼。此外,按照邹人的原始信仰,捕鱼时有一些禁忌,比如不能吃葱和猪肉。如果犯了禁忌,就要请"巫师"来为这个犯了禁忌的人做一些"驱除邪魔"的仪式,以此来保佑他的生命安全。

邹人对于捕鱼有一些规定,如不捕捞小鱼,不在鱼类繁殖期前去捕鱼等。在捕鱼时还会对着溪流举行祭祀仪式,以表达对大自然恩赐的感谢。邹人还有部落集体捕鱼的活动,一般是两到三年举办一次,其主要目的是加强部落之间的凝聚力,彰显团结精神。

2. otfo "毒鱼"

邹人传统的捕鱼方式多种多样,最著名的一种传统捕鱼方式是毒鱼。这种捕鱼的方式就是将有毒植物的根放到河里使鱼中毒而死,这样人们就可以轻而易举地将被毒死的鱼捞上来。河流是分区段管理的,一般以氏族为单位。一个氏族在毒鱼的时候,会在河流的交界处放上番薯叶,以防止毒素扩散到其他氏族所管理的河流区域里。

(二) 狩猎活动

1. eafou "打猎"

邹人从小就接受长者们的狩猎训练。邹人狩猎的目的主要包括以下几个方面:首先,通过捕猎可以获得足够的食物及其兽皮和兽毛。其次,通过狩猎活动,邹人男子可以锻炼身体,维护作为一名战士的基本尊严。再次,狩猎能彰显猎人的地位。在祭祀或者其他重要庆典的时候,如果猎人能带着大量亲手猎杀的动物来做祭品,部落的长老会以最高规格来对待此猎人。最后,狩猎让邹人懂得对生命敬畏,这是狩猎行为教给每一个邹人最重要的课程,是狩猎所具有的独特的社会教化功能。具体体现在:邹人狩猎之前,他们会用酿好的酒去祭祀神灵。他们认为土地上的神灵拥有生杀大权,掌管着万物的兴衰,因此对它们抱以最崇高的敬意与最虔诚的敬畏。狩猎的时候,邹人尊重大自然的法则,不破坏大自然的规律。同时,邹人时刻保持团结互助友爱,不随意浪费来之不易的食物。

2. fuzu "山猪"

公山猪是最难猎杀的动物。它们长着无比尖锐的獠牙，十分凶猛。如果男子能捕获大量的山猪，他就会被视为部落的英雄。

3. aʔasvɨ "梦卜"

为了维护狩猎的神圣与威严，按照传统，猎人在狩猎之前会举行狩猎仪式。例如，在狩猎的前一天晚上，猎人会进行所谓的"梦卜"仪式，即在睡梦中进行吉凶的占卜活动。如果第二天醒来发现自己的梦是吉的，就会出发前往山区狩猎；如果自己的梦是凶的，一般就会放弃狩猎，选择推迟几天，等到梦境显示吉祥了，再出发前去狩猎。

4. pnaa tsi hie "射日"

传说在很久以前，邹人居住的地区有两个太阳，因此当地只有白天，没有黑夜。后来，有个小孩拖着绳子，来到了太阳休息的地方，并趁太阳不注意悄悄地躲了起来。不一会儿，一个太阳慢慢地出来了。这个太阳动作缓慢地将身上所穿的皮制大衣脱了下来，然后大声地问道："是谁躲在我住的地方？"此时，小孩子动作迅速地拉开弓，瞄准太阳之后就将箭射了出去，太阳被这个孩子给射中了。另一个太阳看到了便躲了起来，从此大地变成了黑夜。人们生活在漫长的黑夜里，感到十分不方便。为了看到阳光，他们便拿一些祭品去祭拜太阳。过了一段时间后，另一个太阳才慢慢地探出头来，于是才出现了白天和黑夜之别。

5. janosuju "弓箭"

弓箭是猎人们常用的狩猎工具之一，主要用于射杀各种飞禽走兽。弓一般由树干制成，箭的箭头用精炼的钢铁打磨而成，箭尾则用动物的羽毛制作而成。

6. meŋzu "长矛"

长矛的杀伤力巨大，其手持部分都是用坚硬的木头制成，矛头则用精炼的钢铁打造而成。人们捕猎时会将长矛作为一种中距离的投射武器从手中扔出，去猎杀动物野兽。

图 7　狩猎用具和传统服饰图像　嘉义县番路乡 /2022.2.13/ 潘家荣 摄

7. pihtsi "盾牌"

盾牌是用非常坚硬的树木制成的。人们会将它放在身体的前方，用来抵御猛兽突然的冲击。

8. fsuju "火枪"

火枪相当于土制的猎枪，是近代从西洋传过来的一种武器。一般野兽都抵挡不住火枪的攻击，因此用火枪狩猎的效率最高。

9. poaavʔu "犬猎"

除了使用各种狩猎工具以外，邹人还会进行"犬猎"。邹人专门训练了许多能够捕杀野兽的猎犬。猎犬上山后，会非常熟练地去追赶野兽，而猎人们则在一旁伺机而动。人和狗相互配合，使得猎杀野兽变得高效。

邹人过去养的狗都是用来猎杀野生动物的猎犬，而不是看家犬或宠物犬。邹人有个关于狗的传说。相传在很久以前的某个不安定年代，人们在那时经常听到一些动物的叫声，因为邹人在那之前从来没有见过狗，并不知道这种声音的来源到底是什么。直到有一天，一个猎人在上山打猎时，无意之间发现了狗，这种动物才被邹人所认识。这个猎人用食物来引诱这只狗，但是它并没有上当。后来，他从山下带了肉食以及非常香的糕饼，试图再次引诱那只狗下山。结果，他并没有看到狗的踪迹，却发现在狗窝里有两只幼崽。猎人便将这两只小狗带到了山下，这两只小狗开始帮助猎人打猎，并繁衍了后代。

图 8　逐鹿部落兽泉　嘉义县番路乡 /2022.2.13/ 潘家荣 摄

10. hupa "猎场"

由于野兽资源有限，为了使每个氏族都能得到足够的野兽去维持自己氏族的生存，邹人祖先们就建立了猎区制度，又叫作猎场制度。每一个氏族都拥有专门的猎场，该猎场是这个氏族的私人领地，其他氏族没有经过允许是不能私自进入的。一旦私闯他人领地被发现，闯入者就会受到惩罚。

四 农耕活动与生态保护

（一）农耕活动

1. jaezoi "务农"、heoemiʔɨ "农作物"

务农是邹人的主要生产活动。按照传统，一般在十一或十二月的时候，邹人会点燃大火焚烧山林；一月的时候，他们会播撒粟和稻谷的种子；二月时，会进行插秧的活动；三月时，会种植马铃薯或者芋头之类的作物；到四、五月的时候，他们会到山边的河流里去捕鱼。夏季是邹人农事活动繁忙的季节。由于八月份是动物繁殖期，邹人会放弃狩猎，专心在家里侍弄自家的农作物。

2. tonʔu "小米"

小米是邹人的重要农作物以及食物和酿酒的来源。邹人也有关于小米来源的传统故事。相传在很久之前，小米女神从天而降，给邹人带来了一把小米。小米女神非常耐心地教导邹人祖先种植小米的方法，并告诉他们，在小米种植和收获的时候，都要举行非常盛大的祭祀仪式以得到天神的庇佑。

图 9　小米　嘉义县阿里山乡 /2022.2.16/ 潘家荣 摄

3. ʔojomzana joʔu "取水工具"

邹人外出务农时，会就地取材，用竹子做取水工具。他们砍下粗细适中的竹子，保留一端的竹节，将另一端砍成呈45度角的斜面，再用小刀等随身工具将斜面削磨得光滑平整。这样就做成了一个便于取水、喝水的工具。

图 10　取水工具　　嘉义县阿里山乡 /2022.2.16/ 潘家荣　摄

4. pojave no kosɨ "镰刀"

镰刀是邹人用来收割庄稼或割草的常用农具。镰刀由刀体和刀柄两部分组成，刀体一般有一定的弧度，刀柄则由木头制成。邹人会针对不同植物的生长特点和收割需要，选择使用不同大小或形状的镰刀。

图 11　镰刀　　嘉义县阿里山乡 /2022.2.16/ 潘家荣　摄

5. tuʔu "小锄头"

锄头是邹人的传统农具，是邹人在农业活动中最常用的工具之一。在种植农作物之前，邹人会用锄头翻土、松土；在农作物的生长期，锄头可用于除草；在收获季节，锄头也是用于收获根茎作物的重要工具。

图 12　小锄头　嘉义县阿里山乡 /2022.2.16/ 潘家荣 摄

6. apŋu "筛子"、juŋku "背篮"

筛子和背篮都是竹编用具。筛子底部呈网状，主要用于筛选粮食颗粒。背篮主要用于装运和盛放各类物品。邹人的竹编工艺较为发达，他们所编制的筛子、背篮等物品既实用又美观。

图 13　筛子　嘉义县番路乡 /2022.2.13/ 潘家荣 摄 　　　图 14　背篮　嘉义县番路乡 /2022.2.13/ 潘家荣 摄

（二）生态保护

1. tanajiku "达娜伊谷"

达娜伊谷是地处阿里山乡山美村的一个美丽溪谷，有着丰富的森林资源，河流众多，自然景观多样。几十年前，大规模的捕鱼活动和山林开发一度使达娜伊谷河川的生态环境遭到严重破坏，各种动植物资源面临灭绝危机。为保护达娜伊谷的自然环境和原始风貌，山美村的邹人组建了山美观光发展委员会，严格禁止在达娜伊谷附近的山川河流进行非法的资

源采集和狩猎捕捞活动，并规定不得对这块土地做任何过度的开发。对于达娜伊谷，山美村的邹人不以自然资源的开采为目的，而是充分利用达娜伊谷的自然风光，建立了达娜伊谷自然生态公园。此举既促进了达娜伊谷的生态保护，也带动了当地旅游业的发展。

达娜伊谷自然生态公园现已成为阿里山沿线的一处重要景点。公园设有赏鱼步道、观景亭，并建有横跨河面的达娜伊谷吊桥，人们可以在此欣赏巨石、高山和瀑布，也可以近距离观察在河水中洄游的鲴鱼鱼群。

图 15　达娜伊谷入口　嘉义县阿里山乡 /2022.2.16/ 潘家荣 摄

图 16　达娜伊谷吊桥　嘉义县阿里山乡 /2022.2.16/ 潘家荣 摄

2. joskɨaidɨ "鯝鱼"

鯝鱼是一种淡水鱼，主要栖息于水流湍急、水流量大且分布有巨石及岩壁的中上游溪流中，以附着于石头上的藻类为食，也吸食水生昆虫。过去，由于大量捕捞，鯝鱼的数量日益稀少，现在该鱼类已被列入保育鱼种。在达娜伊谷自然生态公园，鯝鱼的非法捕捞被严格禁止，鱼群数量开始逐渐增加。

在邹语中，鯝鱼一词由 joskɨ "鱼"和 aidɨ "真正"组成，字面意思即为"真正的鱼"。由此可见鯝鱼在邹人生活中的重要地位。

图 17　达娜伊谷的鯝鱼　嘉义县阿里山乡 /2022.2.16/ 潘家荣 摄

五　社会政治结构

1. hʔoema "氏族"、haahʔo "群众"

邹人的社会结构十分特别，以某个单位为核心，其他旁支依附于其上，并且呈现一定的排列层次。例如，邹人的氏族系统区分地位高的联合家族和地位低的联合家族，后者依附于前者。在宗教信仰系统中，天神哈莫（hamo）为主神，其他小神环绕在其周围。就宗教仪式而言，重要的宗教祭祀仪式包含许多小的宗教仪式，大祭仪和小祭仪共存。在政治制度中，邹人以"头目"为核心，"头目"领导群众并受到群众的拥护。

2. mamameoi"长老"、maotano"勇士"

邹人社会可以通过亲属关系、年龄等级、氏族联姻等因素产生长老、勇士等职级。在授予某人长老、勇士等职级时，须综合考虑以下各方面的情况：对宗教仪式、农业仪式、狩猎仪式、战争仪式的熟习程度，所属的联合家族在氏族各个分支中的地位，个人的战斗功勋、战争荣誉以及当众演说的能力等。

3. hosa"大社"、ḓenohiʔu"小社"

邹人传统社会主要通过父系氏族的大社和小社联合组织而成。

大社指由几个氏族联合组成的大型部落。邹人原来有四大社，分别是达邦、特富野、鲁富都和伊拇诸。相传因为天花等传染病的侵袭，伊拇诸社在20世纪就已经消失。剩下的三个大社，鲁富都社位于南投县信义乡，达邦社和特富野社在阿里山地区的台地，耕地较少，人口因此非常容易饱和。在邹人的观念中，一个聚落能称为大社，必须拥有圣所、神树、部落长老等，并且族群里的人必须有固定的生活区域，能举行全部的祭祀仪式。从邹人社群的历史发展中可以看到，大社之间由于合并、战争、通婚或者迁徙等活动，彼此之间的区别和差异逐渐减小。大社大体上保持着古代的风貌，能简单地举行一些自古流传的祭祀仪式。但由于环境的变化和风俗习惯的改变，许多邹人传统文化习俗已经消失。在现代政府的管理下，原来部落"头目"的权威已完全失去，只剩下象征意义。

小社由大社的移民组成。由于大社的聚居地区人口饱和，当地资源已经不能够养活越来越多的原住民，部分居民只能从大社迁徙到别的地方去，就近落户，形成人口较少的聚落，即小社。小社虽然在形式上脱离原来的大社，但两者间的关系是十分密切的。小社没有严格的家族制度，没有独立的行政机构，也没有圣所，所以不能举行完整的祭祀仪式。小社的一切重要行为，如祭祀等活动都要听从大社的安排。在管理层级上，小社依附大社，无条件为大社提供相应的服务。

4. kiŋatu"头目"

邹人部落里最重要的职务便是"头目"。每一个大社都有一位最高首领，这个人就是"头目"。在进行重大事件决策的时候，"头目"负责组织相应的部落会议，并有最高的发言权。在部落会议之中，只有男性才有发言权和决定权，女性只能操持琐碎的事务，不能参与决议。能做部落"头目"的人都是有一定战功和能力的男性族人，一般出身于大氏族。"头目"拥有整个部落里最大的权力，对内管理部落的经济活动、祭祀仪式以及罪犯审讯等工作，有权处理各种各样的纠纷，处罚违反部落规定的人，对外则主持与其他部落的战争以及结盟等活动。随着人口的增加和部落的发展，邹人在实践活动中逐步成立了头目制度。该制度使邹人族群内部的权力架构更加清晰合理。

5. mo nouteujunu ʔo mamameoi "长老会议"

在邹人的政治制度中，最重要的决策机制就是长老会议。长老会议由各个家族派出资深长老来一起参加。任何重要的行政和军事活动都必须由长老会议一致通过才能进行。

六 婚姻制度

1. mevtsoŋi "结婚"

邹人遵守一夫一妻制，结婚的流程分为以下几个步骤：

（1）提亲（jahŋiji）。邹人男子对某个氏族女子有爱意时，会请媒人去说媒。媒人说媒时，女方需要在言辞上故意表现出拒绝的态度。即使女方在心理上已经同意，女方的长辈仍要在口头上责骂。如果一开始女方家族就对男方殷勤款待的话，说明女方并不把男方当自己的家人看。邹人不论男女，婚姻大事原则上都是以家族的父母或者长辈的意见为准。

（2）订婚。一旦男方找媒人向女方说媒，并且女方氏族同意这门婚事，男方就要举行订婚仪式。男方会将七到十米的黑布作为礼物赠与女方。如果女方接受这匹黑布，订婚就礼成了。

（3）结婚。订婚之后就要举行结婚仪式。在婚礼当天，男方家族要派出许多壮丁前往女方家里迎接新娘。新娘来到男方家里，就意味着正式的婚礼已经完成了。

2. pemo "婚宴"

男方将女方娶进门后，过段时间才能进行正式的宴会活动，即婚宴。婚宴的目的是宴请宾客并举行相应的宴会仪式。邹人的婚宴比较简单。一般男女双方需要一起酿制一些米酒，并用大米制作一些米糕。男方家族会将新婚男女一起酿好的酒带到女方家里去，两家人会在女方家一起喝这些酿制的酒。在男方家中，新婚男女会一起坐在煤炉旁，媒人会拿来一些糯米做的饭，让他们两个人一起吃，然后说一些吉利话和祝祷语，让他们白头偕老、互爱互助。最后，两个家族的成员会一起喝酒庆祝，并邀请其他族人一起参与。前来参加的族人必须盛装出席。如果大家喝得尽兴的话，还会唱本氏族最拿手的山歌、跳最有代表性的舞蹈。婚宴结束后，媒人就会将新婚男女带到他们的房间。这时，男女双方会有一人假装逃跑，随后便会被事先安排好的氏族亲属抓回来。

3. fiifiho "婚役"

在婚宴结束后的第二天，男方的母亲会把刚进门的新娘带到田地里象征性地做一些耕田劳作活动。两天后，女方亲属会带着亲自酿好的酒到男方家里去迎接女儿和女婿回家。在女方家里，岳父和女婿一起吃完饭后，会到山上砍一些树枝回来。此时女婿需要同女方父母约定一段时间，在女方家里辅助性地做一些工作，这被称为"婚役"。如果男方不想在女方家里服婚役的话，也可以提出免除服役的请求。如需免除婚役，男方父母要拿一些酒送到女方家里。如果女方父母准许的话，女婿的婚役就会被免除。

4. metsou "与邹人通婚"

由于历史方面的原因，阿里山邹人的部分人拥有和其他邹人不同的面孔。这部分邹人长得人高马大，和一般矮小的原住民完全不一样。同时他们的眉毛特别浓，眼睛特别大，皮肤白皙，五官轮廓分明。相关研究表明，上述情况可能是在荷兰人占据台湾时，当地原住民与荷兰人通婚的结果。

5. ŋaŋhoʔɨ "怀孕"

在邹人的传统观念中，孕妇在临盆前仍要继续工作，但不能参加大规模的祭祀仪式，不能接触武器以及猎具，不能触碰打水的竹筒，也不能捕鱼或灭杀昆虫。

产妇生完孩子后一般需要在床上休息几天。在产后的这段时间里，产妇的丈夫也有许多禁忌。例如，在妻子生下孩子的三天之内，男方不能到田地里工作，也不能到河里抓鱼。十天之内，男方不能到山上打猎，不能触碰弓箭等利器，不能去非常远的地方，更不能参与战争等。一个月之内，男方不能和生产后的妻子住在同一间房。

6. foinana "婴儿"

对于刚出生的小婴儿，邹人会用温水为其清洗身体，随后用干净的白布将其包裹起来。在孕妇生产的时候，如果出现婴儿的脚比头先出来，或婴儿头部被脐带缠绕等情况，就会被认为是不祥的征兆。

七　出草与战争

1. hifi "集会所"

集会所是邹人集中进行战斗技能训练的地方。集会所的训练是分级的：十岁以下是幼年级，十一到十六岁是少年级，十六岁以上就是成年级。邹人的孩子会在集会所里学习如何使用工具狩猎，以及如何使用武器与敌人战斗。邹人的孩子长大后就要参加氏族之间的战争，并离开集会所，在冬天的户外进行狩猎训练，目的是提高战斗力和野外生存能力。

2. ozomɨ "出草"、haŋɨ "敌人"

在古时候，出草是传统邹人战争中一种特殊的打击敌人的方式。对于邹人来说，战争以击毙敌人为目的，而出草则是以获得敌人首级为目的。在出草之后，人们会把取得的敌人首级放在部落里举行敌首祭。这个盛大的祭祀仪式对于邹人来说有着重要的意义，能够体现邹人的勇猛，并对敌人进行威慑。

八　姓氏文化与服饰

（一）姓氏文化

1. oŋko no emoo "姓氏"

邹人姓氏大多来源于历史传说，具有深刻的历史文化内涵。例如：

niahosa	以祖上所住地名为氏	javaiana	以祖先名号为氏
teakeana	以绰号为氏	jasakiei	以敌首名为氏
peoŋsi	以所任官职为氏	poitsunu	以图腾名为氏

关于邹人的姓氏文化，我们可以从有关邹人姓氏来源的一个传说中得知一二。

传说在很久以前，天神哈莫来到玉山山顶，并亲手创造了人类。经过长时间的繁衍，人类的数量不断增加。人们需要分散到四处去寻找食物，以求在蛮荒大地上生存下来。突然有一天，洪水泛滥成灾，平地都被洪水淹没而成了汪洋大海。人们为了生存，便跑到玉山上去躲避洪灾。由于当时的玉山十分荒凉，不能种植农作物，人们无法获得粮食，只能猎杀一些野兽来充饥。后来，洪水退去，在玉山上躲避洪水灾害的人们也纷纷下山。相传在最开始的时候，邹人只有一个氏族。自从人们在玉山上学会狩猎，能力最强的猎人就拥有了成立一个氏号的资格，因此才有了后来那些氏族名称的出现。

2. oŋko "名字"

邹人一般会在孩子出生几天后再给孩子取名字，并为其举行一个简单但非常重要的命名仪式。在命名仪式上，母亲会把小孩抱到户外，拿出一块米糕来祈福和祝祷。有的母亲还会将一些事先准备好的饰品拿出来，戴在小孩的脖子上，同时取出神圣的茅叶，将这些茅叶系在小孩的衣领上，以此为孩子祈求天神的福佑。一般会先用冷水给孩子洗浴，然后再让孩子的父亲或者家族中的老人给孩子取名字。名字一旦确定，就不能随意更改，除非这个孩子遭遇十分重大的疾病或灾祸。男女孩童在命名之后，家里的人不会直呼其名，而是称呼由孩子名字的发音谐声转化而来的乳名。这个乳名会一直伴随孩子到青年时期，有的甚至会用到孩子成年乃至结婚。当称呼一位来自异姓氏族的人时，要在此人的名字后面加上氏族名。

（二）服饰

1. jisɨ "衣服"、kuhtsu "皮制披风"

邹人的服饰有着非常明显的年龄特征。老年人一般穿黄色的长袖对襟和黑色裙子，不系腹带。青年人会戴兽皮做的帽子，在腰部束上皮带，并在腰部插上腰刀；当他们去打猎或进行征伐活动时，还会穿上皮制服饰，如皮制披风等。在少年时期，邹人喜欢将头发垂下来，挡住自己的前额。邹人少年会穿皮制披肩，少女则穿短袖上衣和裙子，邹人幼童一般会穿没有袖子的皮制背心。

图 18　传统服饰　嘉义县阿里山乡 /2016.8.8/ 潘家荣 摄

2. teovsɨ "男子皮帽羽毛"

邹人成年男子会在皮帽上用尾羽（tsivtsi to mʔumʔu）进行装饰，这种插在皮帽上的羽毛统称为teovsɨ，即"男子皮帽羽毛"。传统邹人男子用于装饰帽子的羽毛取自当地鸟类的尾羽，其中比较常见的是一种白色混杂黑色横纹的羽毛。

3. posoʔe "男用束腰带"

束腰带对于邹人来说是一种十分重要的装饰品。束腰带一般用藤条编成，用于束紧腰部。对于邹人而言，束腰是一项自古就有的传统风俗习惯。邹人男子自十二岁起就要开始束腰，束腰带平日里不能解开，只有出征打仗的时候才能解下来。

4. katsatse "贝类饰品"

邹人会用贝壳装饰服装和工具，如将贝壳缝在皮帽上、腰带上、背包上和猎刀背带上。邹人的居住地依山傍水，贝壳是常见的物品。由于贝壳种类丰富，造型和色彩多样，邹人很早就开始收集贝壳，将其加工打磨后装饰到衣服上，以显示个人的独特审美。据说在很久以前，人们居住的环境非常险恶，如果一个人能穿过重重阻碍到达一望无尽的海边，那么此人一定是超越常人的勇士。因此，一个人身上所佩戴的贝壳就是他到过海边的证据，也是他作为勇士的象征。

图 19　猎刀背带上的贝壳装饰　嘉义县阿里山乡 /2022.2.26/ 潘家荣　摄

5. hitsi "皮革"

邹人男子十分钟爱皮革。邹人上山打猎取得兽皮后，会将它们制作成衣服、帽子、鞋靴等。邹人有成熟的皮革鞣制技术。在鞣皮前，需要先进行剥皮、张皮、晒皮和刮毛等工序。首先需尽可能完整地把兽皮从动物身上剥下来，之后用竹子、木棒等将兽皮撑开，拿去晾晒，直到兽皮变得十分干燥后再进行刮皮和除毛。最后，要将皮革重新泡水，并反复鞣拉、杵捣，直至皮革柔软，方能制作衣物。

邹人心灵手巧，在各种手工制品的制作上有着惊人的天赋，比如鞣皮。除制皮外，邹人还有相当成熟的纺织技术、竹木技术和藤条编织技术。邹人曾经还有十分精湛的制陶工艺，但现在已经失传了。

图 20　刮毛后的皮革　嘉义县阿里山乡 /2022.2.26/ 潘家荣　摄

6. tseopŋu no hitsi "皮帽"

邹人喜欢戴皮帽。皮帽一般用动物的皮制作而成，帽子前方会附有熊毛，顶端则会插上帝雉的羽毛。在部落举行聚会或祭祀活动时，邹人男子就会戴上皮帽，盛装出席。皮帽还象征着权力和地位。一名邹人男子如果戴上了皮帽，就意味着他必须承担起家庭和部落所带给他的重大责任。如果一个邹人男子缺乏体力和胆识，且行为举止轻浮，部落长老便会认定他不是一个能担负社会责任的人，因此也不会将皮帽授予他。

7. musuju to kuipatsu "戴耳环"

在传统的邹人部落里，人们有穿耳洞、戴耳环的风俗习惯。在早期，无论男性还是女性都有穿耳洞的习俗；但后来，只有女性才会去穿耳洞。邹人一般在三四岁的时候，就会由家里的父母或者长辈带去穿耳洞，以便在长大之后佩戴耳环。邹人的耳洞不仅会穿在耳垂上，有时也会穿在耳轮上。负责穿耳洞的人会用柑橘的刺或削细的竹子作为穿耳洞的针，并会把一些由树叶或者马铃薯制成的薄片垫在耳朵的内侧，以方便穿孔。

8. tumʔumʔu "除毛"

邹人的男性和女性都有拔除毛发的习惯。邹人男子如果不想长胡须的话，就会用夹子将脸上的毛拔掉。邹人女子为了让自己的眉毛更加好看，也会用相应的工具修剪或拔除眉毛。

第四章 分类词表

第一节和第二节收录《中国语言资源调查手册·民族语言（侗台语族、南亚语系）》中的词汇条目，分别为通用词和扩展词。根据调查点语言实际情况有所删减。

第三节为其他词。这三节皆分为如下14类：

一	天文地理	六	服饰饮食	十一	动作行为
二	时间方位	七	身体医疗	十二	性质状态
三	植物	八	婚丧信仰	十三	数量
四	动物	九	人品称谓	十四	代副介连词
五	房舍器具	十	农工商文		

第一节

《中国语言资源调查手册·民族语言（侗台语族、南亚语系）》通用词

一　天文地理

太阳~下山了 hie

月亮~出来了 feohɨ

星星 tsoŋeoha

云 tsmɨtsmɨ

风 poepe

台风 tsmoehu

闪电名词 moiʔhotsɨ

雷 akʔeŋɨtsa

雨 tnɨjɨ

下雨 mɨtshɨ

淋衣服被雨~湿了 aonoeʔɨtsɨ

晒~粮食 hioza

雪 juho

冰 juho

冰雹 katseo no juho

雾 mvɨetsɨ

露 smuu

虹统称 hioju

晴天~ tomohŋɨ

阴天~ mokvoɨ

旱天~ vovoezɨ

天亮 moseoʔohŋɨ

水田 papai

旱地浇不上水的耕地 tosŋusŋa

田埂 tseoʔɨ

路野外的 tseonɨ

山 fueŋu

山谷 joʔhuŋe

江大的河 tsʔoeha

溪小的河 vaʔhɨ

水沟儿较小的水道 fofeohva

湖 etsuu

池塘 etsuu

水坑儿积水的小洼儿 mafeofeoŋo ta tseonɨ

洪水 etɨpɨ

淹被水~了 peaʔusni

河岸 aaskiti

地震 motoevi

窟窿小的 mafeofeoŋo ta tseonɨ

缝儿统称 sipisipi

石头统称 fatu

土统称 tseoa

泥湿的 ɖiŋki

水泥旧称 semento

沙子 fuefuʔu

砖整块的 ɖiŋŋa

煤 sekitaŋ

炭木炭 ksiksi

灰烧成的 fuu

灰尘桌面上的 jonpuhu

火 puzu

烟烧火形成的 feufeu

失火 paeʔihɨ

水 tsʰumu

凉水 tsoheitseɨ tsi tsʰumu

热水如洗脸的热水 tsuveu tsi tsʰumu

开水喝的 peiʔi tsi tsʰumu

二　时间方位

时候吃饭的~ ho/ne

什么时候 ho homna

现在 maitanʔe

以前十年~ ne noanaʔo

以后十年~ ho noanaʔo

今年 tonsoha maitanʔe

明年 ho nitʔitsɨ

后年 atsŋihi nitʔitsɨ

去年 ne nitʔitsɨ

前年 tonsoha no aujusi

往年过去的年份 ne aujusi

年初 ahoisi no tonsoha

年底 ataveisi no tonsoha

今天 maitanʔe

明天 ho hutsma

后天 hoseihɨ

大后天 hoseiseihɨ

昨天 ne hutsma

前天 neseihɨ

大前天 neseiseihɨ

整天 tsono hie

每天 huhutsmasi

早晨 taseona

上午 taseona

中午 tsohiona

下午 tsohiona

傍晚 eopsi

白天 hie

夜晚与白天相对，统称 eofna

半夜 taitso feiŋna

正月农历 feohɨ no ʔtsonia

大年初一农历 meesi ta hie no tsoho tonsoha

端午 meepatskaŋa

中秋 tsukimi

除夕农历 ahoisi ta tsono tonsoha

星期天 nitsio

什么地方 nenu

家里 emoo

城里 maemoemoo ŋeŋesaŋsi

上面从~滚下来 omia

下面从~爬上去 oiʔi

左边 veina

右边 vhona

中间排队排在~ taitso

前面排队排在~ miʔusni

后面排队排在~ fʔuhu

末尾排队排在~ nofʔuhu

对面 apihana

面前 miʔusni

背后 fʔuhu

里面躲在~ aemana

外面衣服晒在~ jafana

旁边 aaskiti

上碗在桌子~ omia

下凳子在桌子~ oiʔi

边儿桌子的~ aaskiti

角儿桌子的~ tsutsuɖiɖi

上去他~了 otsʔo

下来他~了 ohpueho

进去他~了 jimeomɨ

出来他~了 jujafo

出去他~了 emojafo

回来他~了 juovei

起来天冷~了 espajo

三 植物

树 evi

木头 evi

松树统称 seoɲi

杉树 fahe

竹子统称 kaapana

笋 sɓuku

叶子 ehɨɲi

花 ɓivnɨ

梅花 ɓivnɨ no masʔetsɨ

草 kukuzo

藤 emtsu

刺名词 tsɨmɨ

水果 ɓeahtsi

苹果 heesi

桃子 ɓinɨvhɨ no jamʔumʔa

梨 nasi

李子 ɓinihɨ no fhɨɲoja

橘子 hinʔo

柚子 hinʔo no masʔetsɨ

柿子 hitsuu

石榴 kamae

栗子 iŋkina

甘蔗 tifsɨ

木耳 keetie

蘑菇野生的 toti

香菇 koju

稻子指植物 pai

稻谷指籽实（脱粒后是大米）fɨesi

稻草脱粒后的 jasʔi

大麦指植物 ɓatajɨ

小麦指植物 ɓatajɨ

高粱指植物 ɓatajɨ

玉米指成株的植物 pohe

棉花指植物 kjɨpa

芝麻 naɖaja

蚕豆 tahia poe

豌豆 tahia

花生指果实 tahia paʔea

黄豆 tahia no hofʔoja

绿豆 tahia no eŋhova

大白菜东北~ tsʰae no fietsɨʔia

包心菜卷心菜，圆白菜，球形的 tsʰae no tautsunu

韭菜 tʔotsŋa

香菜芫荽 mitsuva

葱 tʔotsŋa

蒜 niniku

姜 tsutsʔu aidʑi

洋葱 tʔotsŋa

辣椒统称 tsutsʔu simi

茄子统称 nasuvi

西红柿 tapenʔa

萝卜统称 taikon

胡萝卜 taikon no fhiŋoja

黄瓜 kiudʑi

丝瓜无棱的 vaʔati

南瓜扁圆形或梨形，成熟时赤褐色 pusiahɨ

红薯统称 fʔue

马铃薯 zaŋaimo

芋头 utsei

山药圆柱形的 fʔue ofou

四　动物

老虎 eʔuho

猴子 ŋhou

蛇统称 fkoi

老鼠家里的 ɓuhtsi

蝙蝠 kupitsa

鸟儿飞鸟，统称 zomɨ

麻雀 uhŋu

喜鹊 uhŋu ŋeesaŋsi

乌鸦 tfuaʔa

鸽子 puau

翅膀鸟的，统称 jopŋu

爪子鸟的，统称 suʔku

尾巴 tsivtsi

窝鸟的 skuʔu

虫子统称 joi

蝴蝶统称 tokeuja

蜻蜓统称 toivaʔvaʔa

蜜蜂 teoŋ

蜂蜜 sɨhsi

知了统称 nunue

蚂蚁 sosea

蚯蚓 podo

蚕 hɨmsɨja

蜘蛛会结网的 kakatu

蚊子统称 moʔeitsɨ

苍蝇统称 joezomɨ

跳蚤咬人的 timeo

虱子 tsuu

鱼 joskɨ

甲鱼 atsipa

鳞鱼的 kiatɨpatɨ

虾统称 kosʔoza

螃蟹统称 joŋo

青蛙统称 foʔkuŋe

癞蛤蟆表皮多疙瘩 foʔkuŋe akʔeŋitsa

马 ʔuma

牛 ʔuatsʰumu

公牛统称 hahotsŋi no ʔuatsʰumu

母牛统称 mamespiŋi no ʔuatsʰumu

放牛 mosomiti to ʔuatsʰumu

羊 moatiʔnɨ

猪 feiʔɨ

种猪配种用的公猪 kedu

公猪成年的，已阉的 faftsja

母猪成年的，未阉的 inhe

猪崽 oko no feiʔɨ

猪圈 pʔovnɨ

养猪 aitʔitsɨ to feiʔɨ

猫 ŋiau

公猫 hahotsŋɨ no ŋiau

母猫 mamespiɲi no ŋiau

狗统称 avʔu

公狗 hahotsŋɨ no avʔu

母狗 mamespiɲi no avʔu

叫狗~ poʔɨŋnɨ

兔子 jutuka

鸡 teoʔua

公鸡成年的，未阉的 moniŋeohɨ

母鸡已下过蛋的 moskoʔɨ

叫公鸡~（即打鸣儿）muni

下鸡~蛋 meftsuju

孵~小鸡 smohʔo

鸭 hanahana

鹅 hanahana

阉~公的猪 ftsuei

阉~鸡 ftsuei

喂~猪 pʔani

杀猪统称 tsmuhu to feiʔɨ

杀~鱼 papasa ʔe joskɨ

五 房舍器具

村庄一个~ hosa

街道 tseonɨ

盖房子 eemo

房子整座的，不包括院子 emoo

屋子房子里分隔而成的，统称 emoo

卧室 ojonaoeɲiti

厨房 ojonapeiʔi

灶统称 pupuzu

锅统称 tŋoo

饭锅煮饭的 tŋoo no naveu

菜锅炒菜的 tŋoo no tsʰae

厕所旧式的，统称 toteʔia

柱子 sɨesɨ

大门 tsuŋsu

窗旧式的 petʰiʔta

梯子可移动的 paitotohŋuva

扫帚统称 siʔŋi

扫地 tusiʔŋi

垃圾 putsu

东西我的~ matsutsuma

床木制的，睡觉用 hopo

枕头 hotueva

被子 patseoefɨ

床单 nazua no patseoefɨ

席子 apiutsu

蚊帐 kaja

桌子统称 paŋka

柜子统称 patujaŋi

抽屉桌子的 tvoisija

椅子统称 tsaʔhɨ

凳子 统称 tsaʔhɨ

菜刀 fʔufʔu no tsʰae

瓢 舀水的 hopi

缸 kazu

坛子 装酒的~ kavʔoe

瓶子 装酒的~ pania

盖子 杯子的~ fofeiʔsɨ

碗 统称 takuɓiŋi

筷子 husu

汤匙 takieŋi

柴火 统称 tuapzu

火柴 fannahui

锁 poomiti

钥匙 oʔomiamavo

脸盆 ʔojoemuja

洗脸水 tsʰumu no jomuju

毛巾 洗脸用 ojoemuja

肥皂 洗衣服用 savuŋu

梳子 旧式的，不是篦子 koekopsɨpsɨ

缝衣针 feezo

剪子 hasami

蜡烛 ɖoosoku

手电筒 tentoo

雨伞 挡雨的，统称 housua

自行车 zitensa

六 服饰饮食

衣服 统称 jɨjɨ

穿~衣服 aiʔiʔihosi

脱~衣服 jɨɨtsɨtsɨhɨ

系~鞋带 paepoʔeisa

袖子 suju no jɨsɨ

口袋 衣服上的 futsu

裤子 poojojo

短裤 外穿的 poojojo no nanhɨtɨ

帽子 统称 tseopŋu

鞋子 sapie

袜子 saspoe

围巾 ekujuŋva

围裙 tafʔu

尿布 osime

扣子 potinta

扣~扣子 potinti

戒指 eoeduʔɖiku

手镯 pʔovionɨ

理发 toʔsiʔsi

梳头 meopsɨpsɨ

米饭 naveupai

稀饭 用米熬的，统称 tsohma

面粉 麦子磨的，统称 utonko

面条 统称 sova

粽子 tsnofa

年糕 用黏性大的米或米粉做的 poaʔufia

菜 吃饭时吃的，统称 tsʰae

豆腐 toofu

猪血 当菜的 hmuuju no feiʔɨ

猪蹄 当菜的 suʔku no feiʔɨ

猪舌头 当菜的 umo no feiʔɨ

猪肝 当菜的 hʔonɨ no feiʔɨ

下水 猪牛羊的内脏 kuzosi

鸡蛋 ftsuju no teoua

猪油 hɨhɨ no feiʔɨ

香油 hɨsɨ no namusŋau

酱油 sooʔiu

盐 名词 sieu
香烟 tamaku
茶叶 ʔotsʰea
冰棍儿 kori
做饭 统称 peiʔi no naveu
炒菜 统称，和做饭相对 peiʔi no tsʰae
煮～带壳的鸡蛋 peiʔi
煎～鸡蛋 tsmuutsuju
炸～油条 tsmuutsuju
蒸～鱼 pofheoŋɨ
揉～面做馒头等 taʔmuʔmutsa
吃早饭 otaseoni
吃午饭 otsohioni
吃晚饭 ojofna
吃～饭 бonɨ
喝～酒 mimo
喝～茶 mimo
抽～烟 etamaku
盛～饭 mosi
夹用筷子～菜 skoʔeaptso
斟～酒 mosʔusnu
渴口～ metsu
饿肚子～ sieo
噎吃饭～着了 tseɨni

七　身体医疗

头 人的，统称 fŋuu
头发 fʔɨsi
辫子 mafutu
旋 papua
脸 洗～ saptsi
眼睛 mtsoo

眼泪 哭的时候流出来的 esɨɨ
眉毛 peʔpiʔi
耳朵 koju
鼻子 ŋitsɨ
鼻涕 统称 ŋitsɨ
擤～鼻涕 siŋitsɨ
嘴巴 人的，统称 ŋajo
嘴唇 sumsu
口水～流出来 ŋeoi
舌头 umo
牙齿 hisi
下巴 jasŋɨ
胡子 嘴周围的 mʔumʔu no jasŋɨ
脖子 sɨnɨ
喉咙 vihi
肩膀 eiʔsi
胳膊 tsvosɨ ta emutsu
手 emutsu
左手 veina
右手 vhona
拳头 tiʔpɨpɨpɨ
手指 ɖuʔɖuku
大拇指 ɖuʔɖuku no meoisi
食指 ɖuʔɖuku masʔosi
中指 ɖuʔɖuku no taitsosi
小拇指 ɖuʔɖuku no okosi
指甲 huʔo
腿 juju
脚 tʔaŋo
膝盖 指部位 kaɖɨ
背 名词 fʔuhu
肚子 腹部 бɨjo

肚脐 putsku

乳房女性的 nunʔu

屁股 ptsoo

肛门 feoŋo no tʃee

阴茎成人的 ɓoki

女阴成人的 kutʔi

精液 nanʔi

拉屎 teʔi

撒尿 sifu

放屁 mieɓotsɨ

病了 tmaʔtsoŋo

着凉 soskuɲi

咳嗽 esoɲi

发烧 tsuveu

发抖 smoʔieʔɨju

肚子疼 tsoŋʔe ɓijo

拉肚子 poesoso

患疟疾 matomateoŋaɓo

中暑 soskuɲi

肿 juofeoʔi

化脓 pniŋsi

疤好了的 epi

癣 psipsi

痣凸起的 potiehi

狐臭 naihiʔhi

看病 poa aototʰomɨ

打针 tsiusa

打吊针 tsiusa to isi teiha

吃药统称 ɓonɨ ta sʔosʔo

八　婚丧信仰

说媒 eahŋiji

相亲 eahŋiji

订婚 teikoŋ

结婚统称 mevtsoɲi

娶妻子男子～，动宾 tovtsoɲi

出嫁女子～ faeni to tsou ʔo oko no mamespiŋi

孕妇 ŋaŋhoʔi

怀孕 ŋaŋhoʔi

害喜妊娠反应 oteofʔu

分娩 jaa oko

双胞胎 hopŋo

吃奶 paunʔu

断奶 tosvo nunʔu

满月 tsono feohɨ

生日统称 hiesi no jajo

做寿 peeseni ʔo hiesi no jajo

死统称 mtsoi

死婉称：他～了 kuzosi

自杀 inono

咽气 atavei no nsoo

入殓 soidɨdɨa

棺材 hako

出殡 heufʔa

坟墓单个的，老人的 heufʔa

老天爷 akʔe mameoi

保佑 poa aitʔitsɨ

九　人品称谓

人一个～ jatatiskova

男人成年的，统称 hahotsŋi

女人三四十岁已婚的，统称 mamespiŋi

老姑娘 mameoi tsi mamespiŋi

婴儿 foinana

小孩三四岁的，统称oko

男孩统称：外面有个～在哭 oko no hahotsŋɨ

女孩统称：外面有个～在哭 oko no mamespiŋɨ

老人七八十岁的，统称mameoi

亲戚统称oahŋɨ

朋友统称naŋhia

邻居统称huehuŋu

客人okeaksan

农民eaezoi

商人ɖemomhino

泥水匠ɖemomhino to semeŋto

木匠ɖemʔaetsʔɨ emoo

裁缝misiŋ

理发师tokoja

厨师ɖepeiʔi

师傅saihu

徒弟ofifihosi

流氓jaksai

贼oju

瞎子统称ɓɨkŋɨ

聋子统称ɖoiŋɨ

哑巴统称tmɨsŋɨsŋɨ

驼子统称hkuju

瘸子统称totsitsiʔo

疯子统称eiŋtsɨ

傻子统称noŋonoŋo

笨蛋蠢的人ɖoŋketsketse

爷爷呼称，最通用的akʔi

奶奶呼称，最通用的ɓaʔi

外祖父叙称akʔi

外祖母叙称ɓaʔi

父母合称maameoi

父亲叙称amo

母亲叙称ino

爸爸呼称，最通用的amo

妈妈呼称，最通用的ino

继父叙称iʔvaha amo

继母叙称iʔvaha ino

岳父叙称akʔi

岳母叙称ɓaʔi

公公叙称akʔi

婆婆叙称ɓaʔi

伯父呼称，统称amotsoni

伯母呼称，统称inotsoni

叔父呼称，统称amotsoni

排行最小的叔父呼称，统称amotsoni

叔母呼称，统称inotsoni

姑呼称，统称inotsoni

姑父呼称，统称amotsoni

舅舅呼称，统称amotsoni

舅妈呼称，统称inotsoni

姨统称，呼称inotsoni

姨父呼称，统称amotsoni

弟兄合称natʔohaesa no hahotsŋɨ

姊妹合称natʔohaesa no mamespiŋɨ

哥哥呼称，统称ohaeva no hahotsŋɨ

嫂子呼称，统称ahŋɨ

弟弟叙称ohaesa no hahotsŋɨ

弟媳叙称ahŋɨ

姐姐呼称，统称ohaeva no manespiŋɨ

姐夫呼称，统称ahŋɨ

妹妹叙称ohaesa no manespiŋɨ

妹夫叙称ahŋɨ

堂兄弟叙称，统称tsono natʔohaesa no hahotsŋɨ

第四章　分类词表

87

表兄弟叙称，统称tsono natʔohaesa no hahotsŋi
儿子叙称：我的～oko no hohotsŋi
儿媳妇叙称：我的～oko no tsou
女儿叙称：我的～oko no mamespiɲi
女婿叙称：我的～oko no tsou
孙子儿子之子 atsŋihi oko
重孙子儿子之孙 autsŋitsŋihi oko
外甥姐妹之子 oko no tsou
外孙女儿之子 oko no tsou
夫妻合称 navtsoŋa
丈夫叙称，最通用的，非贬称：她的～vtsoŋi
妻子叙称，最通用的，非贬称：他的～vtsoŋi
名字 oŋko

十　农工商文

干活儿统称：在地里～jaahioa
事情一件～hioa
插秧 tmuhtsu
割稻 efeutu
种菜 emɨmʔɨ to tsʰae
犁名词 kosɨ
锄头 tuʔu
镰刀 pojave no kosɨ
扁担 ŋotohva
箩筐 skajɨ
筛子统称 apŋu
簸箕簸米用 tseiʔfɨ
轮子旧式的，如独轮车上的 seɨzɨ
臼 suhŋu
磨名词 huahua
打工 jaahioa
斧子 peitsŋi

钳子 peŋtsi
螺丝刀 doɖaipa
锤子 putu
钉子 svɨhta
绳子 teesi
棍子 sʔofɨ
做买卖 mhino
商店 momhino
饭馆 ojoonaɓonɨ
贵 msuepe
便宜 msitsɨetsɨ
折扣 hiku
亏本 oʔte ohmamso
钱统称 peisu
硬币 ɲiika
本钱 sihoŋ
工钱 hnoo no jaahioa
花～钱 tipeisu
赚卖一斤能～一毛钱 tovʔohɨ
欠～他十块钱 juevaha
算盘 soɖovaŋ
秤统称 kinkina
称用杆秤～kinkini
集市 momnino
学校 ojonatmopsɨ
教室 kiositsu
上学 toatmopsɨ
放学 emamaineʔe
考试 sikeŋ
书包 tvotposɨa
本子 tsomeŋ
铅笔 empitsu

钢笔 empitsu

圆珠笔 empitsu

毛笔 empitsu no mʔumʔu

墨 oŋɨ

砚台 taotʰua oŋɨ

信一封~ teŋami

捉迷藏 jupahihitsu

跳绳 navatovi

鞭炮统称 pakutsiku

唱歌 pasunaeno

演戏 ŋeki

笛子 peuŋu

划拳 zaŋkeŋ

变魔术 ɓipoʔe

讲故事 ehohamo

猜谜语 eaŋatsɨma

玩儿游玩：到城里~ peispakʔi

串门儿 ɓieɓiemi

走亲戚 ɓieɓiemi to ʔoahŋɨ

十一　动作行为

看~电视 baito

听用耳朵~ tmadɨ

闻嗅：用鼻子~ edʑi

吸~气 eseusu

睁~眼 hutseojo

闭~眼 mʔojɨtsɨ

眨~眼 ɓupepiʔi

张~嘴 miŋajo

闭~嘴 tmoʔvɨetsɨ

咬狗~人 ɓoetsɨ

嚼把肉~碎 msimo

咽~下去 jɨmtsa

舔人用舌头~ matseitsei

含~在嘴里 pŋaja

亲嘴 jupamatseitsei

吮吸用嘴唇聚拢吸取液体，如吃奶时 poanunʔu

吐上声，把果核儿~掉 tiafneni

吐去声，呕吐：喝酒喝~了 teavto

打喷嚏 pasŋi

拿用手把苹果~过来 majo

给他~我一个苹果 mofi

摸~头 meuaso

伸~手 paseafa

挠~痒痒 kidʑikidʑi

掐用拇指和食指的指甲~皮肉 tifkitsi

拧~螺丝 taikukujuŋva

拧~毛巾 tɨspɨtsa

掰把橘子~开，把馒头~开 aptsia

剥~花生 juʔeitsi

撕把纸~了 eptsi

折把树枝~断 tiɓkotsa

拔~萝卜 tumʔumʔi

摘~花 teveutsu

站站立：~起来 jatsʔɨ

倚斜靠：~在墙上 johtsojɨ

蹲~下 sumahtɨitsɨ

坐~下 jusuhŋu

跳青蛙~起来 moftiʔi

迈跨过高物：从门槛上~过去 tohkatsi

踩脚~在牛粪上 mʔetsihi

翘~腿 jupatopevneni ʔe tʰaŋo

弯~腰 moʔohkuju

挺~胸 ɓɨsŋitsɨ

趴~着睡 toetsuʔŋuju

爬小孩在地上~ maakako

走慢慢儿~ tsoetsonɨ

跑慢慢儿走，别~ peajofɨ

逃逃跑：小偷~走了 pkaako

追追赶：~小偷 peoɓaŋa

抓~小偷 tɨtpɨta

抱把小孩~在怀里 mahsaho

背~孩子 smovei

搀~老人 eakaka

推几个人一起~汽车 poeʔoha

摔跌：小孩~倒了 smoptsuku

撞人~到电线杆上 smoftoŋi

挡你~住我了，我看不见 tamamɨtu

躲躲藏：他~在床底下 totoefɨŋi

藏藏放，收藏：钱~在枕头下面 emɨfŋi

放把碗~在桌子上 mosi

摞把砖~起来 paepesvɨsvɨja

埋~在地下 foʔa

盖把茶杯~上 feɨsa

压用石头~住 topitsi

摁用手指按：~图钉 zootʰomi

捅用棍子~鸟窝 zohtsui

插把香~到香炉里 tsɨʔtsɨneni

戳~个洞 zosʔusi

砍~树 tmoetsɨ

剁把肉~碎做馅儿 puepuja

削~苹果 etosi

裂木板~开了 meiptsi

皱皮~起来 toetuetuhu

腐烂死鱼~了 tsmoʔɨ

擦用毛巾~手 mahisi

倒把碗里的剩饭~掉 hojuha

扔丢弃：这个东西坏了，~了它 tsiha

扔投掷：比一比谁~得远 tokneni

掉掉落，坠落：树上~下一个梨 supeohɨ

滴水~下来 tsitsivi

丢丢失：钥匙~了 pajoʔa

找寻找：钥匙~到 ɓieɓiemi

捡~到十块钱 edɨa

提用手把篮子~起来 tiatatvɨja

挑~担 ŋoevi

扛~在肩上 ŋoevi

抬~石头 mahtothomɨ

举~旗子 eepia

撑~伞 ojofŋu

撬把门~开 mɨhtsivho

挑挑选，选择：你自己~一个 epei

收拾~东西 auteuna

挽~袖子 tikeukeutsa

涮把杯子~一下 toniou

洗~衣服 tufku

捞~鱼 maaseu

拴~牛 seoʔtɨneni

捆~起来 mufutu

解~绳子 juŋa

挪~桌子 saezuha

端~碗 majo

摔碗~碎了 tofʔoneni

掺~水 atvohi

烧~柴 tupuza

拆~房子 juonʔoi

转~圈儿 tmaekukujuŋu

捶用拳头~ tutva

打 统称：他~了我一下 eoɓaka

打架 动手：两个人在~ jooɓai

休息 amiotsnɨ

打哈欠 juasau

打瞌睡 maʔoutʔutʔɨ

睡 他已经~了 oeŋitɨ

打呼噜 joŋeosŋusŋu

做梦 jatsei

起床 jitsʔɨ

刷牙 tohisi

洗澡 mamtsino

想 思索：让我~一下 maʔtoʔtohɨŋi

想 想念：我很~他 tajaetsiŋea

打算 我~开个店 akoju

记得 taɖɨa

忘记 taʔpajoʔa

怕 害怕：你别~ smojo

相信 我~你 tmaaʔuzo

发愁 maʔkuvʔo

小心 过马路要~ ɓumemeaɖɨ

喜欢 ~看电视 ɨmnɨa

讨厌 ~这个人 kuzoa

舒服 凉风吹来很~ sohuju

难受 生理的 tmatutumio

难过 心理的 natsʔo

高兴 kaeɓɨ

生气 siʔno

责怪 emoʔa

后悔 maʔsusuae

忌妒 konovosɨ

害羞 koeʔi

丢脸 paʔhikokoeʔi

欺负 pohtsiŋhi

装~病 metmatmatsoŋo

疼 ~小孩儿 aŋoŋohia

要 我~这个 mʔene

有 我~一个孩子 panto

没有 他~孩子 ukʔa

是 我~老师 zou

不是 他~老师 oʔa

在 他~家 jone

不在 他~家 oʔa mo jone emoo

知道 我~这件事 tsohivi

不知道 我~这件事 oʔte tsohivi

懂 我~英语 tmaʔhoŋɨ

不懂 我~英语 oʔte tmaʔhoŋɨ

会 我~开车 meeɖɨ

不会 我~开车 oʔte meeɖɨ

认识 我~他 hoŋa

不认识 我~他 oʔte hoŋa

行 应答语 naho

不行 应答语 ʔote

肯 ~来 minho

应该 ~去 teananaʔo

可以 ~去 peeɖa

说 ~话 aomotiʔɨ

话 说~ eʔe

聊天儿 jupe peahŋijɨ

叫 ~他一声儿 eohoʔɨ

吆喝 大声喊 moozojɨ

哭 小孩~ moŋsi

骂 当面~人 ekvoʔti

吵架 动嘴：两个人在~ jooɓai

骗 ~人 meknuju

第四章 分类词表

91

哄~小孩 aopoʔva
撒谎 meknuju
吹牛 meknuju
拍马屁 efnaso
开玩笑 ɓuamaŋetsɨ
告诉~他 eɨsvɨta
谢谢致谢语 aveoveojɨ
对不起致歉语 paihikokoeʔi
再见告别语 ɓumemeadɨʔsio

十二　性质状态

大苹果~ meoisi
小苹果~ okosi
粗绳子~ kahkɨmnɨ
细绳子~ vhoŋɨ
长线~ tatsvohʔi
短线~ nanɨhtɨ
长时间~ noanaʔo
短时间~ nanɨhtɨ
宽路~ fafʔohɨ
宽敞房子~ tsotsoja
窄路~ mhotsni
高飞机飞得~ ɓankake
低鸟飞得~ tsɨetsɨ
高他比我~ ɓankake
矮他比我~ putisi
远路~ tsovhi
近路~ tsumʔu
深水~ fozu
浅水~ pojapo
清水~ tɨsʔɨ
浑水~ hineu

圆 tautsunu
扁 hipsi
方 papatujaɲi
尖 maeno
平 sɨseomɨ
肥~肉 simeo
瘦~肉 fouaidɨ
肥形容猪等动物 nojinɨ
胖形容人 nojinɨ
瘦形容人、动物 kɨehoi
黑黑板的颜色 kuaoʔŋa
白雪的颜色 fietsiʔia
红国旗的主颜色，统称 fihŋoja
黄国旗上五星的颜色 hofʔoja
蓝蓝天的颜色 eŋhova
绿绿叶的颜色 eŋhova
多东西~ mani
少东西~ kakutia
重担子~ etsvihɨ
轻担子~ sopʔo
直线~ siŋtsɨ
陡坡~、楼梯~ tɲitseofɨ
弯弯曲：这条路是~的 keŋkeŋɲiu
歪帽子戴~了 iʔiei
厚木板~ otsmɨjɨ
薄木板~ hipsi
稠稀饭~ aueiʔi
密菜种得~ otsɨpʰɨ
稀稀疏：菜种得~ nopeapeaski
亮指光线，明亮 tiskova
黑指光线，完全看不见 voetsɨvtsɨ
热天气 tsoŋʔehie

暖和 天气 nojano
凉 天气 tsoheɨtseɨ
冷 天气 sojɨmɨ
热 水 tsuveu
凉 水 tsoheɨtseɨ
干 干燥：衣服晒~了 oemiʔmi
湿 潮湿：衣服淋~了 noeʔitsɨ
干净 衣服~ tsofkoja
脏 肮脏，不干净，统称：衣服~ tsaʔi
快 锋利：刀子~ feofeo
钝 刀~ ahtsihtsi
快 坐车比走路~ majahe
慢 走路比坐车~ pohaʔo
早 来得~ auju
晚 来~了 pohaʔo
晚 天色~ eopsi
松 捆得~ maavo
紧 捆得~ ajɨtsɨ
容易 这道题~ sonɨ
难 这道题~ ŋoveo
新 衣服~ faeva
旧 衣服~ nonaʔo
老 人~ mameoi
年轻 人~ foinana
软 糖~ noeʔinʔi
硬 骨头~ kɨhtosɨ
烂 肉煮得~ aiputseɨ
煳 饭烧~了 hoʔoŋɨ
结实 家具~ mahtɨɨtsɨ
破 衣服~ aejieki
富 他家很~ juupasɨ
穷 他家很~ tʰiʔtsia

忙 最近很~ manʔi tsi hioa
闲 最近比较~ ukʔa tsi hioa
累 走路走得~ ŋoseo
疼 摔~了 tsoŋo
痒 皮肤~ seoʔosʔo
热闹 看戏的地方很~ eaŋaevi
熟悉 这个地方我很~ hoŋa
陌生 这个地方我很~ oʔa osʔo hoŋa
味道 尝尝~ naʔausna
气味 闻闻~ feisi
咸 菜~ maski
淡 菜~ oha maski
酸 masɨetsɨ
甜 tsohɨmɨ
苦 majɨmɨ
辣 sɨmɨ
鲜 鱼汤~ faeva
香 namusŋau
臭 nakuzo
馋 饭~ nakotsnɨ
腥 鱼~ namatsoŋo
好 人~ ɨmnɨ
坏 人~ kuzo
差 东西质量~ kuzo
对 账算~了 emio
错 账算~了 oʔte emio
漂亮 形容年轻女性的长相：她很~ joŋhu
丑 形容人的长相：猪八戒很~ mikuzkuzo
懒 ɖueʔamamia
乖 tmaoɖaɖɨ
顽皮 popespakʔi
老实 maʔtsotsatsni

傻痴呆noŋonoŋo

笨蠢noŋonoŋo

大方不吝啬meadɨ

小气吝啬kiadɑ

犟脾气~ pakʔi

十三　数量

一 tsoni

二 juso

三 tuju

四 sɨptɨ

五 eimo

六 nomɨ

七 pitu

八 voju

九 sio

十 maskɨ

二十 mpusku

三十 mtuehu

一百 seʔtsonia

一千 posifou

一万 maskɨ no posifou

一百零五 seʔtsonia veija eimo

一百五十 seʔtsonia veija meimohɨ

第一~,第二atvaesi

几个你有~孩子？pio

俩你们~ joso

十四　代副介连词

我~姓王 aʔo

你~也姓王 suu

他~姓张 taini

我们不包括听话人：你们别去,~去 aʔmia

咱们包括听话人：他们不去,~去吧 aʔto

你们~去 muu

他们~去 hinʔi

大家~一起干 atsɨhɨ

自己我~做的 iatsʰi

别人这是~的 motsmo

我爸~今年八十岁 amoʔu

你爸~在家吗？amosu

他爸~去世了 amotaini

这个我要~,不要那个 eni

那个我要这个,不要~ tonoi

哪个你要~杯子？nenusi

谁你找~？sia

这里在~,不在那里 tanʔe

那里在这里,不在~ taʔe

哪里你到~去 nenu

这样事情是~的,不是那样的 tanʔe

那样事情是这样的,不是~的 taʔe

怎样什么样：你要~的？mainenu

这么~贵啊 naʔno

怎么这个字~写？mainenu

什么这个是~字？tsuma

什么你找~？tsuma

为什么你~不去？maintsi

干什么你在~？tsuma na okso hioa

多少这个村有~人？pio

很今天~热 naʔno

非常比上条程度深：今天~热 naʔno

更今天比昨天~热 asuhtsu

太这个东西~贵,买不起 aŋu

最弟兄三个中他~高 atvaʔesi

都 大家~来了 atsɨhɨ

一共 ~多少钱？ atsɨhɨ

一起 我和你~去 joehuŋu

只 我~去过一趟 tsʔo

刚 这双鞋我穿着~好 auseoseodʑi

刚 我~到 mihna

经常 我~去 asŋitsɨ

又 他~来了 iʔvaho

还 他~没回家 oʔamotsu

再 你明天~来 iʔvaho

也 我~去；我~是老师 maezo

没有 昨天我~去 oʔa

不 明天我~去 oʔa

别 你~去 ʔote

甭 不用，不必：你~客气 ʔote

快 天~亮了 monʔi

差点儿 ~摔倒了 niaʔte

故意 ~打破的 zua

随便 ~弄一下 ainpɨnpɨ

白 ~跑一趟 afeuŋu

肯定 ~是他干的 asansano

可能 ~是他干的 asonɨ

一边 ~走，~说 aasvɨtɨ

和 我~他都姓王 ho

和 我昨天~他去城里了 ho

往 ~东走 emoʔusnu

向 ~他借一本书 juevaho

按 ~他的要求做 maino

替 ~他写信 jposneni

如果 ~忙你就别来了 hontsi

不管 ~怎么劝他都不听 upena

第四章 分类词表

95

第二节

《中国语言资源调查手册·民族语言（侗台语族、南亚语系）》扩展词

一 天文地理

天~空 eŋɨtsa

天上 pepe

霹雷 akʔeŋɨtsa

北斗星 fkuu

乌云 mvɨetsɨ

狂风 mesŋusŋu ʔo poepe

暴风雨 tutsvihi

毛毛雨 topeasmu

阵雨 smuasvɨtɨ

打雷 moihotsɨ

刮~风 poepe

结冰 tmujuho

涨~大水 smufozu

消退 大水~ esuhtsi

地 总称 tseoa

荒地 未开垦过的地 oʔa isɨ hioa tsɨ tseoa

平地 poneo

山顶 ɓukeu ta htsuju

山洞 peihʔita

山脚 tsɨhma

山坡 auteufiu

山腰 taitso ta htsuju

海 etɨpɨ

悬崖 tiʔnɨ

泥巴 kiŋki

土 干~ tseoa

石灰 hapuju

金子 kin

铁 meemeno

钢 pohtsɨ tsi meemeno

光 tiskova

火花 火星子 japui

火种 sohoza

浪 smahu

旋涡 tmaskukujuŋku
瀑布 sujoi
泉~水 esvovuka
蒸气 pahu
污垢 tsaʔisi
陷阱 hʔoepona
锈 fkɨŋeo

二　时间方位

时间 huomzahie
从前 aujusi
原来~的地方 ananaʔo
将来 tena ɖa
最后 uafeihi
古代 noanaʔo
平时 ɖua
春 hotovʔoha
夏 homuʔeina
秋 homotoʔa
冬 hosojɨma
一月 feohɨ no ʔtsonza
二月 feohɨ no ʔeosa
三月 feohɨ no ʔtueva
四月 feohɨ no ʔsɨpta
五月 feohɨ no ʔeema
六月 feohɨ no ʔanma
七月 feohɨ no ʔpitva
八月 feohɨ no ʔvoeva
十月 feohɨ no maska
十一月 冬月 feohɨ no maska utsni
十二月 feohɨ no maska ueso
月初 ahoisi

月底 ataveisi no feohɨ
月中 taitso no feohɨ
黎明 taseona
今晚 jofna maitanʔe
明晚 jofna ho hutsma
昨晚 jofna ne hutsma
一昼夜 miski
两天以后 ataveisi no mipsohi
三年以前 aujusi no totueha
工夫 空闲 meemeɖɨ
方向 miʔausna
东 esmomhahie
西 meovesi no hie
南 oʔiana
北 maoʔomza
当中 几个人~ ta mito notejunu
中间 两棵树~ taitso
房子后 fʔuhu ta emoo
房子前 miʔusnu ta emoo
房子外边 aukukujuŋu ta emoo
门口 pʰiŋi ta emoo
周围 aukukujuŋu
附近 tsumʔu
隔壁 jupanotsmuʔu
树林里 noʔajunomɨ ta ʔeʔevi
河边 noaskiti ta tsʔoeha
角落 tsiepi
墙上 skoskopha ta toŋhifa
桶底 ptsoo ta vaketsu
正面 布、纸等的~ ahoisi ta tposɨ
背面 布、纸等的~ fʔuhu ta tposɨ
半路 taitso ta hʔotatsvuhʔa ta tseonɨ

三　植物

树干 nasi ta evi

树根 emisita evi

树皮 japtɨ

树梢 pajtinsohasi ta evi

树叶 ehɨŋɨ

树枝 ehti

树林 ʔeʔevi

梨树 evi no nasi

李树 evi no ɓinɨvhɨ

桃树 evi no ɓinɨvhɨ no jamʔumʔa

枫树 ɖauja

竹节 tsvosɨ ta kaapana

竹林 kakaapana

花瓣 tsohɨmɨ ta ɓɨvnɨ

茅草 haeŋu

鱼腥草_{折耳根, 凉拌吃} hahtsɨ

薄荷 sʔosʔo ta poepe

香蕉 tsnɨmɨ

芭蕉 suɓa

菠萝 uŋeai

草莓 taumu

葡萄 amtsuju

枇杷 etuu

西瓜 suika

橙子 huvʔo

浮萍 kjɨpa

黄麻 ŋeii

青苔 knomɨ

水稻 pai

旱稻_{泛指旱地上种的稻} paipeosŋusŋa

穗儿 mtsuu

米 fɨesɨ

糙米 zuatiskitsi fɨesɨ

米糠 hʔisi

稗子 paihitsu

麦子 ɓatajɨ

豆子 tahia

豆芽 tsɨfeɨ ta tahia

扁豆 tahia hipsi

黑豆 kuaoʔŋa tsi tahia

青菜 tsʰae eŋhova

芥菜 tsʰae eŋhova

白菜 tsʰae fietsɨʔia

茼蒿菜 tsʰae hanahana

空心菜_{藤菜} tsʰae feoŋo

藤蔓 emtsu

葫芦 tofɨ

苦瓜 paʔitsi

桑树 tahiutsu

桑叶 ehɨŋɨ no tahiutsu

四　动物

野兽 juansou

象_{大~} zou

狮子 ɖaion

豹子 eʔuho

熊 tsmoi

鹿 ua

狐狸 kuhku

松鼠 puktu

水獭 snoo

穿山甲 hiaemoza

壁虎 putsku	刺蜜蜂的 tsɨmɨ
野猪山猪 fuzu	蜂王 peoŋsisi
野鸡雉 siʔeo	鱼刺 seepi no joskɨ
野猫 ŋiau jɨnʔɨ	鱼鳍 jopŋu no joskɨ
四脚蛇蜥蜴 kokoŋi	鱼子鱼卵 ftsuju no joskɨ
蟒蚺蛇 fkoi htsuju	鳃 tseeŋi no joskɨ
老鹰 eiski	金鱼 kuziɖa
猫头鹰 puku	鳝鱼黄鳝 tuŋeoza no juvavhoŋi
斑鸠 hofoju	泥鳅 jozo
鹭鸶 faʔe ŋeesaŋsi	乌龟 atsipa
燕子 meiʔeohŋi	壳蚌的~ katsatse
啄木鸟 tʔohei	青蛙长腿的 foʔkuŋe
鸟蛋 ftsuju no zomɨ	蝌蚪 kio
鸟窝 skuʔu no zomɨ	蟹螃蟹~ suʔku no tifkitsi
羽毛 mʔumʔu no jasŋi	畜牲 aɨtʔɨtsa tsi juansou
萤火虫 ʔakuini	公马 snumaso no ʔuma
蚱蜢 ɖiu	母马未产崽的 jotso no ʔuma
蟑螂 kaemema	公牛阉过的 hahotsŋi no ʔuatsʰumu
蜘蛛网 tapiʔeoŋɨ	水牛 suiŋiu
蜈蚣 eepa	牛角 suŋu no ʔuatsʰumu
蟋蟀 tamajae	牛皮 feoʔu no ʔuatsʰumu
螳螂 tutuŋaza	公水牛 hahotsŋi no suiŋiu
臭虫 jakuseaŋi	母水牛未产崽的 mamespiŋi no suiŋiu
蛔虫 faju	水牛角 suŋu no suiŋiu
虱子衣服上的 timeo	水牛皮 feoʔu no suiŋiu
头虱头上的 tsuu	水牛蹄 keŋkeŋi no suiŋiu
蛆蝇类的幼虫 joi	黄牛 ʔuatsʰumu no hofʔoja
蛹 joifou	公黄牛 hahotsŋi no ʔuatsʰumu no hofʔoja
蜗牛 kokeu teʔe	母黄牛未产崽的 mamespiŋi no ʔuatsʰumu no hofʔoja
白蚁 sosea fɨetsɨʔia	绵羊 moatiʔni
蚂蚁洞 feoŋo no sosea	山羊 moatiʔni
黄蜂黄色细腰 veijo	母猪未产崽的 inhe

下母猪～小猪 jaa

母狗未产崽的 memespiɲi no avʔu

猎狗 hafa eʔohɨ tsi avʔu

母鸡未下蛋的 moskoʔɨ

小鸡 tsiotsio

鸡冠 tseopŋu no teoʔua

鸡尾 tsivtsi no teoʔua

鸡窝 peotʰua

五　房舍器具

城市 ŋeesaŋsi

房顶 sofɨ

牢狱 pooʔusna

篱笆 jɨʔpɨ

梁 jua

门 pʰiɲi

墙壁 tonhifa

烟囱 entotsu

走廊 hotsŋuha

楼梯 pʔeetoetoŋa

桥 hiapeoza

毯子 patseoefɨ

箱子 hako

皮箱 hako no feoʔu

灯 sotiskova

电灯 sotiskova

工具 ojomiana

刀 pojave no kosɨ

刀背 fʔuhu ta pojave

刀鞘 monojiei

尖刀 meɲiu

柴刀 toupiei

桶水～ vaketsu

木桶 kunkunu

铁桶 vaketsu

水缸 kazu

叉子 husu

铲子 enpi

罐子 kaŋkaŋ

杯子 pupuŋa

茶杯 kopu

酒杯 kopu

壶 tvoisia tsʰumu

茶壶 kiusu

酒壶 tvoisia emi

铁锅 tŋoo no meemeno

炒菜锅 tŋoo no tsʰae

锅铲 husu no tsʰae

锅耳 koju no tŋoo

锅盖 fofeiʔsɨ no tŋoo

盒子 hako

蒸笼 fɨheoŋa

饭碗 takuβiɲi

盘子 saɖa

碟子 oko na saɖa

勺子 takieɲi

筛子细孔的 hahinu no pai

筛子大孔的 hahihu no fuefuʔu

木槽喂牲口用 teohku no feiʔɨ

石槽喂牲口用 teohku no feiʔɨ

抹布 paohsinana

筷筒 tvohusua

盆 seŋmeŋki

火把 veiɲi

火塘 pupuzu
篮子 skajɨ
杆子 sao
竹竿 sao no kaapana
竹筒 pupuŋa
钩子 kosɨ
麻绳 teesi no ŋei
链子 seɨzɨ
麻袋 efutsu no ŋei
钟 huomiahie
玻璃 ŋaɖasu
镜子 huoʔoŋka
扇子 oʔomiana eopoepe
木板 板子 ieʔia
钓竿 ɖuŋu
网 joi
鱼叉 teezo
鱼篓 捕鱼具 juŋu
锯 工具 noko
锉 jasuɖɨ
刨子 kaŋna
弓 janosuju
箭 tiʔsɨ
剑 feofeo
枪 fsuju
子弹 pania
火药 fuu no peotpuʔa
车 kujai
牛车 kujai no ʔuatsʰumu
船 apaŋɨ
木筏 apaŋɨ no ptsoknɨ
飞机 emoo no toesoso

烟斗 旱～ etohva
拐杖 sʔofɨ

六　服饰饮食

布 jiteɨ
线 eoŋu
衣 上～ jisɨ
衣袋 oisia jisɨ tsi efutsu
衣领 sinɨ ta jisɨ
腰带 snoeputa
裙子 tafʔu
内衣 jisɨ no asʔoja tsi pojojo
内裤 asʔoja tsi pjojo
头巾 女的 ekujuŋva
手套 tispoja
裹腿 totfu
鞋底 pʔeotsihna ta sapiei
草鞋 sapiei no jasʔi
胶鞋 sapiei no ŋomu
布鞋 sapiei no jiteɨ
皮鞋 sapiei no hitsi
球鞋 sapiei no jiteɨ
背带 keɨpɨ
斗笠 koeɖea
蓑衣 kuhtsu no ehufu
耳环 kuipatsu
项圈 skuu
手表 huimiahie
眼镜儿 meŋane
行李 matsutsuma
白米 fiesɨ no pai
锅巴 hopitsi

米粉 viihuŋ

糕 ufɨ

糖 sato

红糖 kuɖosato

白糖 siɖosato

果子 ɓeahtsi

酸菜 tsʰae masʔetsɨ

豆豉 juku

肉 食用 fou

猪肉 foufuzu

羊肉 foumoatiʔnɨ

鸡肉 fouteoʔua

腊肉 foukeoɖo

鸡爪子 suʔku no tooʔua

鲜鱼 faeva tsi joskɨ

咸鱼 joskɨmaskɨ

干鱼 keoɖo tsi joskɨ

蛋 ftsuju

蛋黄 hofʔojasi ta ftsuju

蛋壳 putsu no ftsuju

蛋清 fɨetsɨʔiasi ta ftsuju

鸭蛋 ftsuju no hanahana

鹅蛋 ftsuju no ŋatsoo

油 hɨsɨ

菜油 hɨsɨ no tsʰae

豆油 sooʔiu

牛油 hɨsɨ no ʔuatsʰumu

淀粉 utoŋko

酒 emi

红薯酒 emi no fʔue

牛奶 miɖuku

早饭 oanɨ no taseona

午饭 oanɨ no tsohioza

晚饭 oanɨ no jofna

熏 ~肉 tsapi

腌 ~鱼 sieva

煮 ~肉 peiʔi

七　身体医疗

身体 feaŋo

脑髓 pnuu

瞳仁 kuaʔoŋa ta mtsoo

睫毛 mʔumʔu ta mtsoo

眼屎 keei

耳屎 tsaʔi ta koju

耳垂 puesona ta koju

鼻孔 feoŋo ta ŋitsɨ

鼻梁 ŋitsɨ

颧骨 tsɨehɨ ta pino

腮 pino

上颚 ŋoʔŋu

酒窝儿 feoŋo ta pino

牙龈 fou ta hisi

门齿 peetsɨa

虎牙 maspopoʔo

喉结 teoŋo

腋窝 hʔihʔi

手掌 tsapʰɨ ta emutsu

手背 fʔuhu ta emutsu

手茧 fɨtsɨʔa ta emutsu

指纹 tposɨ ta emutsu

肘 puŋu ta emutsu

奶头 fŋuu ta nuuʔu

奶汁 tsʰumu ta nuuʔu

胸脯 tʃoeŋa

心脏心 tʃuhu

肺 nitnɨ

胃 tsfuʔo

腰 tspɨhʔo

肝 hʔonɨ

胆苦胆 pau

肾腰子 ptsɨjɨ

肠子 seuu

盲肠 seuu no nanɨhtɨ

膀胱尿泡 fitsʔɨ

大腿 fainɨ

小腿 maɓɨja

腿肚子 juju

脚趾 duʔɖku ta tʔaŋo

脚后跟 joski

脚踝 poŋaefu

脚背 skoskopha ta tʔaŋo

茧 fɨtsɨʔa

脚印 matsatsaphɨ

睾丸 tutu

骨头 tsɨehɨ

骨节关节 pʔuŋu

脊椎骨 tsɨehɨ ta tseutseu

肋骨 faeŋɨ

筋 veotsɨ

脉搏 moftiftiʔisi

血 hmuju

肉人体 fou

肌肉 veotsɨ

皮肤 snɨfɨ

毛 mʔumʔu

寒毛汗毛 mʔumʔu

汗 haeŋi

鸡皮疙瘩人寒冷时皮肤上起的疙瘩 kokeɨmɨ

尿 sifu

屎 tʔee

屁 ɓaɨɓtsɨ

皱纹 toetuetuhu

力气 tonɨ

晕头~ mojomo

酸腿~ afʔɨehɨ

花眼~了 teospojɨ

瞎~眼睛 ɓɨkŋɨ

泻~肚子 poesoso

抽筋 psoekuekutsu

瘸~了 toʔtsiʔtsiʔo

传染 mateoŋaɓo

痱子 peasima

痰 tsioʔɨ

脓 fɨʔɨ

水泡皮肤因摩擦而起的泡 fɨʔɨ

结巴 muesisuŋu

治~病 aototʰoma

抹~药 siesa

药 sʔosʔo

草药 sʔosʔo no kukuzo

毒药 mahiʔo tsi sʔosʔo

药丸 sʔosʔo tautsunu

药片 sʔosʔo hipsi

八　婚葬信仰

离婚 jupevai tsi navtsoŋa

招赘招女婿 tmasʔusnu

入赘 上门女婿 tasʔusna
爱人 naʔɨmnɨa
脐带 putsku
生～孩子 jaa oko
喂～奶 paunʔa
摇篮 taɨza tsi hopo
扫墓 pʔonɨ no nia mamameoi
墓碑 oŋko no humtsoi
祭拜 pʔonɨ
法术 poʔe
鬼 hitsu
魂魄 piepia
神仙 hitsu
雷公 akʔeŋitsa
上帝 玉帝 hamo
土地守护神 akʔemameoi
巫师 鬼师 joifou
巫婆 joifo no mamespiŋi
命 konansou
驱鬼 meahitsu

九　人品称谓

名声 oŋko
好人 ɨmnɨ tsi jatatiskova
坏人 kuzo tsi jatatiskova
大人 mameoi
老太太 mameoi tsi mamespiŋi
老头儿 mameoi tsi hahotsŋɨ
妇女 女人 maamespiŋi
青年男子 小伙子 juʔfafoinana no haahotsŋɨ
青年女子 姑娘 juʔfafoinana no maamespiŋi
子孙 mɨmtɨʔtsa

独子 tsontsi oko no hahotsŋɨ
孤儿 teneoana
寡妇 tuvtsoŋɨ tsi mamespiŋi
鳏夫 老而无妻的人 tuvtsoŋɨ tsi hahotsŋɨ
皇帝 honte
官 taitsini
兵 heetai
头目 kiŋatu
医生 ɖeaototʰomɨ
老师 ɖemaʔtsohio
学生 seito
猎人 ɖeafou
石匠 ɖemojaji fatu
铁匠 ɖemojaji meemeno
渔夫 ɖeajoskɨ
骗子 totpiei
强盗 jaksai
土匪 jaksai
生人 oha ɖua aiti tsi jatatiskova
熟人 ananava hoŋa tsi jatatiskova
同伴 ɖenoepohɨ
老乡 tsono suezopɨ
外国人 jano hʔuna no hpɨhpiŋɨ
异乡人 jane tsovhi
矮子 putisi tsi jatatiskova
秃子 kajaŋpui
斜眼子 teokvoɨ
独眼龙 teoɖeiɖei
歪嘴子 maŋihu
豁嘴子 ŋaŋajo
瘫子 meapehaeso tsi jatatiskova
祖宗 emisito

曾外祖父 autsŋitsŋihi akʔi no nuvohia
曾外祖母 autsŋitsŋihi 6aiʔi no nuvohia
曾祖父 autsŋitsŋihi akʔi
曾祖母 autsŋitsŋihi 6aʔi
大伯子 夫之兄 amotsoni
小叔子 夫之弟 amotsoni
小姑子 夫之妹 inotsoni
姐妹 natʔohaesa no mamespiŋi
兄弟 natʔohaesa no hahotsŋɨ
内兄 妻之兄 ahŋɨ
内弟 妻之弟 ahŋɨ
堂哥 ohaeva no hahotsŋɨ ta tsono emoo
堂弟 ohaesa no hahotsŋɨ ta tsono emoo
堂姐 ohaeva no mamespiŋi ta tsono emoo
堂妹 ohaesa no mamespiŋi ta tsono emoo
表哥 ohaeva no hahotsŋɨ no nuvohia
表弟 ohaesa no hahotsŋɨ no nuvohia
表姐 ohaeva no mamespiŋi no nuvohia
表妹 ohaesa no mamespiŋi no nuvohia
大儿子 长子 ohaeva ta mo havohia
小儿子 soʔokoa ta mo hahotsŋɨ
大女儿 ohaevahe ta mo mamespiŋi
小女儿 soʔokoa ta mo mamespiŋi
私生子 peatvija
侄女儿 oʔoko no mamespiŋi
孙女儿 atsŋihi oko no mamespiŋi
前妻 peueva tsi vtsoŋɨ
后妻 peueva tsi vtsoŋɨ
男情人 nanhia no hahotsŋɨ
女情人 nanhia no mamespiŋi
亲家 oahɨŋɨ
亲家公 aki no ʔoʔoko

亲家母 6ai no ʔoʔoko

十　农工商文

旱田 tosŋusŋa
园子 菜地 tshatshae
种子 tutu
芽儿 tsɨfeɨ
秧 tothutsa
粮食 oanɨ
谷仓 tvoʔooanɨa
蜜蜂房 teoŋo
蜂箱 emoo no teoŋo
耙 kosɨ
木耙 kosɨ
铁耙 kosɨ
牛鼻环 topujasi no ʔuatshumu
鞭子 titha mopeotsutsuhŋu
肥料 hideo
选~种子 epei
耙~田 ekosɨ
耕~田 efʔoŋɨ
撒~种子 miapo
守~庄稼 nohtsieɨ
收~稻子 tovʔohɨ
结~果子 6eahtsi
筛~米 pusi
货 matsutsuma
价钱 huphina
生意 momhino
债务 juevaha
借钱 juevaho to peisu
还债 pejiʔi ʔo juevaha

赊~账 juevaho

交~钱 mofɨ to peisu

利息 dʲisi

买~菜 mhino

卖~菜 pʰieni

赔偿 pejɨʔi

铜钱 peisu no meemeno

铁丝 vhoŋɨ tsi meemeno

秤杆 kiŋkina

秤砣 kiŋkina no fatu

秤星 huomia tsvɨhɨ

教~书 maʔtsohio

考~学校 sikeŋ

黑板 kokuvaŋ

字 tposɨ

书本 tposɨ

笔 empitsu

糨糊 nodʲi

公章 haŋ no koosi

私章 haŋ no iatsʰi

风俗 hʔotseotseona

歌 hʔopasunaenova

山歌 pasutsou

戏 ŋeki

鼓 ekunkunu

喇叭 dʲaʔpa

哨子 kiiteki

球 madʲi

陀螺 sunu

相片 sasiŋ

散步 ɓiavovei

打~球 peispakʔi

踢~球 moʔpotɨ

弹~琴 jutŋootŋo

跳~舞 peistototʰomɨ

贴~标语 toptso

投~球 mtokɨ

写 tmopsɨ

学 jojaeza

游泳 juuhŋuzu

十一 动作行为

竖~起来 pʔeatsʔa

开水~了 moefueso

褪~色 toonvi ʔo idʲosi

靠拢 jupasmatsmuʔu

着~火了 paeʔihɨ

冒~烟 feofeo

漂~在水面上 meaoskopɨ

盘把辫子~在头上 futneni

接把两根绳子~起来 tsŋuhneni

放把鸟~了 poamimio

摆桌上~着许多东西 mosi

封把信~好 tʰoidʲidʲia

翻把衣服~过来穿 afeiʔa

漏房子~雨 tsitsvi

把给婴儿~屎 pejɨʔi to ʔosime

跟孩子~着妈妈 fiho

飘红旗~ meavovei

晒人~太阳 toheae

散人都~了 aemoʔɨ

崩山~了 eiskɨ

缠蛇~树 futneni

蜕蛇~皮 smophoi

下 太阳~山 meove
砸碗~破了 popsufʔoja
叮 蚊子~人 joʔotsa
用 我~铅笔 titʰo
闹 小孩~ ptaiŋɨ
游 鸭子在河里~ juuhŋuzu
夹 腋下~着一本书 hʔiha
照 用灯~ esʔusni
撑 用木头~住 zotoni
按 用手~住 peitiktsa
捧 用手~起来 pahsaha
冲 用水~ sahui
钻 用钻子~洞 jufeoŋvi
塞 ~老鼠洞 tʰomɨti
开 走~ uh neʔe
挨 ~打 tiʔusna
安 ~抽水机 tŋutsa
熬 ~粥 aiputsei
拔 ~火罐 tuefɨsa
霸占 konvosɨ
搬 ~凳子 tmoepojɨ
搬 ~家 tmoepojɨ
拌 ~农药 tauʔfuo
帮助 toʔusnu
绑 mufutu
包 ~药 tsmofu
背 ~书 pofŋua
逼 ~他交出来 zotiktsɨi
编 ~辫子 mufutu
编 ~篮子 mojaji
变 tiezuha
剥 ~牛皮 tufeoʔu

剥 ~甘蔗皮 etosi
剥 ~红薯皮 etosi
补 ~锅 tmophi
补 ~衣服 tmophi
裁 ~纸 aptsia
操练 tiajokeoa
查 ~账 keɓgsa
尝 ~味道 ootʰomɨ
抄 ~书 tposi
炒 ~菜 tsmutsuju
沉 sihtsɨʔo
冲 ~在前 toemujo
抽 ~出刀来 episkɨ
出 ~汗 juhohaeŋi
锄 ~草 tuoʔo
穿 ~鞋 msapiei
穿 ~针 smuju
吹 ~喇叭 peenoii
捶 ~衣服 tutva
凑 ~钱买书 juevaho
搓 ~绳子 tamutsmutsa
搭 ~车 smopajo
搭 ~棚子 mʔeatsʔo
打 ~枪 pono
打 ~人 eoɓako
打扮 tmaŋeai
打倒 atpɨta
打赌 jupaniaeno
打仗 aafofou
带 ~孩子 sotsʰipi
带 ~领红军 eahahafo
带 ~路 eahahafo

107

带~钱 mahafo	发芽 tsmɨfeɨ
待~一会儿 maʔnaʔo	罚款 tmuhnoi
戴~帽子 itseopŋu	翻~身 tmaiezuhu
戴~手镯 ipeoʔɨ	放~手 teoŋasi
戴~项圈 maasku	放~田水 sitotsʰumu
当~兵 heetai	放~盐 sievi
挡~风 tmamɨti	飞 toesoso
到~了家 sɨtsʔɨhɨ	分~粮食 aaŋae
等~人 mooteo	缝~衣服 tmophi
低~头 mʔokuju	敷~药 siesa
点~头 mʔokuju	伏~在桌子上 mʔohtsojɨ
垫~桌子 psɨtsi	扶~起来 etsʔivi
叼~烟卷儿 etamaku	扶~着栏杆走 eakaka
吊~在梁上 tmiehi	赶~鸟 miazomnɨ
钓~鱼 toaɖuŋu	搁~在桌子上 mosi
跌倒 smopauku	割~肉 aptsia
叠~被子 taipupsuha	给~钱 mofi
钉~钉子 svɨhti	钩 peoɖɨa
动 taotʔova	刮~掉毛 toʔsiʔsi
动身 moŋoi	挂~在墙上 ŋovʔeni
震动 tmaɨzɨ	关~门 amɨta
读~书 eŋha	灌~水 posʔusni
堵~漏洞 sŋɨsŋa	跪 popʔupʔuŋu
渡~河 supihi	滚 tmaieʔohɨ
断~气 entɨhɨ	过~河 ohpihi
断线~了 antɨhɨ	过~桥 mita hiapeoza
断棍子~了 aftuŋu	还~钢笔 jooveineni
堆~稻草 tatseoʔa	还~账 jooveineni
对~笔迹 patotiska	喊~人开会 eohoʔa
夺 tiʔeiŋi	焊~管子 tsŋuhi
跺~脚 tmototʰomɨ	烘~衣服 taʔoemiʔma
发~信 maiʔusnu	哄~骗 aopova

划~船smokujai
画~图tmokujai
换jupameɨ
回~家maineʔe
回~头miovei
回去emaineʔe
挤~过去poeʔohɨ
挤~奶tɨspɨtsa
加topuhŋi
酿酒meemi
剪skoftuŋa
浇~水tsohmi
搅tauʔfua
揭~锅盖paavi
盖~被子matseofɨ
解~衣扣juŋa
借~钢笔写字juevaho
借~钱juevaho
进~屋moʔajumonɨ
敬~酒pemo
揪~住tɨtpɨta
卷~布taitejuŋa
掘~树根juʔeii
开~车pokujai
开~门maavo
看见aiti
烤~干衣服taʔoemiʔma
烤~火ŋitsu
靠~墙johtsojɨ
磕~头mɁohkuju
刻用刀~smohsɨ
啃~骨头maʔkakoi

抠用手指挖juʔeii
跨~一步tokatsi
拉~犁eʔtɨei
拉~绳子eʔtɨei
来tsmɨho
拦~住tamuta
粘~住了tɨtsɨŋhɨ
勒~死teeha
离开moŋoi
量~布svɨti
晾~衣服mvoe
留~种子tmoeŋatso
流~水moheovtsu
搂~在怀里sɨʔfini
落~下来supeopeohɨ
买~鱼mhino
眯~眼mʔojɨtsɨ
瞄~准tsmiu
摸~东西meuaso
摸~鱼maʔmio
摸瞎~tiseiti
磨~刀smaso
磨~面smaponeo
捏~手tɨfkɨtsi
爬~山tisifou
爬~树tsapo
拍~桌子tmototokɨ
排~队ɓitojaŋe
泡~茶tmofei ta ʔotsea
泡~衣服tfɨei
陪~客人suʔupi
喷~水mifini

碰~桌子smotokɨ
披~衣kuhtsu
劈~柴psoepitsia
泼~水smahu
铺~被子smopeo
骑~马jonto ʔuma
起来jitsʔɨ
牵~牛jaakaka
前进ohsuhtsu
抢auhohoii
敲~门tmototoku
切~菜puepuju
亲~小孩patseitsei
取~款majo
去uhne
劝pasɨsɨfti
绕~弯儿maʔkujuŋu
热~一下再吃poa nojanonʔa
杀~人optsoi
晒~衣服mvoe
扇~风jiskɨ
伤~了手aɖoŋɨ
上~楼ohtuefuzu
烧~茶peiʔi
烧~山hmoi
射~箭pono
伸~懒腰jɨsɨsɨzɨ
生~疮mopnisi
收拾~房子ateopʔitsa
数~数目smupeu
漱~口psoono
睡着oeŋiti

送~你一支笔teoŋhineni
送~他回去pvohtsɨ
搜~山teoa
锁~箱子pomɨti
塌~下去tmaʔsuhtsu
踏~上一只脚mʔetsihi
淌~眼泪jɨesɨ
躺~在床上oevoi
掏~出来tujafa
套~上一件衣服siʔeisɨ
剃~头toʔsiʔsi
填~坑apoponeoa
停tosveni
偷meoʔeoi
涂~油misiesi
退esuhtsu
吞mɨjimtsɨ
拖~木头eaasaso
脱~鞋juŋa
脱落aʔhoʔho
挖~地maʔe
煨~红薯бieŋɨ
围~敌人kujuŋvi
问tuotsosɨ
握~手jupamɨpiti
抓住tɨjɨtsa
熄~灯afsi
洗~碗toniou
洗~澡，~手joemutsu
洗~伤口toniovi si mo hʔohʔo
下~楼ohpueho
吓唬maehɨji

掀~开帘子 eono

陷~下去 mʔeojo

醒 potsʰio

笑 tsotsvo

微笑 tuʔiei

修~机器 teovahi

修~路 teovahi

绣~花 keito

淹~死 ŋohtsu

养~鱼 aitʔitsɨ

摇~头 tmaizɨ

摇摇晃晃 tohʔehʔepo

移 ohʔusni

栽~树 mɨmʔɨ

攒~钱 meapeisu

糟蹋~粮食 aʔhiʔhisa

扎 用针~ zohtsui

炸~开石头 popduku

榨~油 saspɨtsa

摘~下帽子 toveutsa

招~手 jupamaʔtsohio

找~零钱 joovei

照~镜子 ɓuhʔoŋko

争~地盘 jupaʔaatpɨtɨ

指~方向 masʔosɨ

拄~拐棍 teosʔofɨ

转~动 tmaikukujuŋu

转~身 miukukujuŋu

装~粮食 metʰu

捉~鸡 titpɨtɨ

挖~洞 jufeoŋo

灭火~了 afsi

燃火~了 juniou

啄鸡~米 matmɨtɨ

钻 老鼠~洞 jufeoŋo

蜇 马蜂~人 hɲitsva

接 你扔，我~ tifkita

倒墙~了 eʔpuju

熏 烟~眼 puɖui

呛 辣椒味儿~鼻子 namatsoŋo

扭脚~了 ɓiveʔhu

嗑~瓜子 musimo

吹~口哨 eosohuju

打嗝 tukeu

避~雨 sohŋu

戒~烟 tosvo

叉~腰 ɓotspɨhʔo

抚摸~孩子的头 peuaʔsaʔsa

甩 把蔬菜上的水~掉 epsɨpseni

消肿~了 a na mo juofeoʔɨ

上来 ɓohsifou

下去 mojovtsu

气别~我 siʔnova

该不~讲 ananaʔo

松放~ juŋa

想我~进城 mitsi

要我~去北京 teʔo

传一代~一代 paʔitsŋitsŋiha

爱~她 imnia

败 peispuju

悲哀 natsʔo

比 jupaniaeno

馋~嘴 meaesi

第四章 分类词表

111

催~促 pouhtsuhtsuna
代替 hioaneni
耽误 noʔpou
当然~可以 ananaʔo
得到 tovʔoohɨ
懂~事 ɓotsɓotsʰio
犯~法 peiskuzkuzo
放~心 oʔa te nama takuvʔa
分~家 aevai eemo
分开 jupevai
区别 jupahʔunasi
改 aezuhu
估计 teasonɨ
怪~他 juaŋatsɨmneni
管~事情 ɖojoeʔe
恨 sɨʔnova
回忆 taʔvoveja
会~客 aopaʔto
会~来 te/tena
继续 ukʔa antɨhasi
减 aovohɨ
禁止 potani
救~命 toʔusni
开~会 toɪsvɪsvɪtɨ
开始 ahoi
赖~我 ɓohʔusnu
练~武艺 aɨsvɨtɨ
蒙~住 tamɨta
明白~你的意思 tsohivi
能~做 meeɖɨ
弄~坏了 poakuzoa
派~人 skuna

拼~命 asnosnoionɨ
请 ehoʔɨ
求~人帮忙 mʔeja
让~我去 skueni
认~字 hoŋa
认得 hoŋa
赏~给他一些东西 teoŋhineni
省~钱 aakakʔiŋi
剩~下 aŋʔosɨsi
试试 aɪsvɪsvɪtu
算~账 smɨpeo
缩~小 poaokosia
讨饭 mʔeaɓonɨ
挑拨 paskuvʔi
听见 taɖɨi
托~人办事 mʔeja
望 ɓaito
希望 maʔkoju
信相~ tmaaʔuzo
要~下雨了 tenatsʔu
隐瞒 soototoefiŋa
迎接 juŋeou
赢 atpɨtɨ
遇见 teoɖɨi
约~时间 juʔtasvɨtɨ
允许 teomneni
长~大 jɨepɨŋi
值得 teananaʔo
住~在哪儿 joni
准备 smoujuʔho
做~事情 teoteai
反悔 maʔsusuae

敢 smeetsɿʔho
辩论 jupaeetpitɿ
称赞 eʔɿʔimnɨa
澄清 asansana
答应 teomi
告状 koksoo
哼呻吟 teoetseŋi
吼 ɓaŋɓaŋi
唤~狗 johoʔa
唠叨 doʝoeʔe
回声 fihŋau
嚷 mʔeja
笑话 pahitsotsvo
谎话 epakʔi
道理 toodi

十二　性质状态

秃光头 kajaŋpui
凹 susuhtsu
凸 juepe
美风景~ joŋhu
漂亮形容男性 miɨdidɨ
正不歪 atuhtsusi
反 feinasi
偏 taʔija
斜 ɓohfoʝo
横 mifeoʝɨ
壮 jumahtiitsɿ
强 taso
弱 joʝoiʔu
黏 hiʔeitsa
僵冻~了 kɨhkɨhtosɿ

冻 tmɨkɨhtosɿ
烫~手 titseusu
胀肚子~ jupŋotsu
涩 matsʔi
生瓜~的 monʔa eŋhova
生~肉 mato
熟~饭 tsuju
熟~肉 tsuju
熟果子~ tatsɨmɨ
熟~人 jupapohŋi
老菜~ mameoi
肥地~ ɓaŋnu
瘦地~ ʔoha ɓaŋnu
干河水~了 epeapi
干枯树木~了 keodo
粗糙桌面很~ oha sɨseomɨ
粗布很~ kahkɨmnɨ
细~小 vhoŋi
稀布织得很~ hotsʰia
密布织得很~ oviʔetsɿ
新鲜 faeva
活 peiseajokeo
精神 konansou
麻手发~ jatuŋa
木脚~了 jatuŋa
松~软 oha tmɨjitsɿ
暗 voetsɿvtsɿ
明亮 tiskova
清楚 husansana
模糊 ʔoha husansana
嫩菜很~ mʔozu
饥饿 sieo

饱 josei

脆形容词 meofu

够 amso

破竹竿~了 afʔojɨ

霉衣服~ jaŋipia

腐朽 tsmoʔɨ

困倦 soehɨpɨ

空心树~了 ataitso feoŋo

满 ŋaŋtsiŋtsɨ

绵 noenoeʔinʔi

齐 sutse

乱东西~ aemoʔɨ

乱头发~ aemoʔɨ

顺说话很~，阅读很~ esosonɨ

滑 maesihʔi

慌 mʔɨmʔɨ

真 aʔɨmtɨ

假 ɖeoknuju

醉~酒 mojomo

合衣服~身 auseoseoɖɨ

好吃 mafe

好看 miʔɨmnɨ

好听 moeŋɨ

好闻 namusŋau

难吃 ʔoha mafe

难看 mikuzkuzo

难听 tmukvoʔɨ

难闻 nakuzo

灵验 jaahioa

响 aotofsiʔi

安静 ahohaʔo

平安 soanono

太平 heiva

平等 hmɨhmɨskɨ

像~他哥哥 miʔuʔusnu

成做~了 oheɨpɲɨ

紧急 ameumeusu

经验 keikeŋ

可怜 tsoveoza

可怕 mismojo

可惜 aʔhiʔhisa

亲热 natokɨa

忍耐 ɓuveitsi

痛苦 tsoŋo

痛快 kokaekaeɓi

危险 sokoeva

辛苦 ŋoseo

快~来 auptsio

干脆 moeza

胡乱地 aɨnpɨnpɨ

随便地 aɨnpɨnpɨ

聪明 mauʔtoʔtohɨŋɨ

粗鲁 ʔoha ɖuaenva

恶 sokuzoa

凶恶 mipakʔi

和气 hujatsa ɖuaenva

狠毒 hujatsa mikuzo

糊涂 ɖoɨŋɨ

机灵 hʔuhʔunasi

急 maʔmeuʔmeusu

贪心 konvosɨ

客气 akokoeʔi

啰唆 ɖojoeʔe

马虎 aɨnpɨnpɨ

细心 ɓɨmemeadʑ

能干 peiʔsaseodʑ

勇敢 masmeʔtsɨho

公正 ahmɨskɨ

节俭 tiakakʔiŋɨ

努力 amɨpɨpɨvhɨ

巧 otsʔotsitsʔo

淘气 juatsʰi

习惯 atʔotsa

有名 atvaʔesi ɨmnɨ tsi oŋko

胆量 ɨteɨ

十三　数量

十一 maskɨ veija utsni

十二 maskɨ veija ueso

十三 maskɨ veija uteu

十四 maskɨ veija uspotɨ

十五 maskɨ veija uemo

十六 maskɨ veija ɨnmɨ

十七 maskɨ veija uptu

十八 maskɨ veija uveo

十九 maskɨ veija usio

四十 msɨptɨhɨ

五十 meimohɨ

六十 monmɨhɨ

七十 mpɨtvɨhɨ

八十 mvoevɨhɨ

九十 msiohɨ

一百零一 seʔtsonia veija utsni

三千零五十 tuju no posifou veija meimohɨ

以上 十个以上 omiasi

以下 十个以下 oiʔisi

单 不成双 mehatsni

双 成~成对 mehaeso

十四　代副介连词

我俩 na aʔto

你俩 na muu

他俩 na hinʔi

它 称代植物或无生命物件 sitso/tonoi

这 na eni

这边 tanʔe

这些 na eni

那 较远指 sitso

那 最远指 tonoi

那边 neʔe

那些 tonoi

极 好~了 naʔno

常常 他~来 asŋitsɨ

大概 ~是这样 teasonɨ

的确 ~冷 asansano

赶快 ~去 auptsio

必须 ahɨjɨ

还 ~有很多 tenʔa

好像 ~是他 maisʔa

忽然 ~来了一个人 aemuʔau

轮流 jupasuski

马上 ~走 osni

慢慢 ~说 eupopohaʔo

亲自 ~去 mnaʔo

全 ~是我们的 atsɨhɨ

太 ~大 aŋu

一定 ~去 asansano

已经 ~晚了 mitsu

永远~是这样 auesiesi

原来~是你 ananaʔo

越……越……~走~远 asuhtsu

真~好 aidɨ

先你~走 mujo

或者三天~四天 hotsi

比~月亮大 he

朝~南开 emoʔusni

从……到……~去年~现在 ahoi...atsɨhɨ

隔~一条河 oʔtsɨphɨ

向~上 maspepe

沿~路 masʔofeihni

因为……所以…… moʔso...koʔkoeno

在 joni

第三节

其他词

一　天文地理

高海拔 aepepe

茶山部落 tsajamavana

平面 ɓako

特富野创社始祖所在地 ɓaniana

界限 esa

侧面 feonasi

主要水道 feou

彩虹 hioju

塔山 hohtsɨɓɨ

荖浓溪 fozutsitsʰumu

竹林 kakapana

乐野村 ɖaɖauja

久美社地名 ɖuhtu

河流群 matsʔotsʔoeha

群山 mahtsuhtsuju

各部落 mahohosa

嘉义市 maiɓaju

草原 mamaepuhu

少女崖 mamespiŋana

平原 mapoponeo

南投邹久美社地名 mavahavana

区域 meaʔunu

大石头 meoe

山猪避难窝 hiehifia

里佳部落 niaeʔutsna

兽泉 nsoo

孟宗竹园 mamaozi

部落入口处 paʔmomitɨ

玉山 patuŋkuonɨ

空气 peoutsu

来吉部落 pŋuu

阿里山乡 psoseoŋana

黏土 piʔŋɨ

雾气 pvoŋɨ

山美部落 saviki

布农人 sɓukunu

山椒岛 seisi

新美部落 siŋvi

台北 taipahu

台湾 taivaŋ

达邦部落 tapaŋɨ

陈家旧时的猎场所在地 tamio

峭壁 teisisi

水源 toeku

日出 esmomho

满月之夜 eskajo

起雾 epvoŋɨ

天气晴朗 modɨ

天色阴暗 mivoetsɨvtsɨ

看似天黑 miʔeopsi

地平面 miɓako

向阳之地 mioza

二　时间方位

由下而上 aepe

一大早 aisɨfeŋnɨ

一直 atsʰima

总是 atsni

及时 atspua

时间 huomzahie

上方 omza

尾端 patinsoha

那边 sitsa

刚才 soni

之后 ataveia

一直 ʔaoko

到天黑 ʔeoʔeopsi

天黑 ʔeopsi

过一会儿 aomane

干旱的季节 hoseovna

雨季 homɨtsʰɨa

日子 hiesi

侧边 fitfi

弯处 knonʔi

内部 miʔeona

一直 aahtu

直到 atsʔiha

三　植物

山葡萄 amtsu

倒下的腐木 tseafʔu

干草丛 tseohu

叶菜类 tsʰaehɨŋɨ

姑婆芋 tsohu

樟树 tsʔosɨ

树豆 etsŋi

山苏 efohɨ

枯的芒草茎 esmɨ

草丛 eʔueʔu

杉 fahei

云杉 fahsu

槟榔 fiʔi

木槲兰 fiteu

染红的木槿树皮 fkuo

赤杨木 fnau

绳套陷阱的树枝 fohŋu

鹊豆 foʔna

葛藤类 fsoi

木薯 fʔueevi

野蕉 fɨhfɨhɨ

干叶子 htsoi

农作物 heoemiʔi

作物 heɨmʔɨ

旱地作物 hiehoma

种子 hiojapo

稻谷的花 hpozʔo

棕榈树的树皮 hufu

破布子 hɨhŋɨ

分叉的树枝 hpoŋɨ

杜鹃 ɖaksu

龙眼 inkina

鬼针草 maɖɨŋeavana

毒藤 otofnana

绿竹 oju

稗子 paihitsu

麻竹 ptsoknɨ

树头 peoŋu

不饱满的谷粒 piesi

木瓜 saituŋu

乌心石 smismi

芒果 suai

百合 tafiseoŋɨ

小米 tonʔu

小香蕉 vujukui

黄藤 ʔue

梅子 ʔume

凤梨 ʔuŋeai

月桃 kitposa

梗 小米~kuhtu

四　动物

蜂 ɓeoŋo

虎头蜂 tseoju

飞鼠 evojɨ

大公猪 faftsuja

帝雉 ftɨftɨ

油脂 hmotsɨ

蜂 统称 hohtsoŋeu

动物出没的路径 huju

灰林鸮 kaaŋi

大肚鱼 kiuatɨ

螺 kokeu

黄尾虎头蜂 ɖoŋku

独行猴 单独一只猴子 mituhatsi

果子狸 meaʔhisi

绣眼画眉鸟 oazmɨ

白耳画眉鸟 pisu

家畜 snoetsavɨ

山羌 动物 taʔtsɨ

花栗鼠 teiʔi

虱子 teotsu

蛇雕 teoʔpi

鹰雕 tʔoeʔoja

幼犬 tuutu

梅花鹿 veoveo

虎蝉 visivisi

水鹿 ʔua

螨虫 ʔiʔiku

鸭子 ʔahiɖu

五　房舍器具

照镜子 ɓuhʔoŋko

鸟套挂钩 tsotsku

小簸箕 tseiʔfi

隔壁 tsieŋona

灰烟 fʔoŋɨ

做绳套陷阱用的钢线 feoʔisi

小刀 fuʔfu

浴室 fuɖova

飞机 hikoki

房屋 hnou

生活器具 hʔojunsova

集会所 hifi

工棚 teova

木板 iʔija

瓮 kaiju

敌首篮 ketɓɨ

教会 kiokai

男子聚会所 kuɓa

草席 ɖahapɨ

夹子 meezo

长矛 meŋzu

棉被 patseofɨ

吸管 peieŋu

子弹 peotpuʔa

盾牌 pihtsi

货车的护板 pina

冰箱 piŋsiaŋ

竹枪 pɖoko

竹筒 poʔojua

火具袋 popsusa

盾牌 源自战神之名 posoŋhifi

肥皂 sekkeŋ

纸 saiptuku

陷阱地弓 sikotva

仓库 sooko

厨房 日语借词 suiziva

厨房 非借词 ʔojonapeiʔi

毛巾 taoɖu

电视 teɖevi

电 teŋki

电话 tenva

磨刀石 teonita

标记 toʔhoŋa

背篓底座 tompu

遮挡物 toomɨti

筛酒器 tipɨ

雕像 uatsoua

公车 vasu

背篓 juŋku

邮差 juuviŋ

邮局 juuviŋkeoku

字典 ziten

船 ʔapaŋɨ

油 ʔavuɖa

笔 ʔempitsu

食器 ʔoʔotohva

毛巾 ʔojoemuja

工具 ʔojomzana

常在的地方 ʔojona

学校 ʔojonatmopsɨ

专属的座位 ʔojuhsuŋa

运动会 ʔuntookai

运动场 ʔuntoozo

六　服饰饮食

便当 tsɨjɨ

粽子 tsnofa

病死的野兽的肉 evoo

糯米 hohɨʔeɨtsa

烤过的地瓜 hʔɨeŋɨ

米酒 ieu

糖果 kamtsia

胸兜 keoeʔi

皮制披风 kuhtsu

头饰带 paiftoŋa

切块的地瓜汤 pivujuʔa

香蕉糕 poatsnɨmɨa

地瓜丸 poaɖukia

前挡布 psohza

男子皮帽羽毛 teovsɨ

米粉 viifuŋ

衣物类 ʔiʔihosa

食物 ʔoanɨ

饮料 ʔoiima

山粉圆 ʔɨhɨʔɨhɨ

七　身体医疗

直到老 amameoi

托腮 ɓohpino

屁 ɓeɨɓtsɨ

脚大 tsatsaphɨ

腰骨 tsmɨʔɨ

阴毛 fsifsi

气喘 heeku

私密处 heɨfŋɨ

伤口 hʔohʔo

胯下 katsi

男性生殖器 keɖu

瘤 knuju

疤 maʔeʔepi

上颚 ŋoʔŋu

白毛发 ŋtosɨ

黏液 ŋiehoi

疔疮 pninsi

不响的屁 poʔe

老年男性生殖器 ʔeitsi

勃起的阴茎 ɖivɖɨ

关节 ʔvokɨ

手指头 ɖuɖku

鼻塞 fɨntɨ

八　婚丧信仰

梦卜 aʔasvɨ

河神 akʔetsʔoeha

土地守护神 akʔemamameoi

小米女神 ɓaʔetonʔu

送神曲 eao

迎神曲 ehoi

祝神仪式 emotsutsu

成年礼 easmojɨskɨ

氏族祭屋 emonopeisia

水鬼 eŋohtsu

驱邪仪式 epsɨpsɨ

替……求取 aatvia

茅草结 evomɨ

恶灵 hʔakuvkuvʔo

战神 iʔafafeoi

祭歌 iʔahe

邪灵 kuisipsipa

祭歌的一种 ɖaɖiŋi

处女 matseotseo

战祭 majasvɨ

祭祀 meesi

送神仪式 miokai

邹氏神话里的女神 nivnu

送神曲达邦社的说法 pasuʔoo

禁忌 peesia

情妇 peʔfoesɨ

头胎 pehoza

圣经日语借词 seiso

法术之神 soesoha

准备嫁娶 ʔatatovtsoɲɨ

婚役 fiifiho

行房 kuka

做爱 ɓoehie

小米收获祭 homejaja

罪恶 kuisi

九　人品称谓

长毛公公传说故事中的人物 akʔejamʔumʔa

梁家祖先 ɓania

邹传奇人物 ɓeoku

温氏 eʔutsna

领导者 fafeifeiha

领导者专指达邦社领导者 ʔitsaŋaja

各位 haahʔo

敌人 haɲɨ

五大氏族 hʔoema

邹亚群 imutsu

女子名 iŋuju

卡那卡那富人 kanakanavu

汪家亚氏 kautuana

头目 kiŋatu

女子名 kuʔatɨ

消防员 ɖemotʔafso

旅居在外的人 ɖenohiʔu

警察 ɖesmoeʔisi

罗氏家族 ɖuheaetsana

勇士 maotano

成年人 maseutu

弱势者 mauputisi

毛氏家族 moeʔoana

男子名 moʔo

母子 naʔina

父子 naʔvama

女人 niatsmoʔna

梁氏 niahosa

女子名 paitsɨ

被委任专门教训人的人 panathao

先锋 papoevɨ

男子名 pasuja

汪氏 peoŋsi

浦氏 poitsonɨ

汉人 puutu

老板 tʰauke

朱家 tutʰusana

我们族人 aʔtoana

弟妹们 ʔaʔahaeva

洋人 ʔaŋmu

老伴 ʔose

农夫 ɖejaezoi

渔夫 ɖejaajoskɨ

歌手 ɖepasunaeno

专门杀头的人 ɖeofŋuu

客家人 kheʔeaŋa

十 农工商文

放陷阱 ɓoepono
田 tsʰana
宰杀 tsʰua
香蕉园 tsnitsnɨmɨ
庭院 tsotsa
筵席 eaɓoɓonɨ
打猎 eafou
带领 eahahafa
田园 ezojɨ
旱作园 hihiehoma
猎场 hupa
各种猎场 mahuhupa
钱财 jupasɨ
歌名 miome
标记 huomza
故事 hʔoehaŋva
携带的东西 hiafa
说外语 ɓuaʔaŋmu
说邹语 ɓuatsou
说汉语 ɓupupuutu

十一 动作行为

所作所为 hiʔhioa
概括 aaʔputsu
讲粗话 ɓoevovojo
看看 tsoeno
凭空说中 eɓohtɨ
欺负 aaknuesa
尝试 aaŋatsama
碰触 aasa

依靠 ɓitsʰiɓi
寻找 ɓieɓimi
适合生长 ɓiseoɖɨ
投掷……堵住 ɓismɨtɨ
站在一起 ɓiteujunu
仔细看 ɓiuʔiʔio
靠近 ɓoetsumʔu
利用 ɓoemi
倒退 ɓoepuju
闪避 ɓoeseʔu
包起来 tsfua
瞄准 tsieva
丢掉 tsihneni
到达 tsmɨʔho
攀爬 tsotsapa
嘲笑 tsotsvi
由上往下拉 eatseatsa
说话 eaʔezneni
搬弄是非 eaknuesa
认亲 eamaameoi
各说各话 eananʔou
猜测后说 eaŋatsɨmɨ
事先做 ajotsɨ
因过重断裂 aʔvokɨ
狠下心 avʔohɨ
换衣服 aɨza
不断学习 aɨsvɨsvɨtɨ
善待 aɨɖɨɖɨ
混合 atvoha
累积 atpuʔu
习惯 atʔotsɨ
合并 ateujunu

牢记 atataɖia
预订 asvɨtɨ
时机过了才做 asuae
准备 aojotsɨ
尝试 aotʰomɨ
穿在外层 aoskopa
脱衣洗澡 aonvi
拆掉 aonʔoza
损坏 aonʔoi
沿路 aʔofeihni
放置不管 anɨʔva
爱护 aŋoŋohza
吃 ana
快走 amajahe
拒绝 ɓiipsɨpsɨ
分享 ɓutisi
出力 ɓutaso
直立挡住 ɓɨmɨtɨ
撬 tsɨvhi
理会 tsumasa
拉紧 ejɨjɨtsa
行成年礼 ejasmojɨska
带回来 eʔvovei
叮咛 eutotavei
回应 euski
全盘托出 eupʔopʔo
说话拐弯抹角 eukujuŋu
讲对话 etuhtsa
说话有条理 etojaŋe
召集 eteujunu
读得很顺 esosonɨ
打仗 ʔaafofou

采买 ʔamammhimhino
赚钱 ʔapapepeisu
吵闹 ʔaptaptaiŋa
适合 ʔaseoɖi
为……高兴 ʔɨmʔɨmnia
羞辱 aokoeʔia
看见 huɖɨi
绑 futa
分送 foʔfaneni
给 fii
刺激 hvɨʔi
倾倒 hojuhi
做记号 hosvɨti
拒绝 hopsɨpseni
用手堵住 homɨta
排除 hohʔuhneni
认出 hoʔhoŋa
烧完 hoepɨɲi
撑开 hoeʔohi
切碎 hizʔozʔa
切成块 hipuepuja
爱惜 himŋoŋhi
怜悯 himtsotsoveoi
爱吃 himafe
砍到 hiɖia
锯断 hiftuftuŋa
参与 iʔupu
戴领袖帽 itafaŋe
抛掷……堵住 ismɨta
喝 ima
戴皮帽 ihitsi
爱骂人 koitsa

导致 koa

遇到 dia

咬一口 kmatsʔohɨ

很会攀爬 keuetieha

破坏 keematmohi

常常骗人 dodekoknuju

多产 doeʔoko

提炼樟脑 detʰoapi

大范围地开垦 kmeemameoisi

站在明亮处 iʔpopaevi

捶打 muutu

拿着 mipɨtɨ

中陷阱 mumzi

松绑 muiŋu

剥 muʔitsi

射中 miʔho

龟裂 mɨhtsɨhtsiʔa

踩碎 msazʔozʔo

出发 moʔunu

开垦 moʔtoʔɨ

重修 moteovaho

集中在一起 mosoteujunu

保存 mosodɨdɨ

除草 momo

挣脱 momentihi

仿效 momaemaezo

迷失方向 modoiŋɨ

回流水~mohvovei

睡到太阳升起 mʔohie

睡到晚上 mʔofeɨŋna

涂抹 miseisi

倒着 mipuju

十二　性质状态

幸好 aɓohtɨ

偷偷摸摸 aasoe

学汉人的样子 ɓuapuutu

吃醋 ɓuhfujo

爱风流 ɓuotsoeke

情况 aʔaʔausna

总是 aatsni

明显的 aɓoɓohŋɨ

不一定 atsava

低 atseatso

高大 ɓaankake

骄傲 ɓitano

排很长 ɓoetatsvohʔi

独自 tsihtsihi

闪闪发亮 tsiŋkoja

邋遢 tsotsaʔi

说法 patʔaʔausna

表现凶悍 aiʔiteɨ

富有 atŋaso

认真 asnoʔzonɨ

安慰 aoʔpova

静下来 amzotsni

站得稳稳的 ɓiidɨdɨ

鼻子高挺的 etohiŋɨ

痛苦 ʔatutumzo

欣喜 ʔaveoveojɨ

健康 ʔɨmʔimnɨ

有爱意 ɓɨhʔimnɨ

看很久 ɓuhnaʔo

警觉 etŋou

瑟缩 eʔpiʔpɨja
爱哭 ʔiaŋitsi
食量大 ʔoteke
变红 fɨhfɨhŋoja
白色 fɨetsɨʔza
头很大 fŋuufŋu
看很久 hunaʔvi
不一样的 hʔunasi
焦黑 hpɨjo
众多 hʔoɓotŋona
混浊 himeu
黝黑 kukuaoʔŋa
局部黑 kuhkuaoʔŋa
习惯不良 kokuitsi
害羞惭愧 koeʔia
植物因成熟而变黄 kajani
坚硬的 katseo
懒惰 ɖueʔamamza
有耐心、毅力 ɖuaveitsa
谦虚 ɖuaenva
普遍 ɖojo
变窄 ɖomtɨ
脾气暴躁的 ɖahaveotsɨ
稀少 hʔokakutia
上气不接下气 miɨɓɨvnɨ
热 muʔei
又高又直_{长得}~msuezoɲɨ
很久_{做得}~moteonaʔo
很多_{拿得}~motmuzu
很多_放~mosotmuzu
少_{睡得}~mʔoŋzotɨ
很久_{睡得}~mʔonaʔo

流出来 moheafa
飘香 mofe
悦耳 moeŋia
可怕_{看起来}~mismojoa
类似黄色的 mihofʔoja
类似红色的 mifɨhŋoja
类似白色的 mifɨetsɨʔza
长_{流得}~mohtatsvohʔi
目不转睛 mitsʰɨmɨ
呈黑色 mokuaoʔŋa

十三　数量

一些 aseou
一半 aatiskɨ
全部 atsɨha
两百 seʔeitsha
三百 seʔtueva
四百 seʔsɨpta
五百 seʔeinva
七百 seʔpitva
八百 seʔvoeva
九百 seʔsia
一百零二 seʔtsonza ho juso
一个 tsihi
十位 seomaskɨ
一次 iʔnɨskɨ
十一点 masmaskɨveiautsni
十二点 masmaskɨveiaueso
八点 masvoju
一年 tonsoha
三年 totueha
六年 tononmɨha

十一年 tomaska veiautsni
十二年 tomaska veiaueso
十三年 tomaska veiauteu
十四年 tomaska veiauspotɨ
十五年 tomaska veiaueimo
十六年 tomaska veiaɨnmɨ
十七年 tomaska veiauptu
十八年 tomaska veiauveo
十九年 tomaska veiauszo
二十年 tompuska
五十年 tomeemoha
八十年 tomvoevɨha
九十年 tomsioha

十四　代副介连词

因此 azou
并且 aʔvinano
渐渐 ausuhtsu
也是 aʔupu
正在 seodʝa
先于 aueva
主要 atuhtsu
但是 atʔiŋhi
偏偏 atfɨŋɨ
生来 asoŋɨhoza
大约 asona

常常 asŋitsva
超过 asaʔva
反而 apuju
慢慢地 aopohaʔo
只有 aonojɨ
单独 anou
终究 amzo
虽然 eʔvono
用力地 ʔaananaʔo
好不容易 ʔafeuŋa
急忙 ʔahumʔi
必须 ʔahija
竟然 ʔamakna
不再 ʔanate
随便 ʔanpɨnpa
勉勉强强 ʔinania
小小地 ʔoʔokosi
不可再 ʔotena
顺便顺势 ausuʔva
还没有 ʔantsu
立即 ʔosni
依照 ieini
各自 iananʔova
依据 fihno
从 iʔmizi
已经 mohtsu

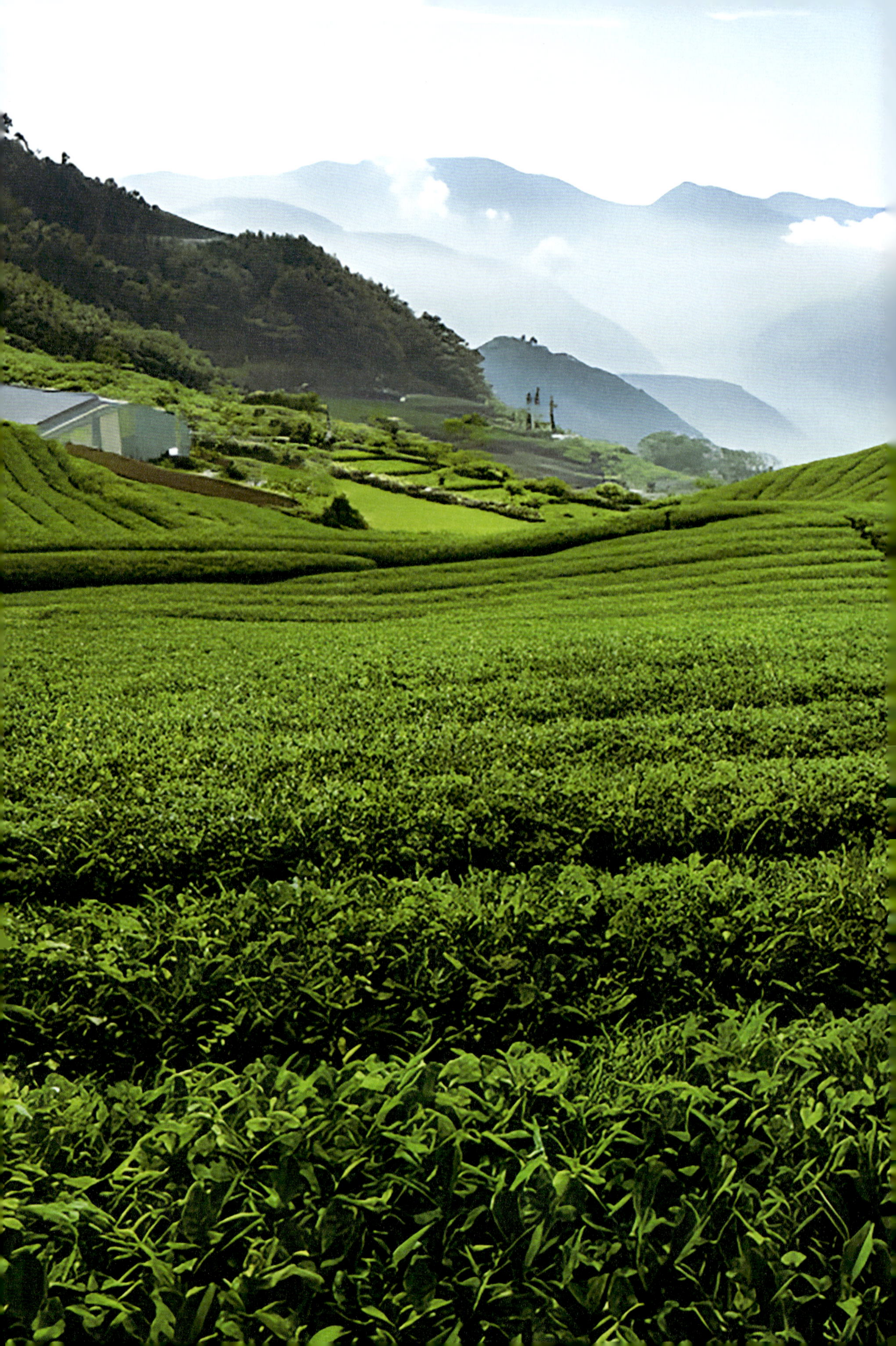

第五章 语法

第一节

词类

本节介绍邹语的词类,包括实词、虚词两大类。其中实词包括名词、代词、数词、量词、动词、形容词;虚词包括副词、连词、格助词、语气词。

一 名词

名词主要指称人和事物,在句中主要充当主语、定语和宾语。还可充当谓语、状语和补语。

(一)名词的语法特征

1.邹语的名词出现在句子中时要有格标记

在邹语的句子中,名词前面通常出现格标记。例如:

mi-ta　　　　eafou　　ʔe　　voju.
REA.AF–3SG　打猎　　NOM　人名

博育在打猎。

ʔa　　pasuja　　ʔo　　mo　　poefiʔɨ　　to　　tsaʔhɨ.
EMPH　人名　　NOM　REA.AF　推倒　　OBL　椅子

椅子是巴苏亚推倒的。

os-ʔo　　　　pajoʔ-a　　ʔo　　peisu　　to　　pasuja.
REA.NAF–1SG　遗失–PF　　NOM　钱　　　GEN　人名

我把巴苏亚的钱弄丢了。

第一个例子中的voju(人名)前需要出现ʔe这个格标记。第二个例子中的tsaʔhɨ"椅子"前有旁格标记to。第三个例子中的peisu"钱"前有主格标记ʔo,pasuja(人名)前有属格标记to。

2. 邹语中名词可加领属代词后缀

邹语的句子中，名词可加表领属关系义的代词后缀。例如：

mo　　　kuaoʔŋa　ʔe　　fʀisɨ-taini.
REA.AF　黑　　　NOM　头发–3SG.POSS

他的头发是黑的。

ʔa　　　mo　　　naʔno　taso　　ta　　oko-taini.
EMPH　REA.AF　非常　　强壮　　NOM　小孩–3SG.POSS

他的小孩子非常强壮。

mo　　　t<m>iehi　to　　tsaʔhi　si　　poojojo-mu.
REA.AF　<AF>挂　OBL　椅子　　NOM　裤子–2PL.POSS

你们的裤子挂在椅子上。

3. 邹语的名词可接受名词性修饰语的直接修饰

邹语中名词可前置于名词性修饰语。当名词性词语修饰另一名词时，修饰成分置于被修饰词后并标记为属格。例如：

te-to-nʔa　　　aisviti　　moʔeŋho　ta　　eʔe　　no　　tsou.
IRR–1SG.NOM　尝试　　　说　　　　OBL　话　　GEN　邹

我们尝试说一下邹语。

mo　　　naʔno　natʔe　tso　　ɓeiɓtsɨ　ta　　oko-taini.
REA.AF　非常　　臭　　NOM　屁　　　GEN　小孩–3SG.POSS

他小孩的屁很臭。

os-ʔo　　　　niaʔte　oʔte　taɖɨ-i　　ʔo　　fifihŋau　ta　　ino.
REA.NAF–1SG　几乎　　NEG　听–LF　NOM　声音　　GEN　妈妈

我几乎听不到妈妈的声音。

4. "关系从句定语 + 名词中心语"结构中，中心语是来自从句动词的逻辑主语

由名词充任主语的小句在关系化后成为关系小句定语所修饰限制的中心语。因此，关系化中被从句定语修饰的中心语往往就是关系从句中谓语所陈述的主语。例如：

i-ta　　　　　kuzo-a　　　ta　　pasuja　ʔe　　mo　　　masʔeitsɨ　tsi　　ɓnivhɨ.
REA.NAF–3SG　讨厌–PF　　GEN　人名　　NOM　REA.AF　酸　　　　REL　李子

巴苏亚讨厌酸的李子。

mi-ta　　　　aaso　　　to　　mo　　　tsuveu　tsi　　tsʰumu.
REA.AF–3SG　碰到.AF　OBL　REA.AF　烫　　　REL　水

他碰到开水了。

te-mu-nʔa   sʔeftuŋ-a   si   mo   nomiti   ta   tseoni   tsi   kaapana!
IRR-2PL-ASP 锯断-PF   NOM   REA.AF 阻挡.AF   OBL   路   REL   竹子

请你们把挡在路上的竹子锯一下！

以上三个例子中的 6nivhɨ "李子"、tsʰumu "水"、kaapana "竹子" 都是这样的名词。

5. 名词可受名词性短语否定标记的否定

在否定结构中，名词所充任的成分可被名词短语否定标记 ukʔa "没有"、ukʔana "不再有"、ukʔamotsu "还没有" 等否定。例如：

ukʔa   tsi   peisu   to   poojojo.
NEG   REL   钱   OBL   裤子

裤子里没有钱。

ukʔana   tsi   peisu-su.
NEG   REL   钱-2SG.POSS

你不再有钱了。

ukʔamotsu   tsi   oko-su.
NEG   REL   小孩-2SG.POSS

你还没有小孩。

6. 名词可以接受数量词语的修饰

例如：

mi-mu   ŋoseo, tsi   mi-mu-ʔso   tsono   hie   jaahioa.
REA.AF-2PL   累   REL   REA.AF-2PL-ASP   一   天   工作

你们工作一整天了，应该很累了。

mo   pio   na   mi-mu   tsono   emoo?
REA.AF   多少   NOM   REA.AF-2PL   一   家

你们家有多少人呢？

（二）名词的语义类别

1. 普通名词

普通名词是表示一类人或事物的名词，一般具有泛指或抽象的特点。例如：hie "太阳"、tsoŋeoha "星星"、tsmitsmi "云"、poepe "风"、tsmoehu "台风"、moiʔhotsɨ "闪电"、tnijɨ "雨"、juho "雪" 等。下面是几个这类名词出现在句中的例子：

te-tsʔu   espajo   ta   hie.
IRR-COS   升起   NOM   太阳

太阳要升起来了。

te　　taaʔaʔav-a　hotsi　ʔutsiaspɨj-a　ta　　peisu?
IRR　如何–PF　　假如　　计算–PF　　　NOM　钱

要如何计算有多少钱呢？

i-si　　　　　peʔoŋk-i　　to　　tsmɨtsmɨ　ne　　mi-ta　　　tsoetsonɨ.
REA.NAF–3SG　挡住光线–LF　OBL　云　　　　CONJ　REA.AF–3SG　走路

他走路时云挡住了光。

i-si　　　　　peaonʔoz-a　to　　poepe　ʔo　　teova.
REA.NAF–3SG　吹坏–PF　　 GEN　风　　 NOM　工棚

工棚被风吹坏了。

i-si　　　　　poa　　kuzo-a　to　　tsmoehu　ʔo　　emoo-hinʔi.
REA.NAF–3SG　CAUS　坏–PF　 GEN　台风　　 NOM　家–3PL.POSS

他们的家被台风吹毁了。

ʔote　asŋitsɨ　notsʰimɨ　to　　jafana　ho　　mo　　moiʔohotsi.
NEG　常常　　逗留　　　OBL　外面　　CONJ　REA.AF　闪电

有雷电时不要逗留在屋外。

eŋh-a　　tasmojo-i　ho　　i-si　　　　　tɓaki　to　　akʔeŋitsa.
非常–PF　害怕–LF　 CONJ　REA.NAF–3SG　巨大的　GEN　雷

巨大的雷电声听了令人害怕。

naʔno　tmunoi　to　　tnɨjɨ.
非常　　大声　　OBL　雨

非常大的雨声。

ait-i!　　ta　　juho　ta　　patuŋkuonɨ.
看–LF　　GEN　雪　　NOM　玉山

看！玉山有雪！

2. 专有名词

专有名词是表示某个人、事物或机构单位等意义的名词，一般具有特指或表意具体等特点。例如：

zou　　jane　tfuja　　aʔto.
COP　　属于　特富野　1PL

我们属于特富野部落。

mi-ta　　　　　atsʰɨmɨ　siʔno　aʔto　ʔe　　pasuja.
REA.AF–3SG　一直　　生气　1PL　NOM　人名
巴苏亚一直生我们的气。

i-si　　　　　notsmuʔ-i　to　　tseoju　ʔo　　kuɓa-mu.
REA.NAF–3SG　靠近–LF　GEN　虎头蜂　NOM　男子聚会所–2PL.POSS
虎头蜂靠近你们的男子聚会所了。

3. 时间名词

另外，邹语还有一种比较特殊的名词，即时间名词。值得注意的是，表时点的时间名词不是用典型的格位标记引介的，部分时间名词不需要任何标记引介或搭配，如下面例子中的maitanʔe"今天"。

mo　　　mahsɨsɨftɨ　to　　ʔoʔ-oko　ʔo　　pasuja　ne hutsma.
REA.AF　训诫　　　OBL　RED–孩子　NOM　人名　　昨天
昨天巴苏亚训诫孩子们了。

hotsi-ʔu　　meemeḏɨ,　ta-ʔu　　uh　ne　　tfuja　　ho hutsma.
如果–1SG　有空　　　IRR–1SG　去　OBL　特富野　明天
如果我有空，我明天会去特富野。

te-ko-nʔa　　　uh　ne　　tfuja　　maitanʔe?
IRR–2SG–ASP　去　OBL　特富野　今天
你今天还要去特富野吗？

二　代词

邹语的代词主要包括人称代词、指示代词和疑问代词三种。

（一）人称代词

1. 人称代词的特征

邹语人称代词系统非常发达，有自由式和附着式的区分，同时还有人称、单复数、可见性、包含式和排除式的区别。自由式指可以不附着在其他词上单独使用的人称代词；附着式指必须依附于其他词才能使用的人称代词。

人称代词在数范畴上有单数和复数区别。单数指代一个人，复数代指两个及两个以上的人。在人称范畴上，人称有第一人称、第二人称和第三人称之别。

包含式指包含听话人在内，排除式指不包含听话人在内。视线内表示说话人所指的第三人可见，视线外表示说话人所指的第三人不可见。

人称代词有主格、旁格、属格、领属格的区分，但是一般自由式的主格与旁格的表达形式相同。在格位标记方面，人称代词与普通名词不一样的是，自由式人称代词可以充当主格和旁格，附着式人称代词通常有主格、属格和领属格的区分。

邹语人称代词的成员及其语法特征总结如表5-1所示。

表5-1　邹语人称代词

数	人称	自由式	附着式		
		主格/旁格	主格	属格	领属格
单数	一	aʔo	-ʔo/-ʔu		-ʔu
	二	suu	-ko/-su	-ko	-su
	三视线内	taini	-ta		-taini
	三视线外	—	—		-si
复数	一包含	aʔto	-to		
	一不包含	aʔami	-mza		
	二	muu	-mu		
	三视线内	hinʔi	-hinʔi		
	三视线外	hee	—		-he

2. 人称代词的自由式和附着式

（1）自由式人称代词

自由式人称代词可独立存在，一般出现在动词之前或动词之后，不会随着所附着成分语法功能的改变而改变。下面各例中的muu"你们"、suu"你"、taini"他"、aʔami"我们"、aʔo"我"都是自由式人称代词：

i-si　　　　　poatsnɨmɨ. to　pasuja　muu.
REA.NAF–3SG 做香蕉糕　GEN　人名　　2PL
巴苏亚让你们做香蕉糕。

naʔno kokaekaeɓɨ　ho　te-ta　　ait-i　suu.
很　　高兴　　　　CONJ　IRR–3SG　看–LF　2SG
他很高兴要见到你。

zou　pasuja　na　　taini.
COP　人名　　NOM　3SG
他是巴苏亚。

mi-mza　　　tsonojou　　　na　　aʔami.
REA.AF–1PL　同一个族群　　NOM　1PL
我们是同一个族群。

te-ta　　emɨʔ-neni　　to　　　ɓɨvnɨ　　na　　aʔo.
IRR–3SG　种–BF　　　OBL　　花　　　NOM　1SG
他要为我种花。

（2）附着式人称代词

附着式人称代词的使用受限，区分主格、属格和领属格，其存在必须附着于动词或名词之后，如-ʔu/-ʔo"我"、-su/-ko"你"、-si/-taini"他"等。例如：

mo-**ʔu**　　　emɨmʔɨ　　to　　tsʰae.
REA.AF–1SG　种植　　　OBL　菜
我种菜。

mi-**ʔo**　　　m-imo　　to　　emi　　to　　tonʔu.
REAAF-1SG　AF–喝　　OBL　酒　　GEN　小米
我在喝小米酒。

mi-**ko**-tsu　　sieo　maitanʔe?
REA.AF–2SG-ASP　饿　现在
你现在饿了吗?

mi-**ko**　　　naʔno　vzovzo.
REA.AF–2SG　很　　瘦弱
你很瘦弱。

i-**si**　　　notsmuʔ-i　　to　　fuzu　　ʔo　　teova-si.
REA.NAF–3SG　靠近–LF　　GEN　山猪　NOM　工棚–3SG.POSS
山猪靠近他的工棚。

ʔa　　　mo　　　nana　naʔno　vzovzo　na　feaŋo-**taini**.
EMPH　REA.AF　听说　很　　瘦弱　　NOM　身体–3SG.POSS
听说他的身体很瘦弱。

（二）指示代词

邹语的指示代词主要用来指代人、事、物和处所两类。具体如表5-2所示。

表 5-2 邹语指示代词

	近	中	远
人、事、物	eni 视线内	sitso/sitsa 视线内	tonoi 视线外
处所	tanʔe 视线内	taʔe 视线内	neʔe 视线外

1. 人、事、物近指代词 eni 例如：

zou　sɨesɨ　ta　teova　na　eni.
COP　柱子　GEN　工棚　NOM　PROX.DEM
这是工棚的柱子。

tsuma　na　eni?
什么　NOM　PROX.DEM
这是什么？

2. 人、事、物中指代词 sitso、sitsa 例如：

te-ko-nʔa　　ait-i　sitso!
IRR–2SG–ASP 看–LF DIST.DEM
你看那个！

ʔa　　nia　sifu　no　ŋiau　sitso.
EMPH　PST　尿　GEN　猫　DIST.DEM
那是猫尿。

osni-a　hoŋ-a　ho　zou　puutu　na　sitso.
立刻–PF 认出–PF CONJ COP 汉人 NOM DIST.DEM
一眼就认出那是汉人。

ʔa　　toʔhoŋa　to　tanivu　sitso.
EMPH　标记　　GEN　人名　DIST.DEM
那是达妮舞的标记。

mo　　naʔno　pepe　si　itkɨ　sitsa.
REA.AF　很　　高　　NOM 吊桥 DIST.DEM
那里的吊桥很高。

3. 人、事、物远指代词 tonoi 例如：

mo　　huaetsa　oeŋiti　tonoi.
REA.AF　似乎　　睡觉　DIST.DEM

那个人似乎在睡觉。

4. 处所近指代词 tanʔe 例如：

mo　　　 naʔno　 jo-joskɨ　 ʔe　　fozutsitsʰumu　tanʔe.
REA.AF　 很　　 RED–鱼　　NOM　茇浓溪　　　　PROX.DEM

这条茇浓溪鱼很多。

mo　　　 naʔno　 ju-jupasɨ　ʔe　　emoo　tanʔe.
REA.AF　 很　　 RED–钱币　 NOM　家　　 PROX.DEM

这个家庭很有钱。

mo　　　 naʔno　 manʔi　ʔe　　foʔna　tanʔe.
REA.AF　 很　　 很多　 NOM　 鹊豆　 PROX.DEM

这里鹊豆很多。

5. 处所中指代词 taʔe 例如：

mi-tsu　　　　 aeʔohɨ　　 ʔo　　 tseoʔɨ　no　　papai　taʔe.
REA.AF–COS　 松动滑落　 NOM　 路　　 GEN　 稻田　 DIST.DEM

田埂松动滑落了。

zou　 oko　 ta　　 sajuŋu　 ta　　 mo　　　 jatsʔɨ　taʔe.
COP　 小孩　GEN　 人名　　NOM　 REA.AF　 站　　 DIST.DEM

站在那里的是萨云舞的小孩。

os-ʔo　　　　　 emiʔ-a　　　ta　　 htsuju　taʔe.　　　 ʔo　　 otsʰea.
REA.NAF–1SG　 种植–PF　　OBL　 山丘　 DIST.DEM　　NOM　 茶

我把茶种在山丘那里。

6. 处所远指代词 neʔe 例如：

i-ta　　　　　　tosv-eni　　 neʔe　　　　 ʔo　　 kujai.
REA.NAF–3SG　停–IF/BF　 DIST.DEM　 NOM　 车

他把车停在那边。

（三）疑问代词

邹语的疑问代词指的是用来引导疑问句的词。根据其语法功能，可以分成代名词疑问代词、代形容词疑问代词和代副词疑问代词三种。

1. 代名词疑问代词

（1）sia "谁" 例如：

sia　 tso　 mo　　　 noeʔohɨ　ta　　 tseoʔɨ?
谁　 NOM　REA.AF　 坐垮　　 OBL　 石埂

谁把石埂坐垮了？

sia　　na　　　oko-mu?
谁　　NOM　　小孩–2PL.POSS

你们的小孩是哪几个？

sia　　na　　mo　　　sopuhŋu　　ta　　　te-to　　　haf-a?
谁　　NOM　　REA.AF　加　　　　OBL　　IRR–1PL　带–PF

谁把我们要带的东西加上？

ma　　　sia　　ʔo　　mo　　　tmakuaoʔŋa　　to　　　saptsi-su?
EMPH　　谁　　NOM　　REA.AF　抹黑　　　　　OBL　　脸–2SG.POSS

把你脸抹黑的是谁？

（2）tsuma"什么"例如：

tsuma　　na　　　i-he　　　　　ait-i?
什么　　NOM　　REA.NAF–3PL　看–LF

他们在看什么？

mo　　　jua　　tsuma　　si　　　pasuja　　ho　　　mo　　　　ʔaoko　　siʔno?
REA.AF　讨　　什么　　　NOM　　人名　　　CONJ　　REA.AF　一直　　生气

一直生气的巴苏亚是在讨什么吗？

mi-ko　　　　　jumzo　　no　　　tsuma　　ho　　　mi-mu　　　　ʔaoko　　m-oŋsi?
REA.AF–2SG　原因　　　GEN　　什么　　CONJ　　REA.AF–2PL　一直　　AF–哭

你们一直哭的原因是什么？

tsuma　　na　　　koa-mu　　　tu-atsʰi?
什么　　NOM　　原因–2PL　　笑–REFL

你们为何自己笑了起来？

tsuma　　na　　　koa-mu　　　m-aʔkuvʔo?
什么　　NOM　　原因–2PL　　AF–担心

你们担心什么？

（3）nenu"哪里"例如：

mi-mu　　　　　iʔmi　　nenu?
REA.AF–2PL　　来　　　哪里

你们从哪里来？

mo　　　　jon　　nenu　　ʔo　　　teova-si?
REA.AF　　在　　哪里　　NOM　　工棚–3SG.POSS

他的工棚在哪里？

te-mu　　jono　hopo　nenu?

IRR–2PL　睡　　床　　哪里

你们睡哪张床？

voju　　no　　nenu?

人名　GEN　哪里

是哪一家的博育？

te-mu　　si-a　　nenu?

IRR–2PL　放–PF　哪里

你们要放在哪里？

os-ko　　　　miski　nenu?

REA.NAF–2SG　过夜　哪里

你在哪里过夜？

（4）nenusi"哪一个"例如：

nenusi　　na　　mi-mu　　　foinana-he?

哪一个　NOM　REA.AF–2PL　年轻–COMP

你们哪一位比较年轻？

mi-mu　　　ɓonɨ　no　　nenusi?

REA.AF–2PL　吃　　OBL　哪一个

你们在吃哪一个？

mi-mu　　　m-ajo　no　　nenusi?

REA.AF–2PL　AF–拿　OBL　哪一个

你们在拿哪一个？

2. 代形容词疑问代词

（1）mainenu、jainenu"如何、怎样"例如：

mi-mu　　　mainenu　maitanʔe　tsi　　ʔaoko　siʔno?

REA.AF–2PL　怎么　　今天　　为什么　一直　生气

你们今天怎么了，为什么一直生气？

te　　jainenu　hontsi　haf-a　　ʔe　　evi?

IRR　怎么　　假如　　带–PF　NOM　木头

这木头要怎么带呢？

mo	mainenu	tso	mo	m-oŋsi	ta	teova-su?
REA.AF	怎么	NOM	REA.AF	AF–哭	OBL	工棚–2SG.POSS

在你工棚哭的人怎么了？

te	mainenu	na	te	hia	ɓonɨ	ta	skiikia?
IRR	如何	NOM	IRR	如何	吃	OBL	爱玉子

要如何吃爱玉子？

（2）uvo"去哪里"例如：

te-ko-nʔa	uvo?
IRR–2SG–ASP	去哪里

你还要去哪里？

mo	uvo	ʔo	voju	ho	pasuja?
REA.AF	去哪里	NOM	人名	CONJ	人名

博育和巴苏亚去哪里？

（3）mantsi"为什么"例如：

mantsi	mi-ta	mateivhu	to	patʔaʔausna?
为什么	REA.AF–3SG	改变	OBL	话题

为什么他换了话题？

mantsi	mi-ko	ihʔunu	ko-kae-kaeɓɨ?
为什么	REA.AF–2SG	只有一个人	KO–RED–开心

为什么只有你一个人还很开心？

（4）pio"多少、几个"例如：

mo	pio	na	mi-mu-nʔa	juansohɨ?
REA.AF	多少	NOM	REA.AF–2PL–ASP	同龄

跟你们同龄的还有几人？

te	pio	na	huphina	ta	mo	tsoni	tsi	kujai?
IRR	多少	NOM	价格	GEN	REA.AF	一	REL	车子

一辆车要多少钱？

te-mu-nʔa	poa-pio-a?
IRR–2PL–ASP	CAUS–多少–PF

你们还要多少呢？

3. 代副词疑问代词

（1）ne homna"何时、什么时候（实现）"例如：

mi-mu　　　tsmɨho　　ne homna?
REA.AF–2PL　来　　　何时

你们什么时候回来的？

（2）ho homna"何时、什么时候（未实现）"例如：

te-mu　　　tsmɨho　　ho homna?
IRR–2PL　　来　　　何时

你们要什么时候回来呢？

三　数词

数词是表示事物数目或顺序的词。根据数词与其他类词的关系，邹语数词可分为纯数词、数量词、复杂数词三类。

（一）纯数词

纯数词是指其存在不与量词、动词等有意义纠葛的数词，而是单纯表达数字意义。例如：

一 tsoni	九十 msiohɨ
二 juso	一百 seʔtsonia
三 tuju	两百 seʔeitsha
四 sɨptɨ	三百 seʔtueva
五 eimo	四百 seʔsɨpta
六 nomɨ	五百 seʔeinva
七 pitu	七百 seʔpitva
八 voju	八百 seʔvoeva
九 sio	九百 seʔsia
十 maskɨ	一千 posifou
二十 mpusku	一万 maskɨ no posifou
三十 mtuehu	一百零二 seʔtsonza ho juso
四十 msɨptɨhɨ	一百零五 seʔtsonia veija eimo
七十 mpɨtvɨhɨ	一百五十 seʔtsonia veija meimohɨ

当要表达类似汉语的"数量名"结构义时，邹语可以直接使用纯数词加名词的形式，例如：

mo　　　pitu　　ʔo　　mi-mza　　　tsono　　emoo.
REA.AF　七　　NOM　REA.AF–1PL　一　　　家

我们家有七个人。

mo	eimo	ʔo	i-si	aitʔits-a	to	pasuja	tsi	feiʔɨ.
REA.AF	五	NOM	REA.NAF–3SG	养–PF	OBL	人名	REL	猪

巴苏亚养了五头猪。

（二）数量词

邹语中存在一类词，其同时具有表达数词和量词的功能，是数词和量词意义的综合体。例如：

一位 tsihi　　　　　　　　　　　十六年/岁 tomaska veiaɨnmɨ

十位 seomaskɨ　　　　　　　　　十七年/岁 tomaska veiauptu

两人 joso　　　　　　　　　　　十八年/岁 tomaska veiauveo

一次 iʔnɨskɨ　　　　　　　　　　十九年/岁 tomaska veiauszo

十一点 masmaskɨveiautsni　　　　二十年/岁 tompuska

十二点 masmaskɨveiaueso　　　　五十年/岁 tomeemoha

八点 masvoju　　　　　　　　　八十年/岁 tomvoevɨha

一条/支/根/棵 mehatsni　　　　　九十年/岁 tomsioha

周年/一年 tonsoha　　　　　　　一月 feohɨ no ʔtsonza

三年/岁 totueha　　　　　　　　二月 feohɨ no ʔeosa

六年/岁 tononmɨha　　　　　　　三月 feohɨ no ʔtueva

十一年/岁 tomaska veiautsni　　　五月 feohɨ no ʔeema

十二年/岁 tomaska veiaueso　　　六月 feohɨ no ʔanma

十三年/岁 tomaska veiauteu　　　七月 feohɨ no ʔpitva

十四年/岁 tomaska veiauspotɨ　　 八月 feohɨ no ʔvoeva

十五年/岁 tomaska veiaueimo　　 九月 feohɨ no ʔsia

下面略举几例：

mi-tsu-tsʔo	mehatsni	ta	mo-nʔa	jatsʔi	tsi	tsnɨmɨ.
REA.AF–ASP–ASP	一棵	NOM	REA.AF–ASP	站	REL	香蕉

香蕉树只剩下一棵还立着。

mo	seomaskɨ	ʔo	mi-mza	nanatʔotʔohaesa.
REA.AF	十位	NOM	REA.AF–1PL	兄弟姐妹

我们兄弟姐妹有十位。

上述例子中的数量词分别是 mehatsni "一棵" 和 seomaskɨ "十位"。这些数量词在句子中处于句首助动词之后，位于以主格标记标示的名物化结构之前，在句中充当谓词性成分。

（三）复杂数词

在本书中，复杂数词除表达纯数词和数量词的意义外，还隐含相关的动作义。例如：

排一列 / 排 maʔhinsohɨ	唱一次 / 射杀一次 / 打一次 matnɨskɨ
排两列 / 排 maʔhipopsohɨ	唱三次 / 射杀三次 / 打三次 mahtoteuhu
排三列 / 排 maʔhitoteuhu	唱四次 / 射杀四次 / 打四次 mahsospotɨ
排四列 / 排 maʔhisospothɨ	唱五次 / 射杀五次 / 打五次 mateoemohɨ
排五列 / 排 maʔhijoemohɨ	唱六次 / 盖六层 / 打六次 mateononmɨhɨ
排六列 / 排 maʔhinonmɨhɨ	唱七次 / 射七次 / 打七次 mateopoptuhu
排八列 / 排 maʔhivoveohɨ	唱八次 / 射杀八次 / 打八次 matvoveohɨ
排九列 / 排 maʔhisosiohɨ	唱九次 / 射杀九次 / 打九次 mahsiohɨ
排十列 / 排 maʔhimaskɨ	唱十次 / 射杀十次 matmaskɨ
排七十列 / 排 maʔhipitvɨhɨ	转二十四圈 tmaimpusku veia uspotɨ
生两个 metsihi	吃一个 otsni
生四个 mesɨptɨ	吃两个 oetsihi
要一个 mʔetsni	两人一起吃 oepoepohɨ
要三个 mʔeteu	两个一起死 tuepohɨ
要四个 jospoti	两个一起长 juuepoepohɨ
要六个 mʔenonmɨ	两人一起 jujuso
要八个 mʔeveo	去三次 ohtoteuhu
要九个 mʔeszo	去两趟 opsohɨ
索取两份 mʔeetsihi	吃两次 opusku
给一个 jotsni	绕一圈 seonɨska
给两个 joetsihi	值九元 susioi
每个人都给 joemɨhi	值十元 sumaski
拿两个 moetsihi	值五十元 sumeemohi

下面略举几例：

te   sumeemohi   ʔo   mo   tsoni   tsi   tposɨ.
IRR   值五十元   NOM   REA.AF   一   REL   书
一本书值五十元。

te-ta-nʔa   jospoti   muu   to   utsei.
IRR–3SG–ASP   要四个   2PL   OBL   芋头
他还要给你们四个芋头。

mi-ko　　　　matnɨskɨ　　ne　　mi-ko　　　　smoavojɨ.
REA.AF–2SG　射杀一次　 当　 REA.AF–2SG　射飞鼠
你射了一次飞鼠。

四　量词

邹语是量词不太发达的语言，其量词相对其他词性的词来看数量不多。邹语的量词可分为名量词和动量词，都可与指示代词、疑问代词和数词共现。邹语的量词在使用上并不具有强制性。在交际过程中，当数词和量词不出现时，人们也可以根据语境判断所提及事物的数量。

（一）名量词

邹语常见的名量词有：pania"瓶"、takuɓiŋi"碗"、hie"天"、emoo"家"等。名量词的主要功能是与数词组成数量短语充当定语、宾语等结构成分。例如：

mi-ta　　　　m-ajo　　to　　mo　　tsono　pania　tsi　emi　ʔe　pasuja.
REA.AF–3SG　AF–拿　OBL　REA.AF　一　　瓶　　REL　酒　NOM　人名
巴苏亚拿着一瓶酒。

te-to-nʔa　　　　m-ʔeptu　　　no　　takuɓiŋi　no　　naveu.
IRR–1PL–ASP　AF–要七个　　OBL　 碗　　　　GEN　饭
我们还要七碗饭。

mi-to　　　　ŋoseo,　tsi　mi-to-ʔso　　　　tsono　hie　jaahioa.
REA.AF–1PL　累　　　REL　REA.AF–1PL–ASP　一　　天　　工作
我们工作了一整天，所以很累。

mo　　　　pio　　na　　mi-hinʔi　　　tsono　emoo?
REA.AF　　多少　NOM　REA.AF–3PL　一　　 家
他们家有多少人？

（二）动量词

邹语动量词一般以词根形式与动词前缀搭配使用，如动词前缀iʔ-"去"与动量词词根-nɨskɨ结合形成iʔ-nɨskɨ，表达"去一次"的意义。常见的动量词与动词组合的形式有：mat-nɨskɨ"唱一次"、mah-sospotɨ"唱四次"、mat-popsohu"说两遍"等。例如：

mi-ʔo-tsu　　　　　　iʔ-nɨskɨ　uh　ne　　saviki.
REA.AF–1SG–COS　去–一次　去　OBL　地名
我已经去过一次山美了。

te-ta-nʔa　　　　mat-nɨskɨ　　to　　pasu-nakɨmo.
IRR–3SG–ASP　唱――次　OBL　唱–战祭祭歌
他还要唱一次nakɨmo这首战祭祭歌。

te-to-nʔa　　　　mah-sospotɨ　　to　　tohpiŋi
IRR–1PL–ASP　唱–四次　　OBL　祭典的歌
我们还要唱四次祭典的歌。

（三）无量词的"量"范畴表达

邹语的量词并非强制性表达要素，有时在无量词使用的情况下，依然能表达出量词的意义。这里有三种情况值得注意：

1. 与代词共用

邹语的代词可有量词的引申义，即eni"这"、sitso"那"、tanʔe"这里"和nenusi"哪一"，暗含着其后所指的名词在数量上是"一个，一条"等意义。例如：

o-ʔu　　　　tidʑi-a　　ʔe　　joskɨ　eni.
REA.NAF–1SG　捉到–PF　NOM　鱼　PROX.DEM
我捉到这条鱼。

i-ko　　　　smoteɨs-i　　si　　emoo　sitso.
REA.NAF–2SG　滑倒–LF　NOM　家　DIST.DEM
你在那屋里滑倒。

mo　　　　m-aezo　jaa　joŋo　ʔe　vaʔhɨ　tanʔe.
REA.NAF　AF–也　有　螃蟹　NOM　河流　PROX.DEM
这条河也有螃蟹。

nenusi　　na　　joskɨ-su?
哪一个　NOM　鱼–3SG.POSS
哪条鱼是你的?

2. 与数词共现

在邹语中，量词和数词的关系密切，存在两者为一体的情况，即数量词。需要说明的是，该类词的归类不是明确的，可划分为数词，也可归类为量词，但不影响其在邹语中的客观存在。例如：

mi-mu　　　　tsonojou　　　　na　　muu.
REA.AF–2PL　同一个族群　NOM　2PL
你们是同一个族群。

mo totueha ne moh-ʔu fifiho.
REA.AF 三年 当 REA.AF–1SG 服结婚役

我服了三年结婚役。

mo tsihi ʔo mo-nʲa oeɲiti tsi oko-si.
REA.AF 一 NOM REA.AF–ASP 睡觉 REL 小孩–3SG.POSS

他有一个小孩还在睡觉。

3. 根据语义判断

在日常交际中，邹语通常没有数词和量词的表达，但不影响人们对意义的理解。例如：

i-ta fi-i to tposɨ ʔo pasuja.
REA.NAF–3SG 送–LF OBL 书 NOM 人名

他送巴苏亚一本书。

pan to mo eŋhova tsi emoo.
有 OBL REA.AF 蓝色 REL 房子

有一栋蓝色的房子。

五 动词

动词是表示人的动作、行为或事物的存在、变化及联系的词。

（一）动词的特征

对邹语动词特征的考察涉及焦点屈折、致使、祈使屈折、否定、谓词性前缀等各方面因素。

1. 邹语的动词有屈折焦点标记

在邹语中，句子通常以助动词开头。助动词和主要动词都有屈折焦点标记。例如：

mo t\<m>eaphɨ to poojojo ta tsaʔhi si pasuja.
REA.AF \<AF>放 OBL 裤子 OBL 椅子 NOM 人名

巴苏亚在椅子上放裤子。

i-si teaph-a to tsaʔhi to pasuja ʔo poojojo.
REA.NAF–3SG 放–PF OBL 椅子 GEN 人名 NOM 裤子

巴苏亚把裤子放在椅子上。

i-si teaph-i to poojojo ta pasuja ʔe tsaʔhɨ.
REA.NAF–3SG 放–LF OBL 裤子 GEN 人名 NOM 椅子

椅子是巴苏亚放裤子的地方。

i-si teaph-neni ta poojojo to pasuja ʔe tsaʔhɨ.
REA.NAF–3SG 放–IF OBL 裤子 GEN 人名 NOM 椅子

巴苏亚用椅子来放裤子。

上述例句中，出现在句首的 mo 和 i-si 都是助动词，分别是施事焦点和非施事焦点。紧接在句首助动词后面的动词 t<m>eaphɨ、teaph-a、teaph-i、teaph-neni 分别带有施事焦点标记 <m>、受事焦点标记 -a、处所焦点标记 -i 和工具焦点标记 -neni。

2. 动词成分可加动词性致使前缀 poa- 形成致使结构。例如：

i-si poa-ɓonɨ to naveu to pasuja ʔo oko.
REA.NAF–3SG CAUS–吃 OBL 饭 OBL 人名 NOM 小孩

巴苏亚喂小孩吃饭。

3. 动词与祈使和否定

（1）在非实现的否定祈使结构中，施事焦点标记的动词可被 ʔo-te 否定，非施事焦点标记的动词可被 te-avʔa 否定。例如：

ʔo-te poa-eŋhova!
NEG–IRR CAUS–蓝

别弄得太蓝！

te-avʔa poa-masʔeitsɨ ʔe ɓnɨvhɨ!
IRR–NEG CAUS–酸.NAF NOM 李子

别让李子变酸！

（2）在陈述句中，动词可通过谓词性否定标记 oʔte 或 ʔoha 进行否定。例如：

mi-ta oʔte mʔovʔohu.
REA.AF–3SG NEG 入睡

他睡不着。

mo ʔoha ŋoveo ʔe hioa eni.
REA.AF NEG 困难 NOM 工作 PROX.DEM

这工作不难。

4. 实义动词前缀化

邹语中有大量的实义动词能够前置于动词词根成分前并词缀化，如 o-"吃"、peihts-"玩"等。例如：

mi-ta o-atsʰi ʔe pasuja.
REA.AF–3SG 吃–REFL NOM 人名

巴苏亚自己一个人吃。

mi-ta   peihts-atsʰi   ʔe   pasuja.
REA.AF–3SG   玩–REFL   NOM   人名
巴苏亚自己一个人玩。

（二）动词的焦点系统

焦点系统指的是一套附着在动词上的"焦点"词缀。"焦点"词缀能够凸显一个与动词相关的名词性成分并使其成为句子中最显著的论元。焦点系统也被称为语态系统或语法及物性标记系统。

焦点系统在邹语分成四种，分别是施事焦点、受事焦点、处所焦点和受惠工具焦点。施事焦点用 <m> 表示，受事焦点用 -a 表示，处所焦点用 -i 表示，受惠工具焦点用 -(n)eni 表示。施事焦点与非施事焦点的对比，还会体现在动词前的助动词上面。施事焦点助动词有 mi-、mo、moh、moso 四个形式。

1. 施事焦点

（1）搭配静态动词。例如：

mo   aemoʔɨ   si   fʔɨsɨ-su.
REA.AF   散乱   NOM   头发–2SG.POSS
你的头发很乱。

mo   m-auʔtoʔtohɨŋɨ   ʔo   pasuja.
REA.AF   AF–聪明   NOM   人名
巴苏亚很聪明。

（2）搭配带一个核心论元的动词。例如：

mo   aftuŋu   ʔo   pefotŋɨ   ta   emoo-mu.
REA.AF   断   NOM   横梁   GEN   房子–2PL.POSS
你们房子的横梁断了。

mi-tsu   aonʔoi   ʔo   emoo-su.
REA.AF–COS 损坏   NOM   房子–2SG.POSS
你房子已经损坏了。

mi-ʔo   peoupeou   ne jofna.
REA.AF–1SG   梦游   昨晚
我昨晚梦游。

mi-to   pohaʔo   esmi.
REA.AF–1PL   慢   到
我们迟到了。

（3）搭配表姿态和位置的动词。例如：

mo　　　jatsʔɨ　ta　　tsaʔhɨ　si　　mo　　　ɓuhfujo.
REA.AF　站　　OBL　椅子　　NOM　REA.AF　吃醋

吃醋的人站在椅子上。

mo　　　t<m>iehi　to　　tsaʔhɨ　si　　poojojo-taini.
REA.AF　<AF>挂　OBL　椅子　　NOM　裤子–3SG.POSS

他的裤子挂在椅子上。

（4）用于凸显表示施事的论元。例如：

mi-ko-tsu　　　　　o-tsni　　to　　heesi.
REA.AF–2SG–COS　吃–一个　OBL　苹果

你已经吃了一个苹果。

mi-ta　　　　　okvoʔɨ　to　　sʔosʔo　ʔe　　amo.
REA.AF–3SG　吃错　　OBL　药　　　NOM　父亲

父亲吃错药。

mi-ta　　　　　pʔ-onɨ　　ta　　oko　　ʔe　　ino.
REA.AF–3SG　CAUS–吃　OBL　小孩　NOM　母亲

母亲喂小孩。

2. 受事焦点

（1）受事焦点句中，直接宾语有位置、外观和状态的改变，受事焦点所指涉的名词为有定名词。例如：

pasuja,　te-ko-nʔa　　　　teopoja　si　　os-ʔo　　　　　sʔeftuftuŋ-a　tsi　　evi.
人名　　IRR–2SG–ASP　搬来　　NOM　REA.NAF–1SG　锯断–PF　　REL　木头

巴苏亚，请你把我锯断的那些木头搬来。

os-ʔo　　　　　　jomz-a　　to　　tuʔu　　　ho　　　paʔe-a　ʔe　　fʔue.
REA.NAF–1SG　使用–PF　OBL　小锄头　CONJ　挖–PF　NOM　地瓜

我用小锄头挖这些地瓜。

i-si　　　　　　　aekiek-a　　to　　memeno　ʔo　　　poojojo-si.
REA.NAF–3SG　弄破–PF　　GEN　铁　　　NOM　裤子–3SG.POSS

他的裤子被铁弄破了。

i-si　　　　　　　hoŋ-a　　　to　　oko　　ʔo　　　ino.
REA.NAF–3SG　认得–PF　OBL　小孩　NOM　母亲

小孩认得妈妈。

（2）受事焦点句可用于表示动作有终点或状态有所改变。例如：

i-ta im-a ta amo si emi.
REA.NAF–3SG 喝–PF GEN 父亲 NOM 酒
父亲把酒喝完了。

i-he-tsu pe-epiŋ-a ʔo mo tsono pania tsi emi.
REA.NAF–3PL–COS 喝–完–PF NOM REA.AF 一 瓶 REL 酒
他们喝完了一瓶酒。

i-he-tsu toepiŋ-a ʔo foʔna.
REA.NAF–3PL–COS 采–PF NOM 鹊豆
他们采完了鹊豆。

3. 处所焦点

处所焦主要用来凸显处所、来源、目标接受者等和空间相关的论元。少数特殊情况是处所焦点附加在认知动词上凸显感受到或认识到的物体，如以下例子中的aiti"看"、tsohivi"知道"：

i-he-tsu si-i to sieva ʔo ʔaŋa-ʔu.
REA.NAF–3PL–COS 放–LF OBL 腌肉 NOM 瓮–1SG.POSS
他们把腌肉放在了我的瓮里。

i-he-tsu teaph-i to fʉe ʔo keɨpi-ʔu.
REA.NAF–3PL–COS 装–LF OBL 地瓜 NOM 背袋–1SG.POSS
他们把我的背袋装满了地瓜。

i-he-tsu ait-i na mo smotsaefi tsi fuzu.
REA.NAF–3PL–COS 看–LF NOM REA.AF 跑过去 REL 山猪
他们看见了跑过去的山猪。

oʔte tsohiv-i ho moh-tsu noanaʔo tu-atsʰi.
NEG 知道–LF CONJ REA.AF–COS 很久 死–REFL
不知道独自死去很久了。

4. 受惠工具焦点

工具受惠焦点用来凸显事件的受惠者、动作使用的工具和被移动的物体。例如：

mi-tsu nafoŋku ʔo os-ʔo ʔafeuŋ-a haf-neni tsi fou.
REA.AF–COS 发臭 NOM REA.NAF–1SG 好不容易–PF 带来–BF REL 肉
我好不容易带来的肉已经臭掉了。

te-mu foʔfa-neni ta ʔoʔ-oko si i-he haf-a tsi heesi.
IRR–2PL 送–BF OBL RED–小孩 NOM REA.NAF–3PL 带–PF REL 苹果

你们把他们带来的苹果送给小孩们。

i-he-tsu ɨh-neni to vojɨ si tiʔsɨ.
REA.NAF–3PL–COS 射–IF OBL 飞鼠 NOM 箭

他们用箭射了飞鼠。

（三）动词的时态系统

1. 实现态

实现态表达的是已经发生的事件。邹语的实现态多是通过助动词来体现的。助动词分为施事焦点和非施事焦点。

（1）施事焦点实现态

邹语表示实现态的施事焦点助动词包括 mi-、mo、moh-、moso。这四个标记有细微区别。以下分别就各个施事焦点助动词的用法略举几例并加以说明。

① mi- 表示正在发生的事件或离参照时间比较近的事件。例如：

mi-ʔo ɓoeta tuʔu ho jaahioa.
REA.AF–1SG 用 锄头 CONJ 工作

我用锄头工作。

mi-ta jusuhŋu ʔe tanivu ho ɓohpino.
REA.AF–3SG 坐 NOM 人名 CONJ 托腮

达妮舞托腮坐在那里。

② mo 也表示正在发生或离时间参考点比较近的事件。mo 和 mi- 的语法表现并不一样，mo 可以单独使用，mi- 不可以。例如：

mo naʔno tsotsoja ʔo maoponeo ne ŋesaŋsi.
REA.AF 很 宽广 NOM 平原 OBL 平地

平地（地名）的平原很宽广。

mo maskɨ ʔe ɖuɖku ta jatatiskova.
REA.AF 十 NOM 手指 GEN 人

人有十根手指头。

③ moso 表示离时间参考点比较远的事件，后面不能够附加黏着代词。例如：

moso-ḍa	meepeutsu	to	peieŋu	ʔe	tanivu.
REA.AF–ASP	吹	OBL	鼻笛	NOM	人名

达妮舞以前会吹鼻笛。

moso	metpɨskɨ	ta	emoo	ʔo	tanivu.
REA.AF	探望	OBL	家	NOM	人名

达妮舞来家里探望。

④ moh- 也表示离时间参考点比较远的事件。和 moso 不同的是，moso 可以单独出现，可以不带任何的黏着代词，但是 moh- 必须和黏着代词一起出现。例如：

moh-to-ḍa	atsɨhɨ	tʰiʔtsia	ne	moh-to-ḍa-nʔa	ʔoʔ-oko.
REA.AF–1PL–ASP	一直	贫穷	CONJ	REA.AF–1PL–ASP–ASP	RED–孩子

我们还小的时候一直都很穷。

moh-ta-ḍa	maḍeo	neaujusi.
REA.AF–3SG–ASP	爱骗人	以前

他以前爱骗人。

（2）非施事焦点实现态

另一种实现态是非施事焦点实现态，共有三个标记：i-、os-、oh-。

① i- 表示正在发生或离时间参考点比较近的事件，后面的主要动词是非施事焦点形式。例如：

mo	tsotsvo	ʔe	oko	ne	i-ta	eaʔez-neni.
REA.AF	笑	NOM	小孩	CONJ	REA.NAF–3SG	对着说话–BF

他对着这小孩说话时他（小孩）会笑。

② os- 表示离时间参考点比较近的事件，后面的主要动词是非施事焦点形式。例如：

os-ko-tsu	paʔtsohiv-i	ʔo	pasuja	ho	m-oojai	tsotsku.
REA.NAF–2SG–COS	教–LF	NOM	人名	CONJ	AF–做	鸟套挂钩

你教巴苏亚如何做鸟套挂钩。

③ oh- 表示离时间参考点比较远的事件，后面的主要动词是非施事焦点形式。例如：

oh-mu-ḍa	patseof-a	nenoanaʔo	ʔo	feoʔu.
REA.NAF–2PL–ASP	盖棉被–PF	以前	NOM	兽皮

你们以前把兽皮当棉被盖。

2. 未实现态

未实现态表示事件尚未发生，主要标记有 ta、te、tena、nte、nto 等。

（1）ta、te 表示离时间参考点比较近的事件。ta、te 本身不区分焦点，可以和施事焦点动词相搭配使用，也可以和非施事焦点动词一起出现。例如：

ta-ʔu　　fihno　　eʔe-to　　　na　　te　　hioa.
IRR–1SG　依据　　话–1PL.POSS　NOM　IRR　做
我依据我们的话去做。

te-to　　　uh　　ne　　fozutsitsʰumu　　ho　　　toadṳnṳ.
IRR–1PL　去　　OBL　茇浓溪　　　　　CONJ　钓鱼
我们要去茇浓溪钓鱼。

（2）tena 表示离时间参考点比较远的事件。tena 本身不区分焦点，可以搭配施事焦点动词使用，也可以和非施事焦点动词一起出现。例如：

tena-tsu-tsʔo　　fuu　　ho　　mi-tsu　　　ho-epiṉi　　ʔo　　evi.
IRR–COS–ASP　灰　　CONJ　REA.AF–ASP　烧–完　　　NOM　树
树烧完就剩下灰了。

tena　　iʔvaho　　tsmoehu　　ʔe　　homuʔeina　　ta　　tonsoha.
IRR　　再　　　　台风　　　NOM　夏天　　　　GEN　今年
今年夏天台风会再来。

（3）nte、nto 是表示违反事实的未实现态助动词。这两个助动词都可以和施事焦点动词搭配，也可以和非施事焦点动词搭配，表示距离参考时间比较近的事件。例如：

mi-tsu　　　toesoso　　ʔo　　nte-ko　　pnaa　　tsi　　zomɨ.
REA.AF–ASP　飞　　　　NOM　IRR–2SG　射　　　REL　　鸟
你本来要打的鸟飞走了。

i-mza　　　peiʔi　　ʔo　　nto-su　　tothuts-neni　　tsi　　joskɨ.
REA.NAF–1PL　煮　　NOM　IRR–2SG　育苗–IF　　　REL　　鱼
我们煮了你原本要用来育苗的鱼。

（四）动词的体系统

邹语有语法上的体范畴。根据语法手段及语法意义上的不同，邹语的"体"可以分为惯常体、状态变化体、短暂体三种。

1. 惯常体

邹语的惯常体表示惯常发生的动作行为或事件，常用的标记是 ɖa 或 ɖea。ɖa、ɖea 二者不区分焦点，既可以和施事焦点动词搭配使用，也可以和非施事焦点动词搭配使用。例如：

te-mu-ɖa　　　aisvɨsvɨtɨ　　　ɓua　　tsou.
IRR–2PL–ASP　不断学习　　　说　　邹语
你们要不断学习说邹语。

ɖa   peeɖ-a   titʰ-a   to   pɖoko   ʔo   ɓeahtsi   to   ɓeijahnɨ.
ASP   能够–PF   用–PF   GEN   竹气枪的子弹   NOM   果子   GEN   一种树名

ɓeijahnɨ的果子能够做竹气枪的子弹。

moso-ɖa   nana   atsni   juso   na   ɖa-si   keɨpi   no   nia   ɓeoku.
REA.AF–ASP   EVID   总是   两个   NOM   ASP–3SG   背袋   GEN   PST   人名

听说贝欧库的背袋总是要两个。

2. 状态变化体

状态变化体表示一个时点上事物的状态相对另一个时点发生了变化。邹语中常用的状态变化体的标记是 -tsu/-tsʔu。从语义上说，-tsu/-tsʔu 两个体标记相当于汉语里的"了"，表示状态已经改变或事件已经发生了。例如：

mi-tsu   ahoi   ɓohŋɨ   ta   oko-taini.
REA.AF–ASP   开始   认人   NOM   小孩–3SG.POSS

他的小孩开始认人了。

mi-tsu   ɓɨvnɨ   ta   ʔume.
REA.AF–ASP   开花   NOM   梅树

梅树开花了。

-tsu 还可以用于未实现态的事件，表示新事件即将发生，相当于汉语"要下雨了！"这类句子中用在句末，表示"未然"但"即将发生"义的"了"。例如：

tosvo-tsu!

停止–ASP

休息了！

3. 短暂体

-nʔa 是邹语的短暂体标记，表示动作的短时，相当于汉语的"一下"。例如：

te-to-nʔa   t<m>oetsɨ   to   kaapana.
IRR–1PL–ASP   <AF>砍   OBL   竹子

我们去砍一下竹子。

te-ko-nʔa   t<m>oepojɨ   to   utsei.
IRR–2SG–ASP   <AF>搬   OBL   芋头

你来搬一下芋头。

（五）系词

台湾的南岛语言，其句子中普遍没有系词。与绝大部分台湾南岛语言不同的是，邹语有一个系词 zou。下面讨论一下这个系词的情况。

1. zou的搭配功能

（1）可以与普通名词搭配。例如：

zou　tsou　na　aʔami.

COP　邹人　NOM　1PL

我们是邹人。

（2）可以与专有名词搭配。例如：

zou　pasuja　na　aʔo.

COP　人名　NOM　1SG

我叫巴苏亚。

（3）可以与疑问代词tsuma"什么"、nenu"哪里"、sia"谁"等搭配。例如：

zou　ma-mameoi　no　sia　si　dʑea-ko　sotsʰip-a?

COP　RED–老人　GEN　谁　NOM　ASP–2SG　照顾–PF

你照顾的是谁家的老人？

（4）zou还可直接与其后的名词搭配形成谓语，进而后加另一个名词或名词短语构成"zou + 名词谓语 + 格位标记 + 名词或名词短语"。这里的格位标记一般都是主格标记，基本不出现属格和旁格。例如，上面例子中的na和si，还有以下例子中的ʔo和ʔe：

zou　hotoadʑuŋva　ʔo　homitsʰia.

COP　钓鱼季　NOM　雨季

雨季是适合钓鱼的。

ʔe　tanʔe　zou　dʑadʑauja.

NOM　PROX.DEM　COP　地名

这里是乐野。

zou没有形态变化，也没有焦点标记。zou必须后加名词或者名词性成分。因而，要后加动词性成分时，需要使该动词名词化。例如：

zou　oko　no　sia　[si　dʑea-ko　sotsʰip-a]?

COP　小孩　GEN　谁　[NOM　ASP–2SG　照顾–PF]

你照顾的是谁家的小孩？

zou　tsuma　[na　i-ko　hioa]?

COP　什么　[NOM　REA.NAF–2SG　做]

你在做什么？

上面例子中的dʑea-ko sotsʰip-a前必须有主格格位标记si，可译为"你照顾的"，i-ko hioa前有主格格位标记na，可译为"你做的"。

zou尽管通常都搭配名词性成分，但在个别例子中可以搭配动词，如：

a zou ʔoahŋɨ to peoŋsi ta tfuja ʔe japsujoŋana.
EMPH COP 属于 OBL 汪家 GEN 地名 NOM 地名

japsujoŋana是属于特富野汪家的。

zou ʔoahŋɨ to mo majahe pejajofɨ ʔe pasuja.
COP 属于 OBL REA.AF 快 跑 NOM 人名

巴苏亚属于跑得很快的人。

2. 系词倒置，话题居前

邹语是动词居前的语言，常见的语序是"zou + 名词谓语 + 格位标记 + 名词或名词短语"，另一种语序是"格位标记 + 名词或名词短语 + zou + 名词谓语"。例如：

ʔo pasuja zou amo to moʔo.
NOM 人名 COP 父亲 GEN 人名

巴苏亚是摩欧的父亲。

ʔo oiʔi-si, zou-tsu ma-emo-emoo.
NOM 下方–3SG COP–COS MA–RED–家

下方已经有住家了。

3. 疑问句中系词zou与名词性疑问词的搭配

邹语疑问词可以分为代名词、代形容词、代副词三类。zou只能与代名词疑问词搭配组成谓语结构，且其中zou可以省略。例如：

(zou) sia na mo ɨmnɨ to pasuja?
COP 谁 NOM REA.AF 喜欢 OBL 人名

（是）谁喜欢巴苏亚？

(zou) ma-si-sia si mo m-imo to emi?
COP MA–RED–谁 NOM REA.AF AF–喝 OBL 酒

（是）哪些人在喝酒？

(zou) tsuma na eni?
COP 什么 NOM PROX.DEM

这是什么？

(zou) tsuma na mo eon ta emoo?
COP 什么 NOM REA.AF 在 OBL 屋子

那屋子里的是什么？

4. zou的否定

系词zou的否定是直接在系词前加oʔa，用以否定两个体词性词语之间存在的联系。例如：

oʔa   zou   tsou   na   aʔami.
NEG   COP   邹人   NOM   1PL
我们不是邹人。

oʔa   zou-sʔa   pasuja   ʔo   oŋko-taini.
NEG   COP-ASP   人名   NOM   名字-3SG.POSS
她的名字不是巴苏亚。

5. zou可单独使用，例如：

zou?
COP
是？

zou.
COP
是。

6. zou表示对比，例如：

zou   jane   maoʔomza   aʔami,   zou   jane   oʔiana   hinʔi.
COP   属于   北方人   1PL   COP   属于   南方人   3PL
我们是北方人，他们是南方人。

zou   emi   eni,   zou   tsʰumu   tonoi.
COP   酒   PROX.DEM   COP   水   DIST.DEM
这是酒，那是水。

oʔa   zou-sʔa   pasuja   ʔo   oŋko-taini.   ʔa   voju
NEG   COP-ASP   人名   NOM   名字-3SG.POSS   EMPH   人名
ʔo   oŋko-taini.
NOM   名字-3SG.POSS
他的名字不是巴苏亚，他的名字是博育。

六　形容词

邹语中的形容词表示人或事物的性质、状态、特征或属性，常用作定语，也可做表语、补语或状语。

（一）形容词的类别

邹语形容词依其语义特征可分为10个小类，具体见表5-3。

表5-3　邹语形容词

语义分类	举例
1. 维度	tatsvohʔi "长"、meoisi "大"、okosi "小"、kuehoi "薄"、vzovzo "瘦高"
2. 物（身）体特质	tsofkoja "干净"、tmatsoŋo "病"、ŋoseo "疲劳"
3. 速度	majahe "快"、pohaʔo "慢"
4. 年龄	faeva "新"、mameoi "老"、noanao "旧"、foinana "年轻"
5. 颜色	fhiŋoja "红"、fieɨia "白"、kuaoʔŋa "黑"
6. 价值	imnɨ "好"、kuzo "坏"
7. 难度	ŋoveo "困难"、sonɨ "简单"
8. 正确	emzo "正确"
9. 特质	kaeɓi "快乐"、maʔtoʔtohiŋɨ "聪明"、noŋonoŋo "愚笨"
10. 相似	totiskɨ "相同"、hmɨskɨ "相似"、hʔunasɨ "不同"

（二）形容词的语法特征

1. 充任谓语或谓语核心

邹语的形容词在谓语结构中以无标形式出现，而在修饰语结构中以有标形式出现，即需要搭配tsi出现。例如：

mo　　　naʔno　natʔe　tso　ɓeiɓtsɨ　ta　pasuja.
REA.AF　非常　臭　NOM　屁　GEN　人名
巴苏亚的屁很臭。

mi-ko　　　aaso　　to　　mo　　tsuveu　tsi　tŋoo.
REA.AF–2SG　碰到　OBL　REA.AF　烫　REL　锅子
你碰到烫的锅了。

2. 充任修饰语

邹语形容词的主要功能是做谓语，次要功能是做修饰语。例如：

os-ʔo　　　　kaeɓ-eni　ho　　mi-ta　　　smoptsuku.
REA.NAF–1SG　高兴–BF　CONJ　REA.AF–3SG　跌倒
他跌倒了我就很开心。

mi-ko　　　　naʔno　joŋhu.
REA.AF–2SG　很　　漂亮
你很漂亮。

pan　to　　mo　　hofʔoja　tsi　tposɨ.
有　OBL　REA.AF　黄色　　REL　书
有本黄色的书。

3. 充任谓语时没有形态变化

邹语是谓语在前的语言。形容词做谓语时，无须额外的形态标记。例如：

mo　　　meoisi　ʔe　　feoŋo.
REA.AF　大　　　NOM　洞
这个洞穴很大。

4. 充任修饰语时需要加标记tsi

邹语的形容词作为名词修饰语的时候，形容词后需加修饰语标记tsi并前置于名词。此修饰语标记不能被省略，省略的话，句子就不合语法。例如：

i-he　　　　ɨmnɨ-a　　si　　mo　　　hoɟhɨ　tsi　oko.
REA.NAF–3PL　好–PF　NOM　REA.AF　胖　　REL　小孩
他们喜欢那个胖小孩。

5. 形容词可前加使役标记poa-构成使役结构

在邹语的使役结构中，形容词前可加标记poa-表示使役。例如：

te-to　　　ake-a　　poa-meoisi-a　ʔe　　feiʔɨ.
IRR–1PL　一点–PF　CAUS–大–PF　NOM　猪
我们要让猪长大一点。

ɖea-ta　　paʔtsohiv-i　ho　　poa-mealɨ　　ʔo　　ʔoʔ-oko
ASP–3SG　教导–PL　　CONJ　CAUS–大方　NOM　RED–小孩
他应该教导小孩子们慷慨大方（一些）。

6. 在焦点结构方面，邹语形容词有着和动词类似的语法表现

焦点词缀是台湾南岛语言动词的显著形态特征之一。例如：

mi-ta　　　　m-osi　ta　　tsaʔhɨ　ta　　tsʰumu　ʔe　　voju.
REA.AF–3SG　AF–放　OBL　椅子　　OBL　水　　　NOM　人名
博育在椅子上放水。

i-si　　　　　si-a　　to　　tsaʔhɨ　to　　voju　ʔo　　tsʰumu.
REA.NAF–3SG　放–PF　OBL　椅子　　GEN　人名　NOM　水

博育把水放在椅子上。

i-si	si-eni	to	tsʰumu	to	voju	ʔo	oko.
REA.NAF–3SG	放–BF	OBL	水	GEN	人名	NOM	小孩

博育为小孩放水。

邹语的形容词和动词一样都要附加焦点词缀。例如：

mi-ko	naʔno	m-aʔkuvʔo.
REA.AF–2SG	很	AF–担心

你很担心。

mi-ko	taʔkuvʔ-a	hinʔi.
REA.AF–2SG	担心–PF	3PL

你担心他们。

mi-ko	taʔkuvʔ-eni	hinʔi.
REA.AF–2SG	担心–BF	3PL

你为他们担心。

七　副词

副词是用来修饰行为动作或性质状态的词，一般只能做状语。

（一）程度副词

邹语的程度副词表示程度高低，主要功能是修饰谓语，出现在谓语的前面。例如：

mi-ta	asuhtsu	siʔno	ʔe	pasuja.
REA.AF–3SG	更加	生气	NOM	人名

巴苏亚更加生气了。

mi-ʔo-tsu	aŋu	nojɨnɨ.
REA.AF–1SG–COS	超过	胖

我已经过胖了。

i-he	niaʔte	oʔte	tadʑ-i	ʔo	fifihŋau	ta	oko.
REA.NAF–3PL	几乎	NEG	听–LF	NOM	声音	GEN	小孩

他们几乎听不到小孩的声音。

除了上面的例子中的asuhtsu"更加"、aŋu"超过"、niaʔte"几乎"，邹语中常用的程度副词还有akeʔi"稍微，一点点"、naʔno"非常"、kuitsi"异常"等。

（二）范围副词

邹语的范围副词用以表达所描述的动作行为的范围，主要包括atfiŋi"专门"、

toehuŋa"一起"、nithɨ"一块儿、一并"、atsɨhɨ"全部"、ʔatuhtsu"大部分"、atsɨha"全部"、amako"至少"、afuʔu"凡是"、amso"足够"等。下面举例说明范围副词的用法：

te-mu　　toehuŋ-a　papika-neni　ʔe　　pasuja!
IRR–2PL　一起–PF　拍手–BF　　NOM　人名
你们一起为巴苏亚拍手（吧）！

ʔe　　tsou　　eni,　　moso　　nana　　ɖa　　ʔatuhtsu　　jon　　to　　niahosa
NOM　邹人　PROX.DEM　REA.AF　听说　过去　大部分　　住　OBL　旧部落
ne　　takupujanɨ.
OBL　地名
听说邹人以前大部分都住在叫takupujanɨ的旧部落。

（三）时间、频度副词

1. 时间副词

邹语的时间副词主要用于说明动作行为进行的时间。例如：

mi-ta-nʔa　　　　mihna　motsaefi　ne　　emoo-ʔu.
REA.AF–3SG–ASP　刚才　经过　　OBL　家–1SG.POSS
他刚才经过我的家。

te-to-nʔa　　　　jon　ta　　tfuja　ta　　aujusi　no　hofŋahoʔo　ta　tonsoha
IRR–1PL–ASP　住　OBL　地名　OBL　之前　OBL　春天　　GEN　一年
maitanʔe.
现在
我们今年春天之前还要住在特富野。

te-ko-nʔa　　　　akameosɨ　uh　ne　　tfuja.
IRR–2SG–ASP　立刻　　　去　OBL　地名
你立刻去一下特富野。

除了上述mihna"刚才"、aujusi"在……之前、以前"和akameosɨ"立刻"外，邹语中表示时间的副词还有ho soni"等一下"、ho noanaʔo"很久以后"、aomane"不久"、ataveisi"之后"、atspua"及时"、auju"先"、ahoisi"起初"、asoŋhoi"最先"、osni"马上"、afuu"已经"等。

2. 频度副词

邹语的频度副词主要用于表明动作行为进行的频率或持续性。例如：

mo　　　atsʔɨhɨ　ne　taseona　ho　　mo　　　asŋɨtsɨ　mɨtshɨ.
REA.AF　直到　　早上　　　CONJ　REA.AF　一直　　下雨.AF

雨一直下到今天早上。

ɖa-he　　　asŋitsɨ-a　tsohm-i　to　tsʰumu　ʔo　tsʰa-tsʰae.
ASP–3PL　常常–PF　浇–LF　OBL　水　NOM　RED–菜

他们常常给菜园浇水。

除asŋitsɨ"一直"和asŋitsva"常常"外，邹语中表频率的副词还有ahta"一直"、ʔaoko"一直"、ʔaoka"一直"、tsouno"总是"、aatsni"总"等。

（四）性状副词

邹语的性状副词是用来描述动作行为的性质或状态的一类副词。例如：

i-he　　　apopohaʔv-a　tpos-i　　ʔo　　tposɨ-ʔu.
REA.NAF–3PL　慢慢–PF　　读–LF　NOM　书–1SG.POSS

他们在慢慢地读我的书。

mo-tsʔo　　anou　　ne　　emoo　　ʔo　　oko-su.
REA.AF–ASP　单独　OBL　家　　NOM　小孩–2SG.POSS

你的小孩单独在家。

mi-ta　　　ahaʔo　eʔpuju　ʔe　pasuja　ne　mi-ta　　jaahioa.
REA.AF–3SG　突然　倒下　NOM　人名　CONJ　REA.AF–ASP　工作

巴苏亚工作时突然倒下去。

邹语中常用来表达动作行为的性质或状态的副词还有aasoe"偷偷地"、aemiʔautsʔo"忽然"、ausuhtsu"渐渐"、aususuhtsu"越来越"等。

（五）语气副词

邹语的语气副词表达对所述事件的主观态度，包括肯定、推测、疑问、庆幸等。例如：

mo　　huaetsa　hafsɨ　ʔo　　pasuja.
REA.AF　似乎　　醉　　NOM　人名

巴苏亚似乎醉了。

mi-hinʔi　　aɓohtɨ　ɓonɨ　ne　taseona,　koʔko　ʔantsu　mi-hinʔi　　sieo.
REA.AF–3PL　幸好　　吃　　早上　　　CONJ　还没　REA.AF–3PL　饿

他们幸好早上吃了东西，所以不饿。

nenusino　mi-hinʔi　　ɓonɨ　hotsieno　oʔte　mi-hinʔi　　ɓaito　to　teɖevi?
可能　　REA.AF–3PL　吃　　CONJ　　NEG　REA.AF–3PL　看　OBL　电视

他们在吃东西还是在看电视？

除huaetsa"似乎"、aɓohtɨ"幸好"和nenusino"可能"外，邹语中的语气副词还有maitsa"好像"、ananaʔo"本来"、aʔ"确实"、asona"可能"、asonɨ"可能"、peeɖa"可以"等。

（六）否定副词

在邹语中，表否定的副词较多，常见的有 oʔa"不"、oʔtena"不再"、oʔamotsu"还没有"、oʔana"不再"、maʔimio"没有"、oʔha"不"等。例如：

mo　　　oʔtena　　m-eeɖɨ　　juovei　　ʔo　　moso　　ozomɨ.
REA.AF　NEG　　　AF–能够　　回来　　　NOM　REA.AF　出草

去出草的人不再回来了。

oʔa　　mo　　　amso　　maski　　ʔe　　i-he　　　　pei ʔi.
NEG　REA.AF　足够　　　咸　　　NOM　REA.NAF–3PL　煮

他们煮得不够咸。

maʔimio　tojovtsu　ʔo　　ʔoʔ-oko.
NEG　　　下山　　　NOM　RED–小孩

小孩子们没有下山。

八　连词

邹语中常见的连词有 ho"和/跟/同/与"、tsi"因为"、koʔko"所以"、atʔiŋhi"但是"。下面简要介绍一下邹语常见连词的语法功能。

（一）ho"和/跟/同/与"

ho 是邹语中最常见的连词，相当于汉语的"和/跟/同/与"。

1. ho 连接名词或名词性短语。例如：

naŋhia　ʔe　　moʔo　　ho　　voju.
朋友　　NOM　人名　　CONJ　人名

摩欧和博育是朋友。

mi-hinʔi-tsʔo　　　　natʔohaesa　ʔe　　moʔo　ho　　pasuja.
REA.AF–3PL–ASP　　兄弟　　　　NOM　人名　CONJ　人名

摩欧和巴苏亚是兄弟。

2. ho 连接动词或动词性短语。例如：

mo　　　　naʔno　nojinɨ　ho　　tsɨetsɨ　ʔe　　pasuja.
REA.AF　　很　　 胖　　　CONJ　矮　　　NOM　人名

巴苏亚很胖而且很矮。

naʔno　ɨmnɨ　ho　　i-si　　　　　 titʰ-a　　momo　ho　　titʰ-a　　m-eija　fʔue
很　　 好　　 CONJ　REA.NAF–3SG　用–PF　除草　　CONJ　用–PF　　AF–挖　地瓜

ʔo   tuʔu.
NOM   小锄头

小锄头拿来除草和挖地瓜很好用。

3. ho可连接多个名词，一般加在最后一个名词的前面。例如：

atsɨhɨ   na   tsʰae,   fʔue   ho   heesi.
全部   NOM   菜   地瓜   CONJ   苹果

全部是菜、地瓜和苹果。

4. ho连接多个动词。例如：

te-ʔo-tsu   teots-a   ho   toskuf-neni   to   pupuzu   ho   poa-oemiʔmi-a.
IRR-1SG-COS   砍-PF   CONJ   放上面-BF   OBL   火炉   CONJ   CAUS-干燥-PF

我要砍下（树枝）并放在火炉上烤干。

5. ho连接小句。例如：

ɖa-ʔu   atʔots-a   haf-a   ʔo   avʔu   ho   uh   ne   fueŋu.
ASP-1SG   习惯-PF   带-PF   NOM   狗   CONJ   去   OBL   山

我习惯带着狗去山上。

auju   jomuju   ho   te-ʔo-tsu   jɨtsʔi.
先   洗脸   CONJ   IRR-1SG-COS   起床

起床后我先洗脸。

mi-hinʔi   uh   ne   fueŋu   ho   ɓuʔiʔio   no   nte-ʔo   si-i   no
REA.AF-3PL   去   OBL   山   CONJ   观察   OBL   IRR-1SG   放-LF   OBL
smohfihtsi.
陷阱

他们到山上察看我打算放陷阱的地方。

mi-hinʔi   ɓoepapakʔi   ho   mi-hinʔi   m-ʔea   peisu.
REA.AF-3PL   暴力   CONJ   REA.AF-3PL   AF-要   钱

他们暴力勒索钱财。

6. ho还可用于表示"或"，连接两个或两个以上的选项。例如：

mo   naʔno   ɨmnɨ   hotsi   ɓonɨ   to   ma-fo-fou   ho   to
REA.AF   很   好   假如   吃   OBL   MA-RED-肉   CONJ   OBL
ma-jo-jaskɨ.
MA-RED-鱼

吃肉或吃鱼都很好。

（二）tsi "因为"

tsi 主要引导表原因但不出现在句首的分句。例如：

te-ʔo	poa-mʔeezuhu	tso	tʔaŋo-ʔu	tsi	mi-tsu	jatuŋa.
IRR-1SG	CAUS-换	NOM	脚-1SG.POSS	CONJ	REA.AF-ASP	麻

我要换（一只）脚，因为脚麻了。

mo-tsʔo	o-kameosɨ	ʔo	pasuja	tsi	i-mza-ʔso	eohoʔ-a.
REA.AF-ASP	吃-立刻	NOM	人名	CONJ	REA.NAF-1PL-ASP	请-PF

巴苏亚很快吃完就走了，因为我们请他过来了。

（三）koʔko "所以"

koʔko 引导表结果但不能出现在句首的分句。例如：

mo	oʔte	amso	ʔe	tsaʔhɨ,	koʔko	te-to	jatsʔɨ.
REA.AF	NEG	足够	NOM	椅子	CONJ	IRR-1PL	站

椅子不够，所以我们都要站着。

（四）atʔiŋhi "但是"

atʔiŋhi 用于连接两个表示意思对立或相反的分句，所引导的分句不能出现在句首。例如：

te-to-ɖa	m-ojaji	emoo,	atʔiŋhi	te-to	auju	asnoʔzonɨ	eja	peisu.
IRR-1PL-ASP	AF-制造	家	CONJ	IRR-1PL	先	努力	找	钱

我们要盖房子，但是我们得先努力存钱。

九　格助词

邹语的格助词包括主格助词、属格助词和旁格助词等。主格助词用于标示与动词焦点标记呼应的论元，属格助词和旁格助词不标记焦点论元。具体情况见表5-4。

表5-4　邹语格位助词

可见度	远近／感知	格位助词		
^	^	属格助词	旁格助词	主格助词
可见	近	ta	ta	ʔe
^	中	^	^	si
^	远	^	^	ta

续表

可见度	远近／感知	格位助词		
			属格助词	旁格助词	主格助词
不可见	但经历过	to	to	ʔo
	且未经历过	no	no	na
	但可感知	ntsa	ntsa	tso
	处所	—	ne	—

以下仅就几个常用的格位助词进行分析描写。

（一）ʔe

ʔe 是主格助词，表示主语离说话者比较近，而且是可见的。例如：

mi-ta　　　tuʔupu　muu　ho　tsotsvo　ʔe　tanivu.
REA.AF-3SG　对着　2PL　CONJ　笑　NOM　人名
达妮舞对着你们笑。

zou　oŋko　no　mamespiɲi　ʔe　tanivu.
COP　名字　GEN　女人　　　NOM　人名
达妮舞是女人的名字。

i-mza　　　ɨh-a　to　janosuju　ʔe　voʝɨ.
REA.NAF-1PL　射-PF　OBL　弓箭　　NOM　飞鼠
我们用弓箭射中了飞鼠。

maintsi-sʔa　vavoeve　　　　ʔe　tanivu?
为什么-ASP　看起来要死不活　NOM　人名
达妮舞为什么看起来半死不活的？

mo　teosansano-he　ʔe　vhona　ta　mtsoo-taini.
REA.AF　看清楚-COMP　NOM　右　GEN　眼睛-3SG.POSS
他的右眼看得比较清楚。

（二）si 和 ta

二者都是主格助词，指涉的人、事、物的距离比较远。si 表示说话时仍可见，ta 表示说话时不可见。例如：

mo　　　naʔno　jamʔumʔa　si　maɓija　ta　tanivu.
REA.AF　很　　长毛　　　　NOM　小腿　GEN　人名
达妮舞的小腿长了很多毛。

mo　　　　naʔno　otsmɨjɨ　si　　　japtɨ.
REA.AF　非常　　厚　　　NOM　树皮
那树皮非常厚。

mo　　　　tmaieʔohɨ　ta　　fatu.
REA.AF　滚下来　　　NOM　石头
石头滚下来了。

（三）ʔo

ʔo是主格标记，表示在说话时不可见到的，但说话者曾经见过的人、事、物。例如：

mo　　　　ɓotŋonɨ　ʔo　　jasakiei　ne　　oiʔana.
REA.AF　很多　　NOM　洋家　　OBL　南三村
南三村很多人姓洋。

mo　　　　tsonoemoo　ʔo　　pasuja　ho　　tanivu.
REA.AF　一家人　　　NOM　人名　　CONJ　人名
巴苏亚和达妮舞是一家人。

te-mu-nʔa　　　iepoepoh-a　hmo-i　ʔo　　jasʔi.
IRR-2PL-ASP　一起-PF　　烧-LF　NOM　稻草
你们一起烧一下稻草。

ɖa　　naʔno　kaeɓɨ　smaasaso　ʔo　　oko-ʔu.
ASP　非常　　喜欢　　溜滑梯　　NOM　小孩-1SG.POSS
我的小孩非常喜欢溜滑梯。

mo　　　　maʔhiʔusnu　ta　　tapaŋi　ʔo　　jasakiei.
REA.AF　属于　　　　　OBL　地名　　NOM　洋家
洋家属于达邦社。

（四）na

na是主格标记，表示说话时不可见，也没有见过或经历过的人、事、物，或者是没有特定对象的主语。例如：

ɖa　　naʔno　kaeɓɨ　toheae　to　　mamaepuhu　na　　ʔua.
ASP　非常　　喜欢　　晒太阳　OBL　草原　　　　NOM　水鹿
水鹿非常喜欢在草原上晒太阳。

zou　　sia　　na　　vtsoŋi-mu?
COP　谁　　NOM　配偶-2PL.POSS
你们的另一半是谁？

（五）tso

tso是主格标记，表示句中主语说话时不可见，但可以感知到。身体部位对于说话者不一定是不可见的，但身体部位一般由tso来引导。例如：

mo　　　naʔno　mahtiitsɨ　tso　　ʔtohiɲi-mu.
REA.AF　非常　　固执　　　NOM　性情-2PL.POSS
你们的性情非常固执。

mo　　　tsoŋo　tso　　ma-pʔu-pʔuŋu-taini.
REA.AF　痛　　NOM　MA-RED-关节-3SG.POSS
他的关节都在痛。

te-nʔa　　mateoemohɨ　tso　　peotpuʔa-mu.
IRR-ASP　射五次　　　NOM　子弹-2PL.POSS
你们的子弹还要射五次。

mo　　　mʔetsʔihɨ　to　　ɖiŋki　tso　　tʔaŋo-mu.
REA.AF　踩到　　　OBL　泥巴　NOM　脚-2PL.POSS
你们的脚踩到泥巴了。

（六）to

to表示动词所引介的论元不可见，但说话者曾经见过。to有两种用法，一种是旁格标记，功能是引介次要论元；另一种是属格标记，功能是引出领属者、施事者或经验者。例如：

mi-ta　　　　meteoŋaso　to　　vtsoɲi　ho　　meezuhu.
REA.AF-3SG　放弃　　　OBL　配偶　　CONJ　娶别人
他放弃了配偶另娶他人。

mo　　　mʔefʔoji　to　　pania　ʔo　　mo　　　mojomo.
REA.AF　踩破　　　OBL　瓶子　NOM　REA.AF　酒醉
醉酒的人踩破了瓶子。

mo　　　meijafo　to　　skuʔu-si　　　ʔe　　zomɨ.
REA.AF　飞出　　OBL　窝-3SG.POSS　NOM　鸟
这只鸟飞出它的窝了。

mi-hinʔi　　　mʔeɖoɲi　to　　tʔaŋo-mza.
REA.AF-3PL　踩伤　　　OBL　脚-1PL.POSS
他们把我们的脚踩伤了。

ʔa   nia   dʐa   vtsoŋi   to   pasuja   na   taini.
EMPH PST   ASP   配偶   GEN   人名   NOM   3SG

她的确是巴苏亚的前妻。

i-he   pajoʔ-a   ʔo   oko   to   pasuja.
REA.NAF-1PL 遗失-PF   NOM   小孩   GEN   人名

他们把巴苏亚的小孩弄丢了。

i-si   aekiek-a   to   memeno   ʔo   poojojo-mza.
REA.NAF-3SG 弄破-PF   GEN   铁   NOM   裤子-1PL.POSS

铁把我们的裤子弄破了。

（七）ntsa

ntsa表示说话者说话时所指涉的人、事、物不可见但可感知到。ntsa有两种功能，一种是旁格标记，另一种是属格标记。上述的所有属格标记都可以标示非施事焦点句的施事和一般句子的领属者，只有ntsa是个例外：它不能标示领属者。例如：

ʔa   puktu   tso   mo   moftiʔi   ntsa   sofɨ.
EMPH   松鼠   NOM   REA.AF   跳   OBL   屋顶

是松鼠在屋顶上跳。

i-si   emooskop-a   ntsa   puktu   tso   sofɨ.
REA.NAF-3SG   屋上走-PF   GEN   松鼠   NOM   屋顶

松鼠在屋顶上走。

tsuma   tso   i-si   ʔaok-a   poʔeiŋn-a   ntsa   avʔu?
什么   NOM   REA.NAF-3SG   一直-PF   吠-PF   GEN   狗

狗一直在吠什么？

（八）ne

ne是旁格标记，表示说话时不可见的处所。例如：

mi-ta   mifeojɨ   to   tseoa   ne   kuɓa   ʔe   pasuja.
REA.AF-3SG   横躺   OBL   地上   OBL   男子聚会所   NOM   人名

巴苏亚横躺在男子聚会的场地上。

mio-nʔa   asŋɨtsɨ   fozu   ʔo   tsʰumu   ne   tsʔoeha.
REA.AF-ASP   一直   深   NOM   水   OBL   河

河水还一直很深。

mo-nʔa   mivahi   ne   pŋuu   ʔo   oko-mu.
REA.AF-ASP   再住一晚   OBL   地名   NOM   小孩-2PL.POSS

你们的小孩要在来吉再住一晚。

十　语气词

邹语是语气词不发达的语言。在邹语中，由汉语"呢""吗""呀"等助词表达的类似语气往往是通过语境和语调体现出来的。例如：

manitsi-sʔa　　eoɓak-a　si　　oko-mu?
为什么-ASP　　打-PF　　NOM　小孩-2PL.POSS
你们为什么打小孩子呢？

mi-ko　　　　　ʔimʔimni　maitanʔe?
REA.AF-2SG　　好　　　　现在
你现在好吗？

mi-ko　　　　　tsmiho　ne homna?
REA.AF-2SG　　来　　　什么时候
你是什么时候回来的呢？

第二节

短语

本节介绍邹语的短语,主要内容包括短语的结构类型和功能类别。

一 结构类型

两个或两个以上意义上有联系的实词按一定的规则组合在一起,构成比词大、比句子小的句法单位,这样的单位就是短语。每种短语都表示一定的语法关系。短语层级上常见的语法结构关系有四种:并列关系、偏正关系、动宾关系、主谓关系。根据这四种不同的语法关系,可以把邹语中常见的短语归纳成五类:并列结构、偏正结构、动宾结构、主谓结构、连动结构。

(一)并列结构

在并列关系短语内,两个或两个以上直接构成成分之间的关系是平等的。邹语中最常见的并列连接词 ho 就是用来连接两个或两个以上成分的。

1. 两个成分连接,中间用 ho。例如:

| hahotsnɨ | ho | mamespiɲi | 男人和女人 |
| 男人 | CONJ | 女人 | |

| pasuja | ho | moʔo | 巴苏亚和摩欧 |
| 人名 | CONJ | 人名 | |

| pkaako | ho | uh | 逃跑出去 |
| 逃跑 | CONJ | 去 | |

2. 多个成分连接

多个成分连接包括两种情况。第一种情况是:当连接多个动词时,连接词需要出现在每个动词之间。第二种情况是：当连接多个名词时，连接词只需要出现在最后一组名词之间。例如：

ɖa-ta	atstsni	m-ooeai	emi	ho	hafa	uh	to	emoo	to	maameoi.
ASP–3SG	总是	AF–酿	酒	CONJ	带	去	OBL	家	GEN	老人们

他酿好酒后总是带着去老人们的家中。

atsɨhɨ	na	fuzu,	ʔua	ho	ʔuatsʰumu.
全部	主格	山猪	水鹿	CONJ	水牛

全部是山猪、水鹿和水牛。

（二）偏正结构

偏正结构一般由两个部分组成，前偏后正，即前一部分修饰限制后一部分。偏正短语主要有两种结构形式：定语 + 中心语、状语 + 中心语。

1. 定语 + 中心语

即某一部分修饰限制另一部分，另一部分中心语常常是名词性词语（含代词）。例如：

fuzu	sitso		那头山猪
山猪	DIST.DEM		

hofʔoja	tsi	tposɨ	黄色的书
黄色	REL	书	

emoo	no	ʔitsaŋaja	头目的家
家	GEN	头目	

2. 状语 + 中心语

即前一部分修饰限制后一部分，后一部分中心语常常是动词性词语、形容词性词语等。例如：

apopohaʔv-a	tpos-i	慢慢地读
慢慢–PF	读–LF	

aasoe	m-imo	偷偷地喝
偷偷	AF–喝	

（三）动宾结构

动宾结构短语是由有支配、涉及关系的两个成分组成的。后面的成分是被动作支配的部分，是宾语；前面的成分是起支配作用的部分，表示动作行为等，是动词。例如：

tpos-i	ʔo	tposɨ	读书
读–LF	NOM	书	

juʔupu　　　　pasunaeno　　　　参与唱歌
参与　　　　　唱歌

m-imo　　　　to　　　　　　emi　　　　喝酒
AF–喝　　　　OBL　　　　　酒

动宾短语也可以独立成句。例如：

ɖea-ko　　　kaeɓɨ　　ɓonɨ　　to　　naveu.
ASP–2SG　　喜欢　　吃　　　OBL　　米饭
你喜欢吃米饭。

mi-hinʔi　　　m-itsi　　　ɓaito　　to　　baʔi.
REA.AF–3PL　AF–想要　　看　　　OBL　　奶奶
他们想要看奶奶。

（四）主谓结构

　　主谓结构一般由两个部分组成。后一部分是主语部分，可以由名词性词语或代词等充当；前一部分是谓语部分，多由形容词性词语、动词性词语充当。例如：

m-oŋsi　　　　ʔo　　　　　oko
AF–哭　　　　NOM　　　　小孩
小孩哭

mi-hinʔi　　　　smoptsuku
REA.AF–3PL　　跌倒
他们跌倒

主谓短语加上适当的语调可以独立成句。例如：

mo　　autsunu　tsohtsoŋo　tso　feaŋo-su.
REA.AF　全身　　疼痛　　　NOM　身体–2SG.POSS
你全身酸痛。

mo　　　okosi　　　ʔo　　　feoŋ.
REA.AF　小　　　　NOM　　洞
洞很小。

（五）连动结构

　　连动结构指同一个主体所做的两个或两个以上的行为动作。根据行为动作之间的关系，邹语中的连动结构至少可以分为两类，即顺承关系、修饰关系。

1. 顺承关系

te-ko-nʔa　　　uh　ne　　tsʔoeha　ho　　toaɖunu.
IRR–2SG–ASP　去　OBL　河　　　CONJ　钓鱼

你去河里钓一下鱼。

moh-ta uh to ʔojona-taini ho hoseojɨ ne hutsma.
REA.AF-3SG 去 OBL 场地-3SG.POSS CONJ 打猎 昨天
他昨天去他的猎场打猎。

2. 修饰关系

te-to tsoetsonɨ ho te uh ne tfuja!
IRR-1PL 走路 CONJ IRR 去 OBL 地名
我们走路去特富野！

te-to aɨsvit-a eŋh-a ʔo eʔe no tsou.
IRR-1PL 尝试-PF 说-PF NOM 语 GEN 邹
我们试着说邹语。

mi-ʔo-tsu ahoi ɓonɨ to sʔosʔo.
REA.AF-1SG-ASP 开始 吃 OBL 药
我已经开始吃药了。

二 功能类别

短语可以充当句子成分，也可以单独构成一个句子。根据短语在句子中充当的成分，主要可划分为两大功能类别：体词性短语和谓词性短语。

（一）体词性短语

体词性短语的核心成分是体词性词语，包括名词、代词等。体词性短语在句中主要充当主语、宾语、定语等。例如：

mo esmi ʔe baʔi ta pasuja.
REA.AF 出现 NOM 奶奶 GEN 人名
巴苏亚的奶奶来了。

zou tseona no ʔitsaŋaja ʔe ʔujoŋana ne noanaʔo.
COP 系统 GEN 头目 NOM 吴家 以前
吴家以前是达邦头目系统的。

i-he poa-maseivhu ʔo tomohva to tseoju-he.
REA.NAF-3PL CAUS-改变方向 NOM 标记 GEN 虎头蜂-3PL.POSS
他们在虎头蜂标记处改变了方向。

例子中的偏正结构baʔi ta pasuja充当主语成分，tseona no ʔitsaŋaja充当宾语成分，tseoju-he充当定语成分。除了偏正结构，在功能上主要属于体词性短语的还有并列结构。

例如：

hotsi-tsʔu afuu eupaɓihɨmnɨ na pasuja ho tanivu, te-tsʔu
CONJ-ASP 已经 相爱 NOM 人名 CONJ 人名 IRR-ASP
m-eedɨ mateopoepohɨ.
AF-能够 同盖棉被

如果巴苏亚和达妮舞已经相爱，他们就能够同盖一条棉被。

（二）谓词性短语

谓词性短语的核心成分是谓词性词语，包括动词性或形容词性词语。谓词性短语在句中的主要功能是充当谓语或状语。例如：

dₐ-he koeʔi-a ʔo akʔi.
ASP-3PL 尊敬-PF NOM 爷爷

他们很尊敬爷爷。

mo totueha ne moh-ta t\<m\>opsɨ.
REA.AF 三年 CONJ REA.AF-3SG \<AF\>读书

他花了三年去读书。

例子中的动宾结构 koeʔi-a ʔo akʔi 充当谓语成分，totueha 充当状语成分。除了动宾结构外，可充当谓词的短语还有并列结构、偏正结构等。例如：

mo naʔno smuu ho diŋki. ʔo tseonɨ
REA.AF 非常 潮湿 CONJ 泥泞 NOM 路

路非常潮湿、泥泞。

os-ʔo apopohaʔv-a im-a ʔo emi.
REA.NAF-1SG 慢慢-PF 喝-PF NOM 酒

我在慢慢地喝酒。

第三节

句子

一 句子成分

邹语的句子成分有主语、谓语、宾语、定语、状语和补语六种。其中，主语和谓语称作句子的主要成分，宾语、定语、状语、补语称作次要成分。

（一）句子的主要成分

1. 主语

主语是句子的陈述对象，回答"谁""什么"等问题。邹语句子的主语需要发生格的变化。可以在句子中做主语的有名词、代词、数词、形容词、动名词、形动词等。例如：

i-he   apopohaʔv-a tpos-i ʔo tposɨ-su.
REA.NAF–3PL 慢慢–PF 读–LF NOM 书–2SG.POSS
你的书他们在慢慢地读。

mo   naʔno totʔe ta tanivu.
REA.AF 非常 爱放屁 NOM 人名
达妮舞很爱放屁。

mo   oʔte m-eedɨ maineʔe ʔo moso eʔohɨ.
REA.AF NEG AF–能够 回家   NOM REA.AF 打猎
打猎的人不能回家。

2. 谓语

谓语对主语加以陈述，表示主语发出的动作，或用来说明主语的状态、性质和特征等。可以做谓语的有名词、代词、形容词、数词、动词等。例如：

mi-ta　　　　asuhtsu　　masiʔno　ʔe　　tanivu.
REA.AF-3SG　更加　　　容易生气　NOM　人名
达妮舞更容易生气了。

ɖa-mza　　　naʔn-a　　koeʔi-a　ʔo　　kiŋatu.
ASP-1PL　　非常-PF　尊敬-PF　NOM　头目
我们非常尊敬头目。

mi-hinʔi　　　ananaʔo　tvaezoja　tsi　　tsou　　na　　hinʔi.
REA.AF-3PL　本来　　　勤劳　　　REL　人　　　NOM　3PL
他们本来就是勤劳的人。

（二）句子的次要成分

1. 宾语

谓语动词所支配的对象就是宾语。例如：

i-si　　　　　aekiek-a　to　　memeno　ʔo　　jisɨ-he.
REA.NAF-3SG　弄破-PF　GEN　铁　　　　NOM　衣服-3PL.POSS
铁把他们的衣服弄破了。

i-he　　　　　hoŋ-a　　ʔo　　lemaʔtsohio-mza.
REA.NAF-3PL　认得-PF　NOM　老师-1PL.POSS
他们认得我们的老师。

i-ta　　　　　im-a　　ta　　amo-ʔu　　　si　　emi.
REA.NAF-3SG　喝-PF　GEN　父亲-1SG.POSS　NOM　酒
我的父亲把酒喝了。

i-si　　　　　o-asoe-a　　to　　ŋiau　ʔo　　joskɨ-he.
REA.NAF-3SG　吃-偷偷-PF　GEN　猫　　NOM　鱼-3PL.POSS
猫偷偷把他们的鱼吃了。

2. 定语

定语是修饰、限定、说明名词或代词的性质与特征的成分。例如：

mo　　　　tmaieʔohɨ　　ta　　mo　　　meoino　fatu.
REA.AF　滚下去　　　　NOM　REA.AF　大　　　石头
大石头滚下去了。

tena-ʔu　　hoŋ-a　　ʔo　　te　　mia　　tsi　　tseonɨ.
IRR-1SG　认得-PF　NOM　IRR　经过　REL　道路
我能认得要经过的路。

te-ko-nʔa   sʔeftuŋ-a   si   i-ta   seoʔis-neni   tsi   teesi.
IRR–2SG–ASP 锯断–PF   NOM REA.NAF–3SG 绑–IF   REL   绳子

请你把他绑的绳子锯断。

3. 状语

状语是从时间、地点、方式、对象、数量、条件、工具、程度等方面修饰限制动词性谓语和形容词谓语的成分。例如：

ɖea-hinʔi   asŋitsɨ   aasoe   m-imo   to   emi.
ASP–3PL   常常   偷偷地 AF–喝 OBL 酒

他们常常偷偷喝酒。

mi-tsu   aieiʔi   ta   paŋka   si   naveu-ʔu.
REA.AF–ASP 到处粘着 OBL 桌子   NOM 饭–1SG.POSS

我的饭已经粘在桌子上了。

mi-ta   amako   otpɨskɨ   to   naveu   ʔe   oko.
REA.AF–3SG 至少   吃一点   OBL 米饭   NOM 小孩

小孩至少要吃一点米饭。

mi-mu   mainenu   maitanʔe   tsi   naʔno   siʔno?
REA.AG–2PL 怎么   今天   CONJ 非常   生气

你们今天怎么看起来非常生气呢？

ɖa   nana   atfiŋi   mo-asoe   no   oko   na   meefutsu.
ASP EVID 专门   拿–偷偷   OBL 小孩 NOM 小矮人

听说小矮人专门偷偷带走小孩。

4. 补语

补语是用来补充说明述语的结果、趋向、程度、状态、目的等方面的成分。例如：

mo   naʔno   atseatso   si   i-mza   seoʔis-neni   tsi   teesi.
REA.AF   非常   低   NOM   REA.NAF–1PL 绑–IF   REL   绳子

我们绑的绳子位置非常低。

oʔa   mo   amso   mafe   ʔo   i-he   peiʔi.
NEG   REA.AF 足够   好吃   NOM   REA.NAF–3PL 煮

他们煮得不够好吃。

mi-tsu   eŋha   fafʔohi   si   i-mza   tʔotʔ-i   tsi   ezojɨ.
REA.AF–ASP 相当 宽   NOM   REA.NAF–1PL 开垦–LF REL   地

我们开垦的地相当宽阔。

二 句类

邹语的句子根据内部结构的不同可以分为单句和复句。单句是由词或短语充当的，有特定的语调，能独立表达一定意义的语言单位。根据语气，邹语句子可分为陈述句、疑问句和祈使句三个类别。

1. 陈述句

陈述事实而带有陈述语气、语调的句子叫陈述句。根据语义上的细微区别，陈述句又可分为判断句、叙述句、描写句和存现句。

（1）判断句

判断句是谓语对主语有所判定的句子。例如：

ʔa　　pasuja　ʔo　　oŋko-taini.
EMPH　人名　　NOM　名字-3SG.POSS
他的名字是巴苏亚。

oʔa　　zou-sʔa　　pasuja　ʔo　　oŋko-taini.
NEG　　COP-ASP　 人名　　NOM　名字-3SG.POSS
他的名字不是巴苏亚。

zou　　tsʰa-tsʰae　to　　pasuja　ʔo　　i-he　　　peoʔeoz-i　to　　tsʰae.
COP　　RED–菜　　GEN　人名　　NOM　REA.NAF-3PL　偷–LF　　OBL　菜
他们是从巴苏亚的菜园偷的菜。

（2）叙述句

叙述句是叙说事件、状态有无变化的句子。例如：

mi-hinʔi　　　uh　　ne　　tfuja.
REA.AF-3PL　　去　　OBL　　地名
他们去特富野了。

maʔimio　tojovtsu　ʔo　　oko-ʔu.
NEG　　　下山　　　NOM　小孩-1SG.POSS
我的小孩没有下山。

mo-ʔu　　　　noeʔohɨ　　ta　　tseoʔɨ　　ne　seihɨ.
REA.AF–1SG　坐垮　　　　OBL　石埂　　　前天
我前天坐垮了石埂。

（3）描写句

描写句是描写事物性质、特征或状态的句子。例如：

mi-ta　　　　　asuhtsu　　tsoeke　　ʔe　　pasuja.
REA.AF-3SG　　更加　　　　风流　　　NOM　人名
巴苏亚更加风流。

mo　　　　masɨetsɨ　　ho　　oʔamotsu　　mo　　　　ȵiepiȵi　　ʔo　　ɓinivhi.
REA.AF　　酸　　　　　CONJ　还没有　　　REA.AF　　长成熟　　NOM　李子
李子还没有完全熟时很酸。

mo-tsʔo　　　　anou　　ne　　emoo　　ʔo　　oko-su.
REA.AF-ASP　　单独　　OBL　家　　　　NOM　小孩-2SG.POSS
只有你的小孩独自在家。

（4）存现句

存现句是表示在特定处所或时间下存在、出现或消失的人或物的句子。例如：

mo　　　　jaa　　skuʔu　　no　　zomɨ　　si　　evi.
REA.AF　　有　　巢　　　　GEN　鸟　　　NOM　树
那棵树有鸟巢。

i-si　　　　　　jon-i　　　ta　　　ȵiau　　si　　　hopo.
REA.NAF-3SG　在-LF　　GEN　猫　　NOM　床
猫在床上。

ukʔa　　tsi　　mo　　　　meoino　　vioin　　ta　　psoseoŋana.
NEG　　REL　REA.AF　　大　　　　医院　　OBL　阿里山
阿里山没有大医院。

oʔa　　mo　　　　jon　　ta　　　fʐufʐu　　ta　　　hopo　　ʔo　　　avʔu.
NEG　　REA.AF　　在　　OBL　　底部　　　OBL　　床　　　NOM　　狗
狗不在床底下。

2. 疑问句

具有疑问句调、表示疑问的句子叫疑问句。根据其表达形式，邹语疑问句可分为是非疑问句、特殊疑问句和选择疑问句三类。

（1）是非疑问句

是非疑问句判断是非，其答语一般为"是"或"否"，简称是非问句。是非疑问句又称一般疑问句。例如：

mi-mu　　　　　ʔɨmʔɨmnɨ　　maitanʔe?
REA.AF-2PL　　好　　　　　今天
你们今天好吗？

ɖea-hinʔi emafe to foumoatiʔni?
ASP–3PL 喜欢吃 OBL 山羊肉

他们喜欢吃山羊肉吗？

zou akʔi-he ʔo pasuja?
COP 爷爷–3PL.POSS NOM 人名

巴苏亚是他们的爷爷吗？

（2）特殊疑问句

特殊疑问句是由特殊疑问词充任疑问点的句子，用于提问人、事物、时间、地点、状貌等。

① 提问人

提问人时，一般用特殊疑问词 sia，其位置比较自由，既可出现在句首，也可出现在句中。例如：

sia na mo m-aavo to pʰiŋi?
谁 NOM REA.AF AF–开 OBL 门

谁开的门呢？

mi-mu o-ʔupu no sia ne taseona?
REA.AF–2PL 吃–一起 OBL 谁 今天早上

你们今天早上跟谁一起吃饭呢？

zou ŋiau no sia si ɖea-hinʔi aɨtʔɨts-a?
COP 猫 GEN 谁 NOM ASP–3PL 照顾–PF

他们照顾的是谁的猫？

② 提问事物

在邹语中，特殊疑问词 tsuma 一般用来提问事物，意为"什么"。例如：

tsuma na te-to titʰ-eni ta memeno?
什么 NOM IRR–1PL 用–BF OBL 铁

我们要用铁做什么？

mi-mu-nʔa m-itsi m-imo no tsuma?
REA.AF–2PL–ASP AF–想 AF–喝 OBL 什么

你们还想喝点什么？

te-to ɓoemi no tsuma ho m-apaso to foufuzu?
IRR–1PL 使用 OBL 什么 CONJ AF–切 OBL 山猪肉

我们要用什么切山猪肉呢？

③ 提问原因

邹语提问原因的方式有两种。第一种方式是将特殊疑问词mantsi置于句首，后接助动词引导句子。例如：

manitsi　mi-mu　　　ʔaoko　m-imo　ta　emi?
为什么　REA.AF–2PL　一直　AF–喝　OBL　酒
你们为什么一直喝酒呢？

manitsi　mi-mu　　　oʔte　esmi　ta　mihna?
为什么　REA.AF–2PL　NEG　出现　OBL　最近
你们最近为什么没出现呢？

第二种方式是用疑问词tsuma搭配名词koa"理由、原因"，用以提问原因。例如：

tsuma　na　　koa-su　　　　tsotsvo?
什么　NOM　理由–2SG.POSS　笑
你为什么笑呢？

tsuma　na　os-ko　　　　　　koa　tutv-a　aʔo?
什么　NOM　REA.NAF–2SG.POSS　理由　打–PF　1SG
你为什么打我呢？

tsuma　na　　koa-su　　　　oʔte　ɓonɨ　to　naveu?
什么　NOM　理由–2SG.POSS　NEG　吃　OBL　米饭
你为什么不吃饭呢？

④ 提问地点

邹语中用来提问地点的方式也有两种。其一是疑问词nenu"哪里"出现在位移动词、方位动词、放置或处所动词之后，用以指示位置。例如：

te-mu-nʔa　　uh　nenu?
IRR–2PL–ASP　去　哪里
你们还要去哪里？

mi-hinʔi　　iʔmi　nenu?
REA.AF–3PL　从　哪里
他们来自哪里？

i-mza　　　　si-a　nenu?
REA.NAF–1PL　放–PF　哪里
我们放在哪里了？

te-mu miski nenu?
IRR-2PL 过夜 哪里

你们要在哪里过夜?

另外，邹语中，特殊疑问词uvo内含表趋向的动语素uh-，通常出现在助动词之后，表示"去哪里"。例如：

te-mu uvo?
IRR-2PL 去哪里

你们要去哪里?

moh-ta-tsu uvo?
REA.AF-3SG-ASP 去哪里

他去哪里了?

⑤ 提问如何选择

特殊疑问词nenusi用来询问如何选择，通常出现在句首充当谓语，也可出现在动词之后充当宾语。例如：

nenusi na i-he ɨmnɨ-a?
哪一个 NOM REA.NAF-3PL 好-PF

他们喜欢哪一个?

nenusi na mi-hinʔi joŋhu-he?
哪一个 NOM REA.AF-3PL 漂亮-COMP

他们哪一个长得比较漂亮?

mi-hinʔi ɓonɨ no nenusi?
REA.AF-3PL 吃 OBL 哪一个

他们在吃哪一个?

te-mu moʔeŋho no nenusi?
IRR-2PL 说 OBL 哪一个

你们要说哪一个呢?

⑥ 提问状貌

邹语中询问状态、样貌、结果时，一般用特殊疑问词mainenu，其位置一般在助动词之后。例如：

mo m-ainenu tsi naʔno eŋhova ʔe eŋitsa?
REA.AF AF-怎么样 CONJ 非常 蓝 NOM 天空

天空怎么那么蓝呢?

mo	m-ainenu	ʔo	akʔi-mzaʔ
REA.AF	AF-怎么样	NOM	爷爷-1PL.POSS

我们的爷爷怎么样了？

mo	m-ainenu	si	tsfʔo-suʔ
REA.AF	AF-怎么样	NOM	胃-2SG.POSS

你的胃怎么了？

此外，mainenu可与名物化程度标记hia搭配起来，并与tsovhi"远"、naʔo"久"、ɓankake"高"、meoisi"大"等形容词一起来询问距离、时间、身高和大小等。例如：

mo	m-ainenu	na	hia-si	tsovhi	ne	taipahuʔ
REA.AF	AF-怎么样	NOM	NMLZ-3SG.POSS	远	OBL	地名

到台北多远呢？

mi-tsu	m-ainenu	na	hia-su	no-naʔo	ho	uh
REA.AF-ASP	AF-怎么样	NOM	NMLZ-2SG.POSS	在-久	CONJ	来

tanʔeʔ
PROX.DEM

你来这里多久了呢？

mo	m-ainenu	na	hia	ɓankake	to	amo-si
REA.AF	AF-怎么样	NOM	NMLZ	高	GEN	父亲-3SG.POSS

他的父亲多高呢？

mo	m-ainenu	na	hia	meoisi	to	teova-mu
REA.AF	AF-怎么样	NOM	NMLZ	大	GEN	工棚-2PL.POSS

你们的工棚多大呢？

⑦ 提问方式、方法

特殊疑问词mainenu不仅可以用来提问状貌，还可用于提问方式、方法。当有焦点变化时，mainenu需替换为jainenu。例如：

te-to-tsu-ɖa	m-ainenu	no	ataveisiʔ
IRR-1PL-ASP-ASP	AF-怎么样	OBL	后面

我们以后要怎么样呢？

i-he	jainenu	ʔo	emoo-muʔ
REA.NAF-3PL	怎么样.NAF	NOM	房子-2PL.POSS

他们怎么处理你们的房子呢？

ɖea   jainenu   ho   ɖea   teai   ʔo   juŋkuʔ
ASP   怎么样.NAF   CONJ   ASP   制作   NOM   背篮

背篮是怎样制作的呢？

⑧ 提问时间

在邹语中询问时间有两种表达方式：提问已发生事情的时间用 ne homna，提问未发生的事情用 ho homna。例如：

mi-hinʔi   eʔohɨ   ne homna?
REA.AF–3PL   出发   什么时候

他们什么时候出发的？

te-hinʔi   eʔohɨ   ho homna?
IRR–3PL   出发   什么时候

他们什么时候要出发呢？

⑨ 提问数量

在邹语中用以询问数量的是特殊疑问词 pio，表示"多少、几个"，通常出现在助动词后。例如：

te-hinʔi   poa-pio-a?
IRR–3PL   CAUS–多少–PF

他们要多少呢？

mo   pio   na   mi-hinʔi   tsono   emoo?
REA.AF 多少 NOM   REA.AF–3PL   一   家

他们一家有多少人呢？

mo   pio   na   peisu-to?
REA.AF 多少 NOM   钱–1PL.POSS

我们的钱有多少呢？

当询问天数、年龄、次数时，pio 会并入名词或动词，形成一个复合疑问词。例如：

mi-ta-tsu   mipzohi   ho   mi-ta   uh   tanʔe?
REA.AF–3SG–ASP 多少天   CONJ REA.AF–3SG 到   PROX.DEM

他到这里几天了？

mi-ta-tsu   topzoha?
REA.AF–3SG–ASP   多少年

他几岁了？

moh-ta-tsu　　　　　opzohɨ?
REA.AF-3SG-ASP　去多少次
他去了多少次了？

（3）选择疑问句

在邹语的选择疑问句中，一般要在两个选项之间插入连词hotsieno和否定词oʔte。例如：

nenusino　pasuja　hotsieno　oʔ te　moʔo　na　　oko-si?
可能　　　人名　　CONJ　　NEG　人名　NOM　小孩–3SG.POSS
他的小孩是巴苏亚还是摩欧呢？

zou　tsou　na　　hinʔi　hotsieno　oʔte　sɓukunu?
COP　邹　　NOM　3PL　　CONJ　　NEG　　布农
他们是邹人还是布农人呢？

3. 祈使句

祈使句是表示命令、请求、愿望、劝告的句子，分为肯定祈使句和否定祈使句。

（1）肯定祈使句

te-ko-ʔso　　　ɓoetsumʔu　hinʔi!
IRR–2SG-ASP　靠近　　　　3PL
你靠近它们！

seoʔti-neni　ta　　sɨesɨ　si　　avʔu-ʔu!
拴–IF　　　　OBL　柱子　NOM　狗–1SG.POSS
把我的狗拴在那根柱子上！

（2）否定祈使句

ʔote-ʔso　　　naʔno　ɓoetsumʔu　hinʔi!
NEG.AF-ASP　非常　　靠近　　　　3PL
别太靠近它们！

teavʔa-ʔso　　　toʔs-eni　ta　　oko-ʔu　　　　si　　　madi!
NEG.NAF-ASP　丢–IF　　　OBL　小孩–1SG.POSS　NOM　球
别把球丢给我的小孩！

三　句式

邹语中有一些特点突出的句子结构，我们把这样的句子结构称为句式。邹语中值得注意的句式有：连动句、比较句、话题句、使动句和述补句等。

（一）连动句

邹语的连动句用连词 ho 连接，表示同一主体行为动作的连续性。例如：

mi-hinʔi-tsu　　　uh　ne　　fueŋu　ho　　hoseoji　ne hutsma.
REA.AF–3PL–ASP　去　OBL　山　　CONJ　打猎　　昨天

他们昨天上山打猎去了。

te-hinʔi　　tsoetsoni　　ho　　te　　uh　ne　　fueŋu!
IRR–3PL　　走路　　　　CONJ　IRR　去　OBL　山

他们要走路去山上！

（二）比较句

在邹语的比较句中，各成分的位置比较自由，但比较基准的后面一定要有表"比较、比、较"义的附缀标记 -he。例如：

mo　　　auju-he　　tatsimi　to　　huvʔo　　ʔo　　ɓinivhi.
REA.AF　先–COMP　成熟　　OBL　橘子　　NOM　李子

李子比橘子成熟早。

i-ko　　　　　taʔunan-a　mi-hinʔi　　mameoi-he　suu!
REA.NAF–2SG　以为–PF　　REA.AF–3PL　老–COMP　　2SG

你以为他们年纪比你大呀！

nenusi　　na　　mi-mza　　　tsietsi-he?
哪一个　　NOM　REA.AF–1PL　矮–COMP

我们哪一个比较矮呢？

（三）话题句

邹语的基本语序是动词在前，主语在后。例如：

i-si-tsu　　　　　　im-a　　to　　amo-su　　　　ʔo　　emi.
REA.NAF–3SG–ASP　喝–PF　GEN　父亲–2SG.POSS　NOM　酒

你的父亲已经把酒喝了。

当句子成分被话题化时，应将其放在句首形成话题句。例如：

ʔo　　emi　　i-si-tsu　　　　　　im-a　　to　　amo-su.
NOM　酒　　REA.NAF–3SG–ASP　喝–PF　GEN　父亲–2SG.POSS

酒，你的父亲已经喝了。

ʔo　　amo-su　　　　　i-si-tsu　　　　　　im-a　　ʔo　　emi.
NOM　父亲–2SG.POSS　REA.NAF–3SG–ASP　喝–PF　NOM　酒

你的父亲，已经把酒喝了。

（四）使动句

使动句是表达致使意义的句子。在邹语中，构成使动句的常见方式有以下两种。

1. poa使动句

使动标记poa一般附着在动词词根之前，而前面的助动词通常是非施事焦点形式。poa附着的动词词根可以是施事焦点形式，也可以是非施事焦点形式。例如：

teavʔa   poa-teh-neni   ʔe   tsnɨmɨ-ʔu!
NEG.NAF   CAUS-吊起来-IF   NOM   香蕉-1SG.POSS
别把我的香蕉吊起来！

i-mza   poa-jufeo-neni   ta   oko   ʔe   ʔo-otsʰea-taini.
REA.NAF-1PL CAUS-穿越-IF   OBL   小孩   NOM   RED-茶-3SG.POSS
我们让小孩穿过他的茶园。

i-he   poa-an-a-neni   to   tanivu   ʔo   tsnɨmɨ-ʔu!
REA.NAF-3PL CAUS-吃-PF-LF   OBL   人名   NOM   香蕉-1SG.POSS
他们让达妮舞吃我的香蕉。

2. paʔ-/pʔ-使动句

paʔ-或pʔ-作为前缀附加在主要动词词根上。与poa相比，使动标记paʔ-和pʔ-用得较少。但与poa不同的是，pʔ-可以搭配施事焦点形式的助动词。例如：

te-mza   paʔ-tsohiv-i   ɓua   maaja   ʔo   amo-si.
IRR-1PL   CAUS-知道-LF   说   日语   NOM   父亲-3SG.POSS
我们要教他的父亲说日语。

i-ko   pʔ-an-i   ʔo   oko   to   naŋhia-su.
REA.NAF-2SG CAUS-吃-LF   NOM   小孩   GEN   朋友-2SG.POSS
你喂你朋友的小孩子吃东西。

mi-mza   jupa   pʔ-onɨ   to   ʔoanɨ.
REA.AF-1PL   互相   CAUS-吃   OBL   食物
我们在互相喂对方吃东西。

（五）述补句

在述补句中，补语成分用来补充说明动作行为和结果。例如：

mo   naʔno   mikuzkuzo   ho   mi-ko   ʔaoko   moŋsi.
REA.AF   非常   丑   CONJ   REA.AF-2SG   一直   哭
你一直哭，哭得难看死了。

oʔa	mo	amso	joŋhu	ʔo	i-he		teai.
NEG	REA.AF	足够	漂亮	NOM	REA.NAF–3PL		制作

他们做的东西不够好看。

mo	eŋha	ɨmnɨ	ʔo	i-he	ait-i	tsi	tposɨ.
REA.AF	相当	好	NOM	REA.NAF–3PL	看–LF	REL	书

他们看的书相当不错。

四 复句

复句由两个或两个以上意义相关、结构相对独立的分句构成。邹语的复句可分为两大类：联合复句和偏正复句。

（一）联合复句

联合复句的分句之间关系平等，包括并列、递进、顺承和选择等下位类型。

1. 并列复句

mi-hinʔi	бoepapakʔi	ho	mi-hinʔi	m-ʔeatiski	to
REA.AF–3PL	暴力	CONJ	REA.AF–3PL	AF–索取一半	OBL

tamaku-ʔu.
香烟–1SG.POSS

他们很暴力，把我的一半香烟都拿走了。

moh-ta-tsu	m-oozojɨ	pkaako	ho	uh	ne	ɖaɖauja.
REA.AF–3SG–ASP	AF–大声呼叫	逃跑	CONJ	去	OBL	枫树林

他边大声呼救边逃跑，而且是往枫树林里跑去。

2. 递进复句

ɖea-hinʔi	aatsni	m-hia	emi	ho	haf-a	uh	ta	emoo-ʔu	ho
ASP–3PL	总是	AF–买	酒	CONJ	带–PF	去	OBL	家–1SG.POSS	CONJ

pem-neni	no	akʔi-ʔu.
敬酒–BF	OBL	爷爷–1SG.POSS

他们总是买酒带到我家喝，还向我爷爷敬酒。

3. 顺承复句

ne	mo	tsmoehu	mo	tsitsvi	ʔo	teova-mu.
CONJ	REA.AF	台风	REA.AF	漏雨	NOM	工棚–2PL.POSS

你们的工棚在刮台风时漏雨。

ɖa-ta   m-aineʔe   ho   mi-tsu   m-eove   ʔo   hie.
ASP-3SG   AF-回家   CONJ REA.AF-ASP   AF-太阳下山   NOM   太阳

当太阳下山时，他就会回家。

emosoni   m-aineʔe   ʔo   pasuja   ne   mi-tsu   tosvo   mitshɨ.
直接走   AF-回家   NOM   人名   CONJ REA.AF-ASP   停止   下雨

巴苏亚雨停时就直接走回家。

4. 选择复句

邹语的选择复句中，使用连接词ho"或者"连接两个或多个选项，表示有所选择。例如：

mo   naʔno   ɨmnɨ   hotsi   ɓonɨ   to   ma-fo-fou
REA.AF   很   好   假如   吃   OBL   MA-RED-肉
ho   to   ma-tsʰa-tsʰae.
CONJ   OBL   MA-RED-菜

吃肉或者吃菜都很好。

（二）偏正复句

复句内各分句之间在意义上有正句和偏句之分的是偏正复句。根据正句和偏句之间的语义关系，邹语的偏正复句可分为条件复句、因果复句、转折复句和让步复句等。

1. 条件复句

邹语中的条件复句可分为事实条件句和反事实条件句两类，条件分句可出现于正句之前，也可出现在正句之后。

（1）事实条件句

表示说话者极度肯定或有把握的事件，用连接词hotsi"如果"连接。例如：

hotsi-ʔu   eʔohɨ   ho   m-ajo,   te-ʔo   meemzo   to   naŋhia-mu.
如果-1SG   打猎   CONJ AF-拿   IRR-1SG 馈赠   OBL   朋友-2PL.POSS

如果我打猎有收获，我要馈赠给你们的朋友。

hotsi-mu   meemeɖɨ,   te-mu   m-ajo   to   evi   ho   taseona.
如果-2PL   有空   IRR-2PL   AF-拿   OBL   木头   明天早上

如果你们有空，你们明天早上要去拿木头。

（2）反事实条件句

连接词hontsi"如果"用于表达违反事实的情形，或是表达说话者不肯定、没有把握的情况。例如：

maintsi-sʔa oʔte m-ahafo no housua, hontsi mitshi?
怎么-ASP NEG AF-带 OBL 伞 如果 下雨

怎么不带伞，如果下雨怎么办呢？

te jainenu hontsi eahahaf-a ʔo haahʔo?
IRR 怎么 如果 带领-PF NOM 群众

要带领群众的话，怎么办呢？

2. 因果复句

邹语的因果复句根据分句连接词的不同，可分为tsi因果句和koʔko因果句。

（1）tsi因果句

邹语的原因分句用连接词tsi引导。tsi必须出现在表结果的分句之后，不能放在句首。例如：

naho-tsu tosvo t<m>opsɨ, tsi te-ʔo-nʔa teʔi.
可以-ASP 停止 <AF>读书 CONJ IRR-1SG-ASP 大便

你们可以下课了，因为我还要上大号。

mi-hinʔi soehɨpɨ, tsi mi-hinʔi-ʔso tsonohie jaahioa.
REA.AF-3PL 想睡觉 CONJ REA.AF-3PL-ASP 一天 工作

他们很想睡觉，因为他们工作了一整天。

mi-ta totsiʔtsiʔo si pasuja, tsi mi-ta-tsu-ʔso mameoi.
REA.AF-3SG 一跛一跛地走 NOM 人名 CONJ REA.AF-3SG-ASP-ASP 老

巴苏亚一跛一跛地走了，因为他已经老了。

（2）koʔko因果句

邹语的结果分句由连接词koʔko引导。koʔko一般出现在句中，不能放在句首。例如：

mi-hinʔi ɓiknɨ, koʔko i-hinʔi ɨmni-a si pasuja.
REA.AF-3PL 瞎 CONJ REA.NAF-3PL 好-PF NOM 人名

他们瞎了，所以他们才喜欢巴苏亚。

mi-hinʔi aɓohti tohisi ne taseona, koʔko te-hinʔi-tsu ɓonɨ.
REA.AF-3PL 幸好 刷牙 早上 CONJ IRR-3PL-ASP 吃

他们幸好早上刷牙了，所以他们可以吃东西了。

3. 转折复句

邹语的转折分句由连接词atʔiŋhi引导。atʔiŋhi一般出现在分句中，不能出现在句首，用以表示对立或相反的意义。例如：

te-hinʔi-ɖa   m-hia   zitensa, atʔiŋhi te-hinʔi   auju jujupasɨ.
IRR–3PL–ASP AF–买 自行车   CONJ   IRR–3PL 先   富有

他们要买自行车，但是他们得先有钱啊。

4. 让步复句

邹语的让步分句用连接词upena连接。upena的位置比较自由，可出现在主句之前或之后。例如：

upena   ho   mo   mɨtshɨ, te-ʔo-nʔa   im-a   ʔo   emi.
CONJ   CONJ REA.AF   下雨   IRR–1SG–ASP   喝–PF   NOM   酒

即使在下雨，我也要去喝酒。

te-hinʔi-ɖa   peihsɨsɨʔno, upena   ho   ɖea-hinʔi ɓuveitsi.
IRR–3PL–ASP 生气地做   CONJ   CONJ   ASP–3PL   忍耐

他们边生气边做事情，即使他们是处在忍耐中。

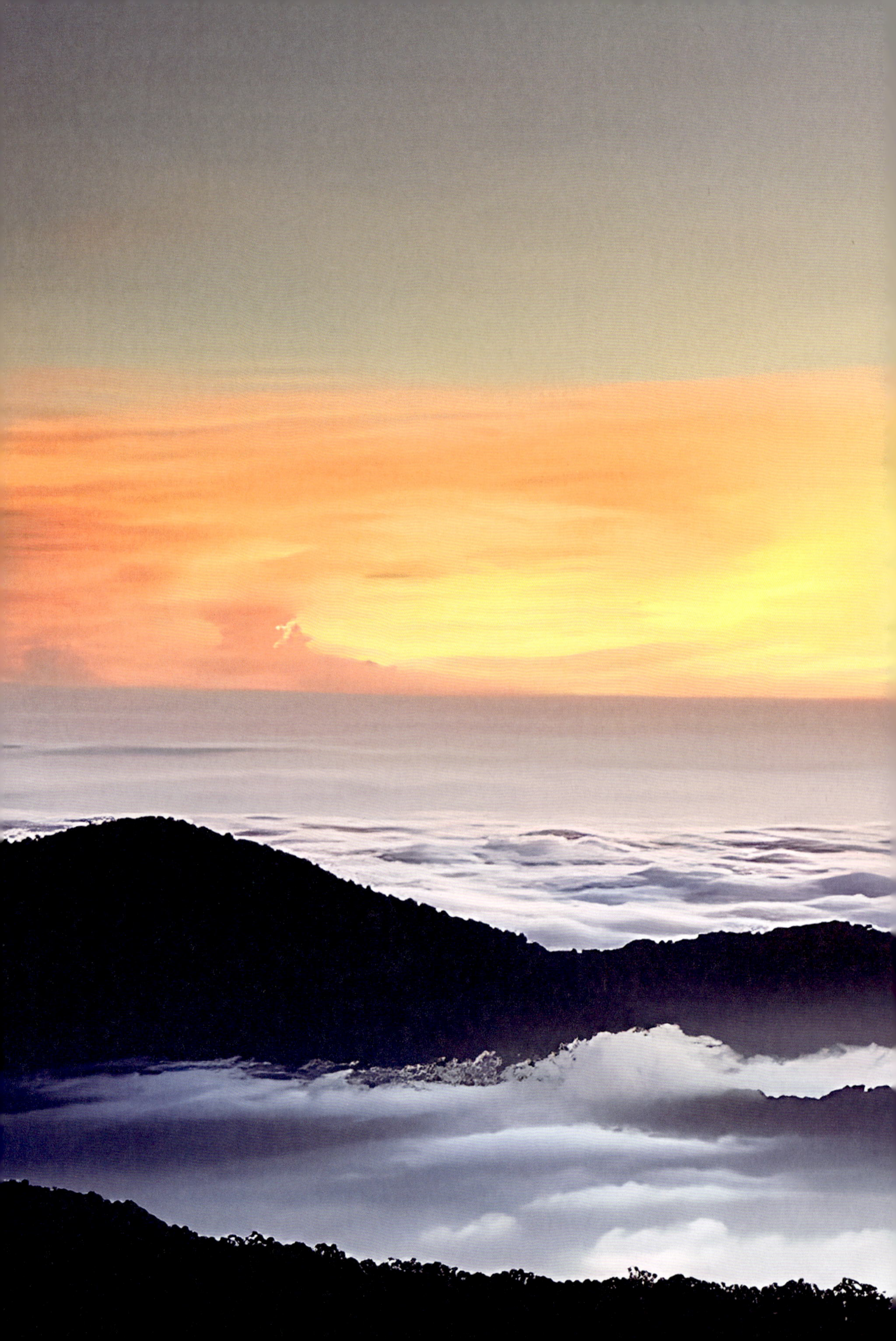

第六章 语料

第一节

语法例句 ①

001 他说的话很对。
　　　mi-ta　　　　naʔno　emio.
　　　REA.AF-3SG　很　　　对

002 树上有三只鸟。
　　　tuju　si　zomɨ　ta　evi.
　　　三　　NOM　鸟　　GEN　树

003 是你把衣服洗了吗？
　　　os-ko　　　　tufku-a　si　　jɨsɨ?
　　　REA.NAF-2SG　洗-PF　　NOM　衣服

004 你有兄弟没有？
　　　pan　no　　nanatʔotʔohaesa-su?
　　　有　　OBL　兄弟-2SG.POSS

005 怎么不带伞呢？看天色会下雨吧？
　　　maintsi-sʔa　oʔte　m-ahafo　no　　housua,　hontsi　mɨtshɨ?
　　　怎么-ASP　　NEG　　AF-带　　OBL　伞　　　　如果　　下雨

006 你喜欢吃李子还是桃子？
　　　nenusi　na　ɖa-ko　　ɨmnɨ-a-si　　　to　　ɓinɨvhi　ho　ɓinɨvhi

---

① 第一节收录《中国语言资源调查手册·民族语言（侗台语族、南亚语系）》中的语法例句，共100条。第二节收录调查点当地的歌谣、故事等口头文化内容。

	哪个	NOM	ASP-2SG	好-PF-3SG.POSS	OBL	李子	CONJ	李子
	no	jamʔumʔa?						
	GEN	有毛						

007 谁卖给你们玉米种子？

os-ko	pʰini	no	sia	si	hiojapo	no	pohe?
REA.NAF-2SG	卖	OBL	谁	NOM	种子	GEN	玉米

008 别带你妹妹去河边玩。（别带妹妹去河边玩。）

teavʔa-sʔa	haf-a	uh	ne	tsʔoeha	si	ohaesa	no-su
NEG-ASP	带-PF	去	OBL	河	NOM	弟妹	GEN-2SG.POSS

mamespiŋi.
女

009 哎呀，鱼儿被猫叼走啦！

aia,	maisi	jaa	ta	ŋiau	si	joskɨ!
INTER	MAISI	拿	OBL	猫	NOM	鱼

010 你台北人，我高雄人。（你广西人，我贵州人。）

jane	taipahu	suu,	jane	takau	aʔo.
属于	台北	2SG	属于	高雄	1SG

011 因为路太窄，所以车子过不去。

mo-ʔso	naʔno	mhontsi	ʔe	tseonɨ,	koʔko	oʔa	te	peed̯-a
REA.AF-ASP	太	窄	NOM	路	所以	NEG	IRR	能-PF

mia	ta	kujai.
通过	NOM	车子

012 他边走边唱。

mi-ta	tsoetsonɨ	ho	pasunaeno.
REA.AF-3SG	走	CONJ	唱歌

013 我们去种树，弟弟种了一株桃树，我种了两株梨树。

te-to-nʔa	emɨmʔi	to	evi.	ʔe	ohaesa	no	hahotsŋi	mo
IRR-1PL-ASP	种	OBL	树	NOM	弟妹	GEN	男	REA.AF

emɨmʔi	to	ɓinɨvhɨ	no	jamʔumʔa,	mi-ʔo	emɨmʔi	to
种	OBL	李	GEN	有毛	REA.AF-1SG	种	OBL

mo	mehaeso	tsi	nasi.
REA.AF	两株	REL	梨

014 今天他在这儿住一晚上。

  te-ta   miski   tanʔe   maitanʔe.
  IRR-3SG   住一晚   PROX.DEM   今天

015 我的两只手都脏了。

  mo   tsaʔi   ʔe   mo   mehaeso   ta   ʔeʔ-emutsu-ʔu.
  REA.AF   脏   NOM   REA.AF   二   NOM   RED-手-1SG.POSS

016 a. 天天下雨。

  a. ɖa   hu-hutsmasi   mitshi.
    ASP   RED-天   下雨

  b. 树树满山。

  b. mo   atsihi   fueŋu   no   ʔeʔ-evi.
    REA.AF   全部   山   OBL   RED-树

017 这头猪好肥啊！

  mo   naʔno   no-nojini   ʔe   feiʔi   eni!
  REA.AF   很   RED-肥   NOM   猪   PROX.DEM

018 父亲是铁匠，母亲是农民，我是学生，弟弟也是学生。

  ɖa   ɖeamojaji   meemeno   ʔo   amo,   zou   ɖeaezoi   ʔo   ino,
  ASP   制作   铁   NOM   父亲   COP   农民   NOM   母亲

  ɖa-ʔu-nʔa   tmopsɨ,   ɖa   m-aezo   tmopsɨ   ʔo   ohaesa-ʔu
  ASP-1SG-ASP   学生   ASP   AF-也   学生   NOM   弟妹-1SG.POSS

  no   hahotsŋi.
  GEN   男

019 姐妹俩勤快能干，不是织布就是绣花。

  ɖa   naʔno   tvaezoja   ʔe   mo   natʔohaesa   tsi   mamespiŋi,
  ASP   很   勤快   NOM   REA.AF   兄姐   REL   女人

  ɖa   tmesi   ho   keito.
  ASP   缝   CONJ   绣

020 他寄来的三本书已经看完啦。

  ʔo   i-ta   paiʔusna   tsi   mo   tuju   tsi   tposɨ
  NOM   REA.NAF-3SG   寄   REL   REA.AF   三   REL   书

  i-si-tsu   hiepiŋi.
  REA.NAF-3SG-ASP   看完

021　我们养了一只公鸡两只母鸡，还有一只公狗和一只母狗。

mi-mia	aitɨtsi	to	mo	tsontsi	moniŋeohɨ	juso	tsi	moskoʔɨ,
REA.AF-1PL	养	OBL	REA.AF	一	公鸡	二	REL	母鸡

pan	to	nʔa	tsontsi	hahotsŋi	no	avʔu	ho	tsontsi	mamespiŋi
有	OBL	ASP	一	男	GEN	狗	CONJ	一	女

no	avʔu.
GEN	狗

022　他家有两个小孩儿，一男一女。

mo	joso	ʔo	oko-taini,	tsihi	ʔo	mo	hahotsŋi,	tsihi	ʔo
REA.AF	二	NOM	小孩	一	NOM	REA.AF	男	一	NOM

mo	mamespiŋi.
REA.AF	女

023　家里酒没有了，肉也没有了。

mo	ukʔana	emi	ʔe	emoo,	m-aezo	ukʔana	fou.
REA.AF	NEG	酒	NOM	家	AF-也	NEG	肉

024　昨天星期天，我去你们家，到了中午你们都没回来。（昨天星期天，我下午去你们家，等了半天你都没回来。）

maikajo	nehutsma	mi-ʔo	uh	to	emoo-mu,	atsʔɨh	to
星期天	昨天	REA.AF-1SG	去	OBL	家-2PL.POSS	到达	OBL

tsohiona	oʔa	mi-mu	ahtu	juovei.
中午	NEG	REA.AF-2PL	曾经	回来

025　儿子每月回一趟家，这次给父母买来葡萄，每斤8元呢。

to	mo	ma-tso-tsono	feohɨ	ɖa	iʔniski	maineʔe	ʔo	oko
OBL	REA.AF	MA-RED-一	月	ASP	一次	回家	NOM	小孩

no	hahotsŋi.	ho	mo	maineʔe	maitanʔe,	mo	mah
GEN	男	CONJ	REA.AF	回家	现在	REA.AF	带

to	amtsuju	ho	fa-eni	to	m<a>ameoi.	i-si
OBL	葡萄	CONJ	给-BF	OBL	<RED>老人家	REA.NAF-3SG

suveoi	ʔe	mo	tsono	kinkina.
8元	NOM	REA.AF	一	斤

026　我了解我自己，自己的事情我自己做。

os-ʔo	iatsʰi-a	tsohiv-i	ʔe	iatsʰi-ʔu,	ʔo	te-ʔo
REA.NAF-1SG	REFL-PF	了解-LF	NOM	REFL-1SG.POSS	NOM	IRR-1SG

```
          ɖa     ʔaananaʔv-a    hioa    te-ʔo       iatsʰi-a     hioa.
          ASP    拼命-PF         工作    IRR-1SG     REFL-PF      工作
```

027 这个人是我姐姐，那个人不是我姐姐。

```
     zou       ohaeva     no-ʔu             mamespiŋi    eni,         oʔa-sʔa     ohaeva
     COP       兄姐       GEN-1SG.POSS      女           PROX.DEM     NEG-ASP     兄姐
     no-ʔu             mamespiŋi    tonoi.
     GEN-1SG.POSS      女           DIST.DEM
```

028 a. 你的书在这儿。

```
     a.  mo       jon   tanʔe       ʔe    tposɨ-su.
         REA.AF   在    PROX.DEM    NOM   书-2SG.POSS
```

b. 图书馆的书在那儿。

```
     b.  mo       jon   taʔe       ta    tposɨ   to    ɖa    joni   ɓaito   to    tposɨ.
         REA.AF   在    DIST.DEM   NOM   书      OBL   ASP   在     看     OBL   书
```

029 这会儿才5点钟，两根大木头就运到了。

```
     mo-tsʔo-nʔa            ŋozi,   mi-tsu          esmi     ʔo     mo        mehaeso
     REA.AF-ASP-ASP         5点钟   REA.AF-ASP      到达     NOM    REA.AF    二
     tsi   evi.
     REL   木头
```

030 你的歌唱得这么好，再来一首。

```
     naʔno    moeŋi    ʔe    pasunaenv-a-su,       te-ko-nʔa-so          pasu-vah-a.
     很       好听     NOM   唱歌-PF-2SG.POSS      IRR-2SG-ASP-ASP       唱-再-PF
```

031 a. 你们村子有几家人？从这里到城里有多远？坐车要多久？

```
     a.  mo       pio      na     mi-mu            tsono       huehuŋu?    hontsi
         REA.AF   多少     NOM    REA.AF-2PL       一          邻居/邻      如果
         iʔmi     tanʔe       ho    uh    ne    ŋeesaŋsi,    mo-nʔa
         从       PROX.DEM    CONJ  去    OBL   城市         REA.AF-ASP
         mainenu    na     hʔotsovha-si?       hontsi   smopajo    no     kujai,
         怎么样     NOM    远处-3SG.POSS        如果     坐车       OBL    车子
         te-nʔa     mainenu    na     te-nʔa     hia        sunaʔo?
         IRR-ASP    怎么样     NOM    IRR-ASP    程度       坐多久
```

b. 有五十多家，我们村到城里三十来里，坐车半个多小时就到了。

```
     b.  ʔa       mo         meimohɨ    no     emoo,    ho      mo         iʔmi    ta
         EMPH     REA.AF     50         GEN    家       CONJ    REA.AF     从      OBL
```

```
hosa-mia        ho    uh   ne   ŋeesaŋsi, ɖa-nʔa    sanzu   kooɖi,
部落-1PL.POSS   CONJ  去   OBL  城市      ASP-ASP  三十    公里
ɖa-tsʔo     hanzikan   ta-tsʉu    sitsʔɨhi.
ASP-ASP     半小时     IRR-ASP    到达
```

032 a. 哪件衣服是我的？怎么都一样呢？

```
a. zou    nenusi    na    jisɨ-ʔu?           maintsi-sʔa   atsɨhi   miatatiski?
   COP    哪个      NOM   衣服-1SG.POSS      怎么-ASP      全部     看起来一样
```

b. 谁知道呢？什么时候多出一件来？

```
b. ma     sia    na    nte        ɓotshio    ho     mo-nʔa
   EMPH   谁     NOM   CNTRFCT    知道       CONJ   REA.AF-ASP
   jaa   tsoni   tsi   jisɨ?
   有    一      REL   衣服
```

033 别人的东西不要拿，大家的东西要看好。

```
teavʔa-sʔa   jaa   si    matsutsuma-he,   soɨɖiɖia   si    matsutsuma-mu.
NEG-ASP      拿    NOM   东西-3PL.POSS    放好        NOM   东西-2PL.POSS
```

034 十五是五的三倍，五是十的一半。

```
ʔe     mo       tuju    tsi   mo       eimo    mo        maskɨvejauemo,
NOM    REA.AF   三      REL   REA.AF   五      REA.AF    十五
ʔe     mo       maskɨ   mo        tsoni   tsi   eimo.
NOM    REA.AF   十      REA.AF    一      REL   五
```

035 全村年轻人大多外出打工了，有些家里只有老人、妇女和儿童。（全村年轻人大多外出打工了，有些家里只有老人，有些家里只有妇女和儿童。）

```
ʔo     haahʔo      ta    hosa   ɖa    atsɨhi   uhne   jafana   ho     jaahioa, ɖatsutsʔo
NOM    年轻人      GEN   村     ASP   全部     去     外面     CONJ   工作     ASP
anou   ʔo     m<a>amemoi   ho     m<a>amespiŋi   ho     ʔoʔ-oko.
剩下   NOM    <RED>老人    CONJ   <RED>女人       CONJ   RED-小孩
```

036 羊比较干净。这一群羊只只都很肥，你挑一只。

```
mo       tso-tsofkoja-he       si    moaʔtini.   mo       atsɨhi   no-nojɨni   ʔe
REA.AF   RED-干净-COMP         NOM   羊          REA.AF   全部     RED-肥      NOM
moaʔtini   te-ko       iatshi   ɓaito   no     te-ko       jaa.
羊         IRR-1SG     REFL     看      OBL    IRR-1SG     拿
```

037 河里的鱼比塘里的鱼好吃。

ɖa   mafe-he   to   joskɨ   etsuu   ʔo   joskɨ   to   tsʔoeha.
ASP   好吃-COMP   OBL   鱼   池塘   NOM   鱼   GEN   河

038 三位老人的生日分别是：二月八号、三月五号、六月一号。（三位老人的生日分别是：农历二月初八、三月初五、六月初一。）

ʔo   hʔojajo   ta   mo   tuju   tsi   m<a>ameoi   mo   niŋatsu
NOM   生日   OBL   REA.AF 三   REL   <RED>老人   REA.AF 二月

hatsinitsi   ho   saŋŋatsu   ŋonitsi   ho   ɖokuŋatsu   itsinitsi.
八号   CONJ   三月   五号   CONJ   六月   一号

039 奶奶笑眯眯地坐着看孙子蹦蹦跳跳。

mo   jusuŋu   si   ɓaʔi   ho   ait-i   si   atsŋihi   oko   ho
REA.AF   笑眯眯   NOM   奶奶   CONJ   看-LF   NOM   孙   孩子   CONJ

mo   moftiftiʔi.
REA.AF   蹦蹦跳跳

040 他把红薯随便洗洗就吃了。

i-ta   anup-a   toniov-i   ʔe   fʔue   i-ta-tsu   an-a.
REA.NAF-3SG   随便-PF   洗-LF   NOM   红薯   REA.NAF-3SG-ASP   吃-PF

041 来客人时，我们正在吃饭。

mi-mia   seoɖiano   ɓonɨ   ne   mo   esmi   ʔo   okeakusan.
REA.AF-1PL   正在   吃   当   REA.AF   到达   NOM   客人

042 他很想带他的父母去台北。（他很想带父母去一次西安。）

mi-ta   naʔno   m-itsi   m-ahafo   ne   taipahu   to
REA.AF-3SG   很   AF-想   AF-带   OBL   台北   OBL

m<a>ameoi-taini.
<RED>老人-3SG.POSS

043 夫妻俩很恩爱。

naʔno   naŋhia   ʔe   navtsoŋa.
很   恩爱   NOM   夫妻

044 a. 山上有一片梨树。

a. nasi   ʔe   fueŋu.
   梨   NOM   山

b. 这座山上没有梨树。

b. ukʔa tsi nasi ta fueŋu tanʔe.
　　NEG REL 梨　NOM 山　PROX.DEM

045　a. 这封信是不是你写的？

　　a. os-ko　　　tpos-i ʔe tegami eni?
　　　REA.NAF-2SG 写-LF NOM 信　　PROX.DEM

　b. 是。不是。

　　b. zou. oʔa.
　　　COP　 NEG

046　他会说汉语，应该是汉族人。

　　mi-ta　　　 m-eedɨ ɓuapuutu, asonɨ puutu.
　　REA.AF-3SG AF-会　 说汉语　　 可能　汉人

047　a. 你愿不愿意嫁给他？

　　a. te-ko　 kaeɓɨ hotsi fa-eni　　 taini?
　　　IRR-2SG 高兴 如果 给-IF/BF 3SG

　b. 愿意。不愿意。

　　b. te-ʔo.　 oʔa te-ʔo.
　　　IRR-1SG NEG IRR-1SG

048　大风吹断了树枝。

　　i-si　　　　peoftun-i ta　poepe si　ehiti ta　evi.
　　REA.NAF-3SG 吹断-LF　OBL 大风　NOM 枝　　GEN 树

049　我们进屋去。

　　te-to　　emɨmɨjɨ ta　emoo.
　　IRR-1PL 进去　　OBL 家

050　屋檐装上了电灯。

　　i-si　　　　si-i ta　tenki si　ɖooka.
　　REA.NAF-3SG 放-LF OBL 电灯 NOM 屋檐

051　明天摩欧来，巴苏亚不来。（明天小王来，小李不来。）

　　te　uh tanʔe　　hohutsma ʔo　moʔo, oʔa te
　　IRR 来 PROX.DEM 明天　　 NOM 人名　NEG IRR

　　uh tanʔe　　ʔo　pasuja.
　　来 PROX.DEM NOM 人名

052 你去买瓶酒回来。

    te-ko-nʔa   mhia emi ho hafa maineʔe.

    IRR-2SG-ASP 买 酒 CONJ 带 回来

053 a. 有只猫趴在椅子上。(a. 有只猫趴在凳子上。)

    a. mo toetsuʔŋuju ta tsaʔhɨ si ŋiau.

    REA.AF 趴 OBL 椅子 NOM 猫

    b. 有只猫在椅子上趴着。(b. 有只猫在凳子上趴着。)

    b. mo toetsuʔŋuju ta tsaʔhɨ si ŋiau.

    REA.AF 趴 OBL 椅子 NOM 猫

054 他的字写得好极了。

    mi-ta nanʔo memeadɨ t＜m＞opɨ.

    REA.AF-3SG 很 好看 ＜AF＞写

055 爷爷走得非常慢。

    mo afnaso pohaʔo ho mo tsoetsoni ʔe akʔi.

    REA.AF 非常 慢 CONJ REA.AF 走 NOM 爷爷

056 这根大木头，我一个人也扛得起。

    os-ʔo iatsʰi-a pasuvoh-a ʔe mo kahkɨmnɨ tsi

    REA.NAF-1SG REFL-PF 扛-PF NOM REA.AF 根 REL

    evi tanʔe.

    树 PROX.DEM

057 那种菌子吃不得。

    teavʔa peed̵-a an-a ʔe mo maitsa tsi koju.

    NEG 能够-PF 吃-PF NOM REA.AF 像 REL 香菇

058 他没坐过飞机。

    oʔamotsu mi-ta ahtu mouju no emoo no toesoso.

    NEG REA.AF-3SG 曾经 搭 OBL 家 GEN 飞

059 a. 墙上挂着一幅画。

    a. i-si teih-a ta tonhifa si zuŋa.

    REA.NAF-3SG 挂-PF OBL 墙 NOM 画

    b. 墙上挂有一幅画。

    b. i-si teih-a ta tonhifa si zuŋa.

    REA.NAF-3SG 挂-PF OBL 墙 NOM 画

060 平时家里妈妈做饭，爸爸种田。

ɖa ḍepeiʔi ʔo ino, eahioa to papai ʔo amo.
ASP 厨师 NOM 妈妈 工作 OBL 田 NOM 爸爸

061 赶时间，咱们快吃吧。

te-to ouptsio tsi te-tsʔu amiomiousu.
IRR-1PL 快吃 CONJ IRR-ASP 赶时间

062 你砸碎玻璃不赔吗？

oʔa te-ko-nʔa pinisiŋojasi tsi ŋaḍasu?
NEG IRR-2SG-ASP 赔 REL 玻璃

063 他爬上树去摘桃子。

mi-ta tsapo ta evi ho toa ɓinɨvhɨ no jamʔumʔa.
REA.AF-3SG 爬 OBL 树 CONJ 摘 李 GEN 有毛

064 你尝尝这个菜。

te-ko-nʔa otʰomi ʔe tsʰae eni.
IRR-2SG-ASP 吃看看 NOM 菜 PROX.DEM

065 a. 我再想想这件事怎么办。

a. te-ʔo taʔtoʔtohɨŋv-a ʔe hioa eni te mainenu.
IRR-1SG 想-PF NOM 事情 PROX.DEM IRR 怎么办

b. 这件事我再想想怎么办。

b. ʔe hioa eni te-ʔo ivah-a taʔtoʔtohɨŋv-a te mainenu.
NOM 事情 PROX.DEM IRR-1SG 再-PF 想-PF IRR 怎么办

066 我看看你的书好吗？

te ɨmnɨ hotsi-ʔo ait-i si tposi-su?
IRR 好 如果-1SG 看-LF NOM 书-2SG.POSS

067 你先走，我就来。

te-ko mujo, ta-ʔu esmi.
IRR-2SG 先走 IRR-1SG 到

068 你先打电话问。（你先打电话问清楚再说。）

te-ko auju tenva ho tuotsos-i.
IRR-2SG 先 电话 CONJ 问-LF

069 妹妹听着歌写作业。

ʔe ohaesa-ʔu no mamespiŋi mo t<m>aḍɨ ta
NOM 弟妹-1SG.POSS GEN 女 REA.AF <AF>听 OBL

歌　　　　　　CONJ　写-LF　NOM　作业-3SG.POSS

070 鱼是蒸着吃还是煮着吃？

i-si　　　　　poƒiheoŋ-a　hotsi　te　　peiʔi　si　　joski?
REA.NAF-3SG　蒸-PF　　　如果　IRR　煮　　NOM　鱼

071 我听过巴苏亚唱歌。（我听过几次小李唱歌。）

os-ʔo　　　　tadʑi-i　ho　　mo　　　pasunaeno　ʔo　　pasuja.
REA.NAF-1SG　听-LF　CONJ　REA.AF　唱歌　　　　NOM　人名

072 她有一条漂亮的红裙子。

mo　　　tsoni　ʔo　　mo　　　joŋhu　tsi　　mo　　　fhiŋoja
REA.AF　一　　NOM　REA.AF　漂亮　REL　REA.AF　红

tsi　　tafʔu-taini.
REL　裙子-3SG.POSS

073 哥哥瘦，弟弟胖。

vzovzo　ʔe　　ohaeva　ho　　hahotsŋi,　nojini　ʔe　　ohaesa　no　　hahotsŋi.
瘦　　　NOM　兄姐　　GEN　男　　　　胖　　　NOM　弟妹　　GEN　男

074 奶奶你慢慢走。

aopopohaʔo,　ɓaʔi.
慢慢走　　　　奶奶

075 天不热，但很潮湿。

oʔa　mo　　　muŋei,　ma　　te　　akeʔi-a　　sofʔu.
NEG　REA.AF　热　　　EMPH　IRR　有点-PF　　潮湿

076 这米饭香喷喷的。（白花花的新米饭香喷喷的。）

namusŋau　ʔe　　naveupai.
香　　　　NOM　米饭

077 他的房间干干净净的。（他把房间打扫得干干净净的。）

naʔno　tiɨdʑi　ʔe　　hopo-taini.
很　　　干净　　NOM　房间-3SG.POSS

078 糯米饭香了整个村子。

atsɨhi　edʑi　ta　　namusŋau　ta　　ufi　　ta　　tsono　hosa.
全部　　闻　　OBL　香　　　　NOM　糯米　GEN　一　　村

079　奶奶总是对客人很亲切。（奶奶总是对客人很热情。）

　　　ɖa　　m'ameoŋɨ　to　　okeaksan　　ʔe　　 ɓaʔi.
　　　ASP　亲切　　　 OBL　客人　　　　NOM　 奶奶

080　一年比一年好。

　　　ɖa　　 ausuhtsu　 imnɨ　 ta　　 mo　　 hʔunasi　 no　　 tonsoha.
　　　ASP　 逐渐　　　 好　　 NOM　REA.AF　不一样　 OBL　一年

081　老大和老二一样高。

　　　ʔe　　mo　　　smomeoza　ho　　ʔe　　 mo　　　tainivaŋ,　mo　　　totiski
　　　NOM　REA.AF　老大　　　CONJ　NOM　REA.AF　老二　　　REA.AF　一样

　　　ʔo　　 hiahe　 ɓankake.
　　　NOM　 程度　 高

082　我比你高，他比我更高。

　　　mi-ʔo　　　　ɓankake-he　 suu,　mi-ta-nʔa　　　ɓankake-he　aʔo.
　　　REA.AF-1SG　高-COMP　　 2SG　REA.AF-3SG-ASP　高-COMP　　1SG

083　我们三个人中他最高。

　　　ta　　 mi-mia　　　tuju　mi-ta　　　　atvaʔesi　ɓankake.
　　　NOM　REA.AF-1PL　三　　REA.AF-3SG　最　　　 高

084　连续几天熬夜，我困死了。

　　　mi-tsu　　　　mipio　mi-ʔo-tsu　　　　nanʔo　mitsi　oeŋiti.
　　　REA.AF-ASP　 熬夜　 REA.AF-1SG-ASP　很　　 想　 睡觉

085　你再添加饭。（你再吃一碗饭。）

　　　te-ko-nʔa　　　 mosovaho　ta　　 naveu.
　　　IRR-2SG-ASP　 再添　　　 OBL　饭

086　他又买了一辆摩托车。

　　　tsi　　mi-ta　　　　iʔvaho　msu-vaho　to　　 mo　　　 tsontsi　 ʔotovai.
　　　CONJ　REA.AF-3SG　又　　　买-又　　 OBL　REA.AF　 一　　　摩托车

087　他家两个儿子都在台北打工，一年大概能挣十几万。（他家两个儿子都在广东打工，一年大概能挣十几万。）

　　　ʔe　　　mo　　　joso　tsi　　oko-taini,　　　　mo　　　atsɨhi　jone　taipahu
　　　NOM　REA.AF　二　　REL　小孩-3SG.POSS　REA.AF　都　　 在　　台北

　　　ho　　　eahioa.　ɖa　　zuɓanen　ʔo　　 ɖa-he　　　ʔapapepeisu　ho　　　mo
　　　CONJ　工作　　 ASP　十万元　 NOM　ASP-3PL　赚钱　　　　 CONJ　REA.AF

tonsoha.
一年

088 白白劝他整天，可是他根本不听。(白白劝他一下午，可是他根本听不进。)
tsonohiev-a pasɨsɨft-i taini, oʔa mi-ta ahtu t<m>adɨ.
整天-PF 劝-LF 3SG NEG REA.AF-3SG 曾经 <AF>听

089 我刚找他，他就匆匆忙忙地跑了进来。(我刚要去找他，他就匆匆忙忙地跑了进来。)
os-ʔo teoiʔtim-i taini nesoni, mi-ta-tsu suju ʔajumonɨ.
REA.NAF-1SG 找-LF 3SG 刚才 REA.AF-3SG-ASP 匆忙 跑进来

090 妈妈进到家时，爸爸出门。(我跟妈妈到家时，爸爸可能才刚刚出门。)
ne jɨmeimɨ ta emoo ʔo ino, mojafo ʔo amo.
CONJ 进到 OBL 家 NOM 妈妈 出门 NOM 爸爸

091 他很高兴，我听说他快结婚了。(他最近很高兴，我听说他快结婚了。)
mi-ta naʔno kokaekaeɓi os-ʔo totadɨ-i ta-ta-tsu
REA.AF-3SG 很 高兴 REA.NAF-1SG 听说-LF IRR-3SG-ASP
mevtsoŋi.
结婚

092 孙子给爷爷寄回茶叶，爷爷笑得合不拢嘴。
paʔiʔusn-i to ʔotsea to atsŋihi oko-si ʔe akʔi-si,
寄-LF OBL 茶叶 GEN 孙 小孩-3SG.POSS NOM 爷爷-3SG.POSS
naʔno kokaekaeɓi ʔe akʔi-si.
很 高兴 NOM 爷爷-3SG.POSS

093 唱歌令人开心。
naʔno kaeɓi tso ʔtohiŋi ho mo pasunaeno.
很 高兴 NOM 心 CONJ REA.AF 唱歌

094 他个子虽然小，但气力很大。
mi-ta okonotsou, mi-ta naʔno ɓutaso.
REA.AF-3SG 个子小 REA.AF-3SG 很 力气大

095 只要能刨土，拿铲子或小锄头来都行。
hotsi amako m-eedɨ m-aʔe, ʔo enpi ho tuʔu te-tsu
如果 只要 AF-能够 AF-挖 NOM 铲子 CONJ 小锄头 IRR-ASP
atsɨhi ɨmnɨ.
都 好

096　如果沿着河边走就更绕了。

　　　hotsi　masʔofeihni　ta　tsʔoeha,　tiasɨhni　hʔunasi　tsovhi.
　　　如果　沿着走　　　OBL　河　　　绕　　　不同　　远

097　要下雨啦，快收你的东西吧。（滴滴嗒嗒下雨啦，快收衣服吧。）

　　　te-tsʔu　　mɨtshɨ,　auptsiev-a　soɨdʑidʑi-a　ʔe　　matsutsuma-su.
　　　IRR-ASP　下雨　　快-PF　　　保存-PF　　　NOM　东西-2SG.POSS

098　a.你明天去不去商店？（a.明天赶集去不去？）

　　　a. te-ko　　uh　ne　momhino　hohutsma?
　　　　IRR-2SG　去　OBL　商店　　　明天

　　b.你明天去商店好不好？（b.明天去赶集好不好？）

　　　b. te-ko-nʔa　　uh　ne　momhino　hohutsma,　zou?
　　　　IRR-2SG-ASP　去　OBL　商店　　　明天　　　　好不好

099　是他打的人。

　　　ʔa　　taini　ʔo　　mi-ta　　　eoɓako.
　　　EMPH　3SG　　NOM　REA.AF-3SG　打

100　拿这种菜说吧，大家都很久没吃了呢。

　　　mi-tsu　　　atsɨhɨ　noanaʔo　ho　　mo　　oʔte　ɓonɨ　ta　　mo
　　　REA.AF-ASP　都　　　久　　　CONJ　REA.AF　NEG　吃　　OBL　REA.AF

　　　maitsa　tsi　tsʰae.
　　　像这样　REL　菜

第二节

话语材料

一 歌谣

1. 蝉

ven ven ven ven nu nu nunue, nu nu nunue.
嗡 嗡 嗡 嗡 NU① NU 蝉 NU NU 蝉
嗡嗡嗡嗡蝉在叫，蝉在叫。

ven ven ven ven nu nu nunue, nu nu nunue.
嗡 嗡 嗡 嗡 NU NU 蝉 NU NU 蝉
嗡嗡嗡嗡蝉在叫，蝉在叫。

ven ven ven ven nu nu nunue, nu nu nunue.
嗡 嗡 嗡 嗡 NU NU 蝉 NU NU 蝉
嗡嗡嗡嗡蝉在叫，蝉在叫。

2. 蟑螂

kaemema, kaemema,
蟑螂 蟑螂
蟑螂，蟑螂，

ʔoʔ-oko no kaemema, jujafo to feoŋo.
RED-小孩 GEN 蟑螂 出来 OBL 洞

---
① 歌谣里的部分歌词没有实质语义，只是单纯哼唱。在标注行以对应的大写字母表示。

小蟑螂，从洞里出来。

kaemema, kaemema, pan to tasitotsuni.
蟑螂　　蟑螂　　有　OBL　压到
蟑螂，蟑螂，有的要被压到。

3．螃蟹歌

eajoŋo, jujafo to feoŋo, ʔo meoino joŋo.
找螃蟹　出来　OBL　洞　　NOM　大　　螃蟹
找到螃蟹时，大螃蟹从洞里出来。

tifkits-a tso ɖuɖkuʔu. naʔno tsoŋo. naʔno tsoŋo.
夹 –PF　NOM　手指头　很　痛　　很　痛
夹我的指头。很痛。很痛。

eajoŋo, jujafo to feoŋo, ʔo meoino joŋo.
找螃蟹　出来　OBL　洞　　NOM　大　　螃蟹
找到螃蟹时，大螃蟹从洞里出来。

tifkits-a tso ɖuɖkuʔu. naʔno tsoŋo. naʔno tsoŋo.
夹 –PF　NOM　手指头　很　痛　　很　痛
夹我的指头。很痛。很痛。

4．拍拍手

papika ho tmotmaɨzɨzɨ ho tomamatsoŋo,
拍手　CONJ　右摆　　　CONJ　加快脚步
拍手右摆且加快脚步，

o mi-to-naʔa juʔfafoinana.
O　REA.AF–1PL–ASP　年轻
因为我们都还年轻。

papika ho tmotmaɨzɨzɨ ho tomamatsoŋo,
拍手　CONJ　右摆　　　CONJ　加快脚步
拍手右摆且加快脚步，

o mi-to-naʔa juʔfafoinana.
O　REA.AF–1PL–ASP　年轻
因为我们都还年轻。

5．小米祭

maitanʔe noteujunu. te homejaja. io nao.
今天　　聚在一起。　IRR　举行小米收获祭　IO　NAO
今天聚在一起。要举行小米收获祭。

ina iʔe meesi o ina iʔe meesi ne noanaʔo e.
INA IʔE 祭典 O INA IʔE 祭典 NE 悠久 E
这个祭典很悠久了。

6．一封信

maitanʔe majo to teŋami to tsoni-ʔu.
今天　　收　OBL　信　　OBL　伴侣–1SG.POSS
今天我收到我伴侣的信。

paav-i ho ait-i naʔno manʔi ʔo tposɨ-si.
打开–LF CONJ 看–LF 很 多 NOM 字–3SG.POSS
打开一看，写了很多字。

"ɓumemeadʑ ho jaahioa. m-aezo to mamameoi-to,
小心　　　　CONJ 工作　　AF–也 OBL 长辈–1PL.POSS
"要像我们的长辈一样，小心工作，

ʔanate naʔno noanaʔo, ta-ʔu-tsu juovei."
不用　　很　　久　　　IRR–1SG–COS 回来
不用太久我就会回来了。"

maitanʔe majo to teŋami to tsoni-ʔu.
今天　　收　OBL　信　　OBL　伴侣–1SG.POSS
今天我收到我伴侣的信。

paav-i ho ait-i naʔno manʔi ʔo tposɨ-si.
打开–LF CONJ 看–LF 很 多 NOM 字–3SG.POSS
打开一看，写了很多字。

7．大家来唱歌

naho-tsu minotsu na te!
可以–COS MINOTSU NA TE
你们都来吧！

naho-tsu minotsu na te-to pasunaeno ho ɓuamaŋetsi!
可以–COS MINOTSU NOM IRR–1PL 唱歌 CONJ 开玩笑

要唱歌开玩笑的人都来吧！

maitanʔe　naʔno　ko-kae-kaeɓɨ.　　maitanʔe　naʔno　ko-kae-kaeɓɨ.
今天　　　很　　　KO-RED–高兴　　今天　　　很　　　KO-RED–高兴
今天很高兴。今天很高兴。

m-imo　to　　emi　ho　　ɓuamaŋetsi.
AF–喝　OBL　酒　 CONJ　开玩笑
来喝喝酒开开玩笑吧。

8．登山谣

evavasɨzɨ　ʔe　　haahʔo.
成群结队　　NOM　各位
大伙一起走。

tso-tsoetsonɨ　ta　　fueŋu,　ausuhtsu　moseoohŋi.
RED–走路　　　OBL　山　　　逐渐　　　 天亮
到山上走一走，天渐亮。

tisifou　ta　　pʔotsva.
登　　　OBL　眺望之峰
登上了眺望之峰。

maamameoi　eɨsvɨsvɨta,
长辈们　　　诉说
长辈们诉说，

ma-ʔoʔ-oŋko　　ta　　fueŋu.
MA–RED–名字　GEN　山
各山的名字。

taunonaʔvɨ　na　　hʔotsoetsona　no　　i　　no　　nia　　maamameoi-to.
佩服　　　　NOM　踪迹　　　　　GEN　I　　NO　　PST　长辈们–1PL.POSS
我们的长辈们的踪迹太了不起了。

9．原本就是如此

maitanʔe　noteujunu.
今天　　　聚在一起
今天在一起。

atsɨhɨ　ko-kae-kaeɓɨ.
全部　　KO-RED–高兴

大家都很高兴。

te-to-ʔso-d̠a　　　　　ɓumemead̠ɨ.
IRR–1PL–ASP–ASP 谨慎

我们要谨慎。

ʔananasiʔanane.　o　ʔananasiʔanane　i　ne　noanaʔo　atsɨhɨ　ɓitotonɨ.
本来就应该如此　O　本来就应该如此　I　NE　久　　　全部　　努力

本来就应该如此。本来就应该如此。在很久以前，大家都很努力。

te-to-ʔso-d̠a　　　　　mo-mae-m-aezo.
IRR–1PL–ASP–ASP MO-RED-AF–也

我们要仿效。

ʔananasiʔanane.　o　ʔananasiʔanane.
本来就应该如此　O　本来就应该如此

本来就应该如此。本来就应该如此。

二　祭歌[①]

1．ejana

akuitamaʔuja, kinad̠ahad̠aʔuma.

部落的人们听着。

maminujaʔujasemo, jasaujujuŋane.

现在准备到吴家广场。

jasaujujuŋanaʔe, jasautsaatsaka.

现在准备到kuɓa广场。

jasautsaatsakaʔa, kanapaʔeujasane.

广场内充满着瑞气。

juʔujasid̠aumaʔa, ukaaniŋausa.

可惜啊，已没有灵气的存在。

ukaaniŋausaʔa, sisijamutavai.

如少女般独处，仅剩女人们相依为命。

[①] 祭歌歌词所使用的是"古语"，为邹人的传唱或哼唱歌曲，多非日常生活中所说的邹语。因此，祭歌歌词仅有大概的释义而无确切的逐词翻译，且部分歌词的含义已无法确定。

sisijamutavaiʔa, sinipaʔeutaiɖu.
就像在黑夜中行走。

sisipaʔeutaiɖuʔa, siniujaujaɖo.
尽管如此，我们仍然寻找敌人。

siniujaujaɖoto, amusitatajane.
所幸我们仍然找到敌人。

amusitatajanaʔe, sauhiɖahtajane.
并且已将敌人刺杀了。

sauhiɖahtajanaʔe, ŋutuaiviua.
把敌首放在敌首笼内。

ŋutuaiviuaha, nijaahapasaŋo.
长久以来我们一直面对敌人。

nijaahapasaŋua, jamakuikui.
由于先人与神的助佑。

jamakuikuiʔa, tajajaiʔane.
我们依着先人的足迹寻找敌人，因此我们的名声传播到远方。

tajajaiʔanaʔe, aukikimu.
我们的足迹遍布各地（所知道的地方都有我们的足迹）。

aukikimuʔa, ɖavianeɖahane.
我们学着先人大无畏的精神。

nijaahapasaŋua, ukaiaɖavia.
因为有神的助佑，并依着先人的精神。

ukaiaɖaviaha, pasaaniŋausa.
终究把敌人给打败了。

2．pejasuino majahe 战歌（快板）

akuitamaujase, kinaʔɖahaʔɖauma.
请大家听啊，部落的年轻人。

kinaʔɖahaʔɖaumae, jasaujujuŋane.
听到呼唤的年轻人，现在就准备吧。

jasaʔujujumanaʔe, jaujumakenoma.
准备好的年轻人，现在来到祭典广场。

215

mamiŋavajujasi, jaujumakenoma.
今天要歌舞颂神，族人前来参加。
jaujumakinumae, juujasivauʔɓu.
大家都要来参加，活动就要开始了。
juujasijaʔuʔɓuʔɖa, nainajuhisane.
参加歌舞的年轻人，现在人数还很少。
nainajuhisanaʔe, kinamasamajaa.
人数虽然不多，我们起来歌舞吧。
jajajoʔɖaumae, jujasiʔɖaoma.
年轻人越来越多了，歌舞正式开始吧。
jujasijaʔuʔɓuhe, kanapajujasane.
青年人啊！正在祭典广场歌舞。
kanapajujasanae, tsatsakahajaiju.
祭典广场，是神圣的广场啊。
tsatsatajaijuŋ, minaʔahaʔɓasane.
特富野的祭典会所，自古流传啊。
tapaŋua(ho)jaijuŋ, minaʔahaʔɓasane.
达邦社和特富野社，自古流传啊。
ʔɖaŋijanajaijuŋ, minaʔahaʔɓasane.
特富野的枫树啊，自古流传啊。
nikajaijuŋanaʔe, tahajajajiʔane.
特富野社啊，来自遥远的传说。
tajajajiʔanaʔe, namainaheʔao.
远古的传说，来自神明那里。
namainajiʔauhe, jaʔahajajoʔasai.
天上的神明啊，流传这样的梦啊。
jaajajuʔasajihe, unaʔɓunaveoa.
众多的邹人子民，曾经做这样的梦啊。
namainajiaʔuhe, kanajahavejone.
天上的神明啊，带着勇士出征远方。
kanajahaveonahe, ukaijaʔɖaveja.
因为神明的带领，勇士的脚步走遍四方。

ukaaijaʔɖavijaʔe, namajinaheʔao.
路程虽然遥远，所幸寄托天上神明。
namainajiʔauhe, jupamitatajaɖo.
天上神明带领，在敌人面前摆好阵势。
jupamitatajaʔɖohe, jupamahtoʔɓaʔɓue.
阵势摆好了，就和敌人开始拼斗。
jupamahtoʔɓaʔɓujihe, ukamatsijuaka.
在征战中，勇士杀敌安然无恙。
ukamatsijuakaʔe, sikakuɖatujane.
勇士安然无恙，打退敌人。

3. kuɓa

tsatsakaʔa	tapaŋia,	sujutunaviuaha.
kuɓa	达邦	年轻人很多

达邦社的kuɓa有很多年轻人。

sujutunaviuaha,		natuɖuaviua.
年轻人很多		duɓuhu（野生草）[①]

达邦社的kuɓa很干净，香气四溢且年轻人很多。

natuɖuaviuaha,		kanapaeujasane.
duɓuhu（野生草）		很干净

达邦社的kuɓa很干净。

tsatsakaʔa	jaiua,	jaiua	tapaŋi.
kuɓa	特富野	特富野	达邦

特富野社的kuɓa。

jaiua	tapaŋia,	minnaahapasane.
特富野	达邦	流传很久

特富野社、达邦社的kuɓa皆流传很久了。

minnaahapasanea,		nijaahapasaŋo.
流传很久		我们的祖先

kuɓa能够流传至今都要感谢祖先的保佑。

[①] 这里的标注表示只能辨认出duɓuhu这个词，且这个词大概的含义是"野生草"，下同。

nijaʔahapasaŋua,
我们的祖先

jupasɖuhtuviuaha,
猎得敌首一样多

jupasɖuhtuɖajanaʔe,
走同样远的路

jupasɖuhtuviua,
猎得敌首一样多

jupasɖuhtuɖajane,
走同样远的路

nijaahapasaŋo.
我们的祖先

两社的祖先走同样远的路杀敌，并取得同样多的敌首回来。

pajujasatapaŋɨa,
背在后面的战利品、敌首

pajujasaviuaha,
取得战利品

pajujasaviua,
取得战利品

ukaaniŋausa.
无神福佑

我们将获得战利品、敌首，背在身上，这一切都是因为有神的福佑。

4. ɖahtaja

tapaŋɨa
达邦社人

ɖahtajaʔa,
北方敌人

jupaminatajaɖo,
互相敌视对方

jupainatajanaʔe,
互相敌视对方

jupajututapisaʔa,
互相刺杀

jupajututapisa,
互相刺杀

sikakuaɖahtaja.
ɖahtaja（北方敌人）

达邦社人与北方敌人互相敌视，互相刺杀。

sikakuaɖahtajaʔa,
ɖahtajaʔa（北方敌人）

a-pinaeatsaʔa,
很多武器

a-pinaeatsa,
很多武器

ja-makuikui.
有神福佑

北方敌人有神福佑，拥有很多武器。

ja-makuikuiʔa,
有神祝佑

sikakuatapaŋɨ,
tapaŋɨ（达邦社人）

uʔkapinaeatsaʔa,
没有武器

sikakuatapaŋɨ,
tapaŋɨ（达邦社人）

uʔkapinaeatsa,
没有武器

uʔkaaniŋausa.
无神福佑

达邦社人无神福佑，手无寸铁。

uʔkaaniŋausaʔa,
无神福佑
muputsinajajaeʔa,
jajae（A神祇）
达邦社人手无寸铁，有jajae跟ijao两位神祇相助。
matisonaijaoʔa,
ijao（B神祇）
ja-makuikuiʔa,
有神福佑

muputsinajajae,
jajae（A神祇）
matisonaijao.
ijao（B神祇）

ja-makuikui,
有神福佑
nijaahapasaŋo.
我们的祖先
达邦社人有神福佑，得胜仗。

5. pasuaɨdɨ赞颂曲之"汪氏（peoŋsi）"

uɖoe　　　　　　　　kuɖata,　　　　　　　iɓuatojumane.
男子名　　　　　　　女子名　　　　　　　年岁甚大，没有辉煌的事迹
ujoŋi夫妇已经成年了，没有辉煌的事迹，但颇受族人尊敬。

iɓuatojumanaʔe,　　　pasuja　　　　　　　iŋuɖa.
年岁甚大，没有辉煌的事迹　男子名　　　　女子名
ujoŋi已经长大成年了，他的父亲名pasuja，母亲名iŋuɖa。

pasuja　　　　　　　iŋuɖaʔa,　　　　　　jujupinaɖanome.
男子名　　　　　　　女子名　　　　　　　游过大河
ujoŋi游过大河。

jujupinaɖanomeʔa,　　kanapatinanome,
游过大河　　　　　　到大河去杀敌
kanapatinanomeʔa,　　kinatanaŋausa.
到大河去杀敌　　　　杀敌人
ujoŋi游过大河杀敌。

kinatanaŋausaʔa,　　 aiausajane.
杀敌人　　　　　　　sajane（长矛）
用长矛刺杀敌人。

aiausajanaʔe,　　　　mutsitsisavijua.
sajane（长矛）　　　敌人受伤逃跑，一路滴血
用长矛杀敌，受伤的敌人逃跑时一路滴血。

mutsitsisavijuaha,	kinatanaŋausa,	
敌人受伤逃跑，一路滴血	把敌人杀死	
kinatanaŋausa,	sauhiḍahttajane.	
把敌人杀死	敌人之总称	

ujoŋi 把受伤想逃跑的敌人全部消灭。

sauhiḍahttajanaʔe,	matukijakijau,
敌人之总称	敌人惊慌逃跑，河边的泥沙脚印凌乱
matukijakijauʔa,	ukaaniŋausa.
敌人惊慌逃跑，河边的泥沙脚印凌乱	无神福佑

所有敌人惊慌逃跑，河边的泥沙脚印凌乱。

pasuja	iŋuḍaʔa,	natuainamui.
男子名	女子名	已经老了

pasuja 夫妇已经老了。

natuainamuiʔa,	ukaaniŋausa.
已经老了	无神福佑

pasuja 夫妇已经老了，无神福佑。

6．pasuaiḍi 赞颂曲之"安氏（jasiuŋu）"

itaskia	jasija,	jaipanasaenaʔ
尊敬	指安氏	怎么回事

安家啊！怎么回事？

jaipanasaena,	asainanaimu?
怎么回事	没有战利品

没有战利品，怎么回事？

asainanaimuʔa,	maaasiivane?
没有战利品	很容易、简单

你们（安家）取得战利品，不是很容易吗？

maaasiivanaʔe,	ɓatiḍimasoane.
很容易、简单	用刀砍掉香蕉蕊

取得战利品如砍香蕉蕊那么容易。

ɓadiḍimasoane,	ḍivakuavijua,
用刀砍掉香蕉蕊	把敌首摆在神树前

ɖivakuavijuaha,　　　　　matsiasajojome.
把敌首摆在神树前　　　（此为转接句）
安家很容易就取得摆在神树前的敌首。
安氏歌词唱完主体部分后，有三种不同的方式可跳回祭歌 ejana 的主体部分。
第一种连接方式：

matsiasajojomeʔa,　　　　nijaahapasaŋo,
（此为转接句）　　　　　安氏的祖先

nijaahapasaŋɨa.
安氏的祖先
安氏的祖先将猎获的敌首摆在神树前。（跳回祭歌 ejana）
第二种连接方式：

ɖivakuavijuaha,　　　　　nijaahapasaŋo.
把敌首摆在神树前　　　　安氏的祖先
安氏的祖先将猎获的敌首摆在神树前。

nijaahapasaŋo,　　　　　matuminohatina,
安氏的祖先　　　　　　敌人的克星

matuminohatina,　　　　matinaueketa,
敌人的克星　　　　　　猎得很多敌首

matinaueketa,　　　　　nijaahapasaŋo.
猎得很多敌首　　　　　安氏的祖先
安氏的祖先是敌人的克星，猎得很多敌首。

nijaahapasaŋo,　　　　　jamakuikui.
安氏的祖先　　　　　　有神福佑
安氏的祖先有神福佑。（跳回祭歌 ejana 第 13 句）
第三种连接方式：

ɖivakuavijuaha,　　　　　nijaahapasaŋo.
把敌首摆在神树前　　　　安氏的祖先
安氏的祖先将猎获的敌首摆在神树前。

nijaahapasaŋo,　　　　　jamakuikui.
安氏的祖先　　　　　　有神福佑
安氏的祖先有神福佑。

jamakuikui,	uʔkaivaɓoŋone.
有神福佑	无人可挡

安氏的祖先英勇无比、无人可挡。

ukaivaɓoŋone,	aukikimu.
无人可挡	四处行走

无人能阻挡其英勇，故四处寻找敌人。

aukikimu,	jukatanaesane.
四处行走	于险隘处攻击敌人

先人四处寻找敌人，并于险隘处攻击敌人。

jukatanaesane,	jukajumujuɖuja,
于险隘处攻击敌人	于险隘处攻击敌人
jukajumujuɖujaa,	matsiasajojome.
于险隘处攻击敌人	（此为转接句）

于险隘处攻击敌人并防止对方回攻。

matsiasajojomeʔa,	nijaahapasaŋo,
（此为转接句）	安氏的祖先
nijaahapasaŋo,	matuminohatina,
安氏的祖先	敌人的克星
matuminohatina,	matinaueketa.
敌人的克星	猎得很多敌首

安氏的祖先是敌人的克星，猎得很多敌首。

matinaueketa,	sauhiɖahtajane,
猎得很多敌首	敌人的总称
sauhiɖahtajane,	nijaahapasaŋo.
敌人的总称	安氏的祖先

来自各方的敌人都不是安氏祖先的对手。

nijaahapasaŋo,	jamakuikui.
安氏的祖先	有神福佑

安氏的祖先有神福佑。（跳回祭歌ejana第13句）

7. pasuaɨɖɨ赞颂曲之"吴氏（ujoŋana）"

diɓusuŋu	vousa,	natuainamui.
男子姓氏	吴家	已经年老

吴家的 tiɓusuŋu 已经老了。

natuainamuu,	uʔkaaniŋausa.
已经年老	无神福佑

已经年老了，无神福佑。

tiɓusuŋu	itsaŋaja,	minadeɓanedune.
男子姓氏	领导者	受人尊敬

吴家的 tiɓusuŋu 领导者是受人尊敬的。

minateɓanetune,	masasaniɖajane.
受人尊敬	喜欢走很远的路

受人尊敬的领导者，喜欢走很远的路。

masasaniɖajane,	mauʔujasima.
喜欢走很远的路	横越云竹林

老人家喜欢走远路并横越云竹林。

mauʔujasima,	sitsaaiɓajane.
横越云竹林	越过河边平坦地

越过河边平坦地。

sitsaaiɓajane,	jusiatoaija.
越过河边平坦地	横越大草原

横越大草原。

jusiatoaija,	uʔkaijaɖavija.
横越大草原	不畏艰难

他横越大草原找敌人，不畏艰难。

tiɓusuŋu	vousa,	natuainamui.
男子姓氏	吴家	已经年老

吴家的 tiɓusuŋu 已经老了。

natuainamui,	ukaaniŋausa.
已经年老	无神福佑

已经年老了，无神福佑。

ukaaniŋausa,	sisijamutavae.
无神福佑	如在黑暗中摸索

无神福佑，如在黑暗中摸索。

（跳回祭歌 ejana）

8. pasuaɨdɨ 赞颂曲之"方氏（tapaɲɨ）"

tiɓusuŋu　　　　　　　itsaŋaja,　　　　　　　minateɓanetune.
人名　　　　　　　　　众望所归　　　　　　　尊敬

tiɓusuŋu 为众望所归、德高望重、受人尊敬的前辈。

minateɓanetune,　　　　masasanedajane.
尊敬　　　　　　　　　喜欢走很远的路

tiɓusuŋu 是一位受人尊敬的前辈，他喜欢走很远的路。

masasanidajane,　　　　tanaaniaeŋa.
喜欢走很远的路　　　　是别族所羡慕的

tiɓusuŋu 喜欢走很远的路，是别族所羡慕的。

tanaaniaeŋa,　　　　　　sijauʔnivanisa.
是别族所羡慕的　　　　动作如风一样快

tiɓusuŋu 是别族所羡慕的，他打仗时行动如风一样快。

sijauʔnivanisa,　　　　　jatasianoeo.
动作如风一样快　　　　随风一样地忽隐忽现

tiɓusuŋu 打仗的时候如风一样快，随风一样地忽隐忽现。

jatasianoeo,　　　　　　maajatsuɓi.
随风一样地忽隐忽现　　走入云竹园找敌人

tiɓusuŋu 走入云竹园找敌人。

maajatsuɓi,　　　　　　majaŋujujasija.
走入云竹园找敌人　　　顺着云竹园旁边行进

tiɓusuŋu 走入云竹园找敌人，又顺着云竹园旁边行进。

majaŋujujasija,　　　　 mauuʔjasima.
顺着云竹园旁边行进　　横越云竹园

tiɓusuŋu 顺着云竹园旁前进，又横越云竹园找敌人。

mauuʔjasima,　　　　　akujumahedoa.
横越云竹园　　　　　　在地形狭窄的地方攻击敌人

tiɓusuŋu 横越云竹园找敌人后，在地形狭窄的地方攻击敌人。

akujumahedoa,　　　　 jukatanaesane.
在地形狭窄的地方攻击敌人　防守敌人

在狭窄的地方攻击敌人，亦在同样的地方防守敌人。

jukatanaesane,	jusiatoaija.
防守敌人	横越大草原

横越大草原寻找敌人。

jusiatoaija,	iɓasantoɓuane.
横越大草原	布农人部落

iɓasantoɓuane 为tiɓusuŋu 所消灭。

iɓasantoɓuane,	saujukajutsane.
布农人部落	布农人部落

saujukajatsane 为tiɓusuŋu 所消灭。

saujukajutsane,	sautaɓanujane.
布农人部落	布农人部落

sautaɓanujane 为tiɓusuŋu 所消灭。

sautaɓanujane,	nijataivaŋane.
布农人部落	布农人部落

nijataivaŋane 为tiɓusuŋu 所消灭。

9. pasuaɨdɨ 赞颂曲之"庄氏（joifoana）"

ʔavai	sajuŋi,	misaunikavasu.
男子名	女子名，ʔavai 之妻	ʔavai 征战杀敌

ʔavai 征战杀敌。

misauniɖavasu,	masasaniɖajane.
ʔavai 征战杀敌	很远的地方

ʔavai 到很远的地方拿到敌首。

masasaniɖajane,	jusiatoaija.
很远的地方	横越大茅草园

ʔavai 横越大茅草园，到很远的地方杀敌。

jusiadoaija,	kanaɓatiɖanume.
横越大茅草园	到大河去杀敌

ʔavai 横越大茅草园到大河去杀敌。

kanaɓatiɖanume,	tanaaniŋausa.
到大河去杀敌	杀敌人

在大河边杀敌人。

tanaaniŋausa, aijamataŋuse.
杀敌人 砍下敌首
ʔavai 杀死敌人，砍下敌首。

aijamataŋuse, maujuŋatuatu.
砍下敌首 把敌首拉到河里
ʔavai 把敌首拉到河里清洗。

mauʔjuŋatuatu, ŋutaijutuɓunu.
把敌首拉到河里 啄敌首
将敌首清洗干净后啄敌首。

ŋutaijaɓunu, kanamasuajane.
啄敌首 顺着大河走
ʔavai 背着敌首顺着大河走。

kanamasuajane, kanaukuane.
顺着大河走 顺着小河走
ʔavai 背着敌首沿着大河行走，顺着小溪往回走。

kanaukaane, tikatikaḍaḍamu.
顺着小河走 在石头堆跳来跳去
ʔavai 顺着小溪往回走，溪中石头多，只好在石头堆中跳来跳去。

tikatikaḍaḍamu, kanamaiɓusane.
在石头堆跳来跳去 河路艰难
ʔavai 往回走时河路艰难。

kanamaiɓusane, kanatusiɓajane.
河路艰难 河边平坦地
ʔavai 经过河边平坦地。

kanatusiɓajane, musaɓajakonamu.
河边平坦地 在长青苔的石头上休息
ʔavai 往回走时在长青苔的石头上休息。

masaɓajakonamu, kanamajajatuɓe.
在长青苔的石头上休息 深入云竹园
ʔavai 走入云竹园。

kanamajajatuɓe, matuijahojao.
深入云竹园 如风一样快速

ʔavai 跋山涉水如风一样快。

matuijahojoo, masasanidahane.
如风一样地快速　　　　　喜欢走远路

ʔavai 动作如风，喜欢走远路。

10. pasuaɨdɨ 赞颂曲之"温氏（uʔtsna）"

tiɓusuŋu iŋuda, ukaijanidudi.
男子名　　　　　　女子名　　　　　　不畏惧

主帅为 tiɓusuŋu，其妻名为 iŋuju。他不怕任何事情。

ukaijatudi, masasanidajane.
不畏惧　　　　　　走这路

走这路，不畏惧敌人。

masasanidajane, kanaɓatidanume.
走这路　　　　　　在大河中迎战敌人

他喜欢走这条路，并在大河中与敌人作战。

kanaɓatidanume, kinatanaŋausa.
在大河中迎战敌人　杀死敌人

tiɓusuŋu 沿着大河作战，并杀死敌人。

kinatanaŋausa, nijakaitsujane.
杀死敌人　　　　　kaitsujane 为布农人将领名

kaitsuju 被 tiɓusuŋu 打败。

nijakaitsujane, manakisavijua.
kaitsujane 为布农人将领名　头上无毛

当时 kaitsuju 被打败，tiɓusuŋu 割其头去其皮帽时发现 kaitsuju 没有头发。

manakisavijua, nijaahakejao.
这个头上无毛的人　　我们所惧怕的人

这无毛头，是我们所惧怕的。

nijaahakejao, kinaijaijao.
我们所惧怕的人　　　已经被消灭了

我们所惧怕的敌人已经被消灭了。

kinaijaijao, kinataeuɓasane.
已经消灭了　　　　　到很远的地方

到很远的地方攻击并消灭敌人。

kinataeuɓasane,　　　　　　tanaaiaiŋa.
到很远的地方　　　　　　　重创敌人
到很远的地方攻击敌人并重创敌人。

tanaaiaiŋa,　　　　　　　　jamakuikui.
重创敌人　　　　　　　　　有神福佑
神福佑到很远的地方打敌人，并重创敌人。

三　讲述①

1. 结婚

ho　ḑa-mia　m-evtsoŋɨ　tsou　tanʔe　io　hahotsŋɨ　ḑa　ahoi　to
当　ASP-1PL　AF–结婚　邹人　PROX.DEM　IO　男人　ASP　开始　OBL
tompuska,　io　mamespiŋi　ḑa　ahoi　to　tomaskaveaɨnmɨ.　moso-ḑa　maitsa
二十岁　IO　女人　ASP　开始　OBL　十六岁　REA.AF–ASP　像这样
nenoanao,　ho　te　tovtsoŋɨ　aatsni　ahoi　no　m<a>ameoi-si.　ina
过去　当　IRR　让孩子成亲　总是　开始　OBL　<RED>老人–3SG.POSS　INA
te　eahŋiei　te-tsʔu　m-eeḑɨ　navtsoŋa,　ho　moso-ḑa　maitsa　tsi
IRR　要求结婚　IRR–ASP　AF–能够　有婚姻　当　REA.AF–ASP　像这样　REL
hia　tovtsoŋɨ,　upena　hotsi　kuzo-a　na　mamespiŋi　te-tsʔo　ahɨ　eavtsoŋɨ.
如此　安排婚姻　即使　如果　坏–PF　NOM　女人　IRR–ASP　必须　成为妻子
oʔa　te　ahtu　meeḑɨ　oʔte　t<m>aaeaezoeɨ　no　toʔtohɨŋɨ　no　m<a>ameoi.
NEG　IRR　曾　AF–能　NEG　<AF>顺应　OBL　要求　GEN　<AF>老人
ina-tsu　maitanʔe　aana　mo　mai　nenoanao,　hotsi-tsʔu　afuu　eupaɓɨhɨmnɨ
INA–ASP　现在　不再　REA.AF　像　过去　如果–ASP　已经　相爱
na　hahotsŋɨ　ho　mamespiŋi　te-tsʔu　m-eeḑɨ　navtsoŋa.　upena　ho
NOM　男人　和　女人　IRR–ASP　AF–可以　结婚　不管　当
i-si-tsu　　　　　　tiezuh-a　ʔe　ḑa　hia　tovtsoŋɨ,　oʔa　mo　hʔunano
REA.NAF–3SG–ASP　改变–PF　NOM　ASP　方式　婚姻安排　NEG　REA.AF　的确

---

① 讲述和故事语料选取自董同龢《邹语研究》的特富野方言和达邦方言文本。此专书是邹语研究的经典著作之一，收集最多的邹语长篇语料。原文用英语撰写，此处以中文呈现语料，并用现代语言学研究方法重新做语法标注和分析。由于原作者没有给每个故事和讲述命名，本书的名称由笔者根据内容自定。

maisʔa	eaneŋeesaŋsi	ho	ɖa	tovtsoŋɨ.	pan	to	mio-nʔa	akeʔi	totiski
喜欢	平地人	当	ASP	婚姻安排	有	OBL	REA.AF–ASP	有点	类似
nenoanao,	ɖa	aatsni	m-ooeai	emi	ho	haf-a	uh	to	emoo	to
过去	ASP	总是	AF-制作	酒	CONJ	带–PF	去	OBL	家	GEN
mamespiŋi	ho	pem-neni	no	m\<a\>ameoi-si,	ɖea-nʔa	m-aezo
女人	CONJ	让喝–BF	OBL	\<RED\>老人–3SG.POSS	ASP–ASP	AF–也
nenoanao,	io	hahotsŋɨ	tena	aatsni	uh	to	m\<a\>ameoinositsou	ho
过去	IO	男人	IRR	总是	去	OBL	\<RED\>岳父母	CONJ
eaahioa.	io	eaneŋeesaŋsi	ho	ɖa	tovtsoŋɨ,	ɖa	naʔno	manʔi	ʔo	ɖa
工作	IO	平地人	当	ASP	安排婚姻	ASP	非常	多	NOM	ASP
titʰ-a	tsi	peisu	ɖa-mia	tovtsoŋɨ	ʔe	tsou,	ʔo	mamespiŋi
使用–PF	REL	钱	ASP–1PL.NOM	安排婚姻	NOM	邹人	NOM	女人
oʔa	ɖea	m-ihia	matsutsuma	ho	haf-a.	io	hahotsŋɨ	oʔa	ɖa
NEG	ASP	AF–买	东西	CONJ	带–PF	IO	男人	NEG	ASP
hʔunano	manʔi	na	tiapaeoa	tsi	peisu.
特别	多	NOM	花	REL	钱

　　我们这里的邹人结婚，男人二十岁开始，女人十六岁开始。过去就是这样的，总是由老人们来安排孩子的婚事。要结婚的人就能够结婚。当一个人像这样安排孩子的婚姻时，即使那女人不喜欢，还是必须嫁人，从来都不能不顺应老人们的要求。现在事情不再像过去那样了，如果男人跟女人已经相爱，他们就可以结婚。不管婚姻安排的方式怎么改变，我们就是不喜欢平地人的婚姻安排（方式）。（在他们那里）有些事情还是跟过去有点儿类似，总是要酿酒，然后带到女人的家里让老人们喝，也还跟过去一样，男人总是去岳父岳母家工作。平地人安排婚姻时，他们花非常多的钱。我们邹人安排婚姻时，女人是不会买东西带过来的，男人花的钱也不会特别多。

2．雨季

ʔe	feohɨ	maitanʔe	mo	ʔpitva.	ho	ɖa-tsʔu	ananao	feohɨ
NOM	月	现在	REA.AF	七月	当	ASP–ASP	正是	月
maitanʔe,	ɖa	naʔno	asŋitsɨ	mɨtshɨ.	ɖa	naʔno	mavʔovʔo	ho	ɖa	oʔte
现在	ASP	非常	常常	下雨	ASP	非常	不同	当	ASP	NEG
asŋitsɨ	mɨtshɨ,	tena	vovoezɨ.	ho	mo	mɨtshɨ,	naʔno	kuzo.	ɖa-si-ʔso
常常	下雨	IRR	干燥	当	REA.AF	下雨	非常	坏	ASP–3SG–ASP

poa-kuzo-a	ʔo	mo	mavʔovʔo	tsi	heiheimʔɨ.	ho	ḍa	maitsa	tsi
CAUS–坏–PF	NOM	REA.AF	各种	REL	农作物	当	ASP	像这样	REL

mɨtshɨ,	ḍa	naʔno	skoeva	ho	ḍa	mi-ta	tseonɨ.	tsi	ḍa-so
下雨	ASP	非常	担心	当	ASP	REA.AF–3SG	走路	因为	ASP–ASP

t‹m›aieohɨ	ʔo	fatu.	upena	ho	ḍa	mɨtshɨ,	pan	to-nʔa	akeisi	koa
‹AF›滚下	NOM	石头	不管	当	ASP	下雨	有	OBL–ASP	一些	理由

imnɨ.	hotsi	eno	oʔte	ahtu	mɨtshɨ,	asɲitsɨ-tsʔo	vovoezɨ.	oʔa	nte-ḍa	ahtu
好	如果	然后	NEG	曾	下雨	一直–ASP	干燥	NEG	IRR–ASP	曾

fozu	na	tsʰumu.	hotsi	oʔte	fozu	na	tsʰumu,	oʔa	nte-ḍa	ahtu
深	NOM	水	如果	NEG	深	NOM	水	NEG	IRR–ASP	曾

m-eeḍɨ	t‹m›uhtsu.	hotsi	m-aezo	asɲitsɨ	vovoezɨ,	te	m-aezo	kuzo	tsi
AF–能	‹AF›移植幼稻	如果	AF–也	一直	干燥	IRR	AF–也	坏	因为

ḍa-so	poakuzoa	to	heiheimʔɨ.
ASP–ASP	造成伤害	OBL	农作物

这个月是七月。正是现在的这个月份，雨下得非常频繁。如果没有经常下雨，情况会很不同，会非常干燥。下雨多很不好，会对很多生长中的农作物造成伤害。老这样下雨的时候，走在路上会很担心，因为石头确实会滚下来。不管怎样，下雨还是有好的一面的。如果不下雨，就会一直干燥，水就不会深，如果水不深，就不能移栽幼稻。如果因此一直干燥，情况会变得很糟，因为会给生长中的农作物造成伤害。

3．烟草

io	ḍa-mia	etohvi	etamaku,	tsonino-tsʔo	iatsʰi-a	teai.	io	ḍa
IO	ASP–1PL	用	抽烟	通常–ASP	REFL–PF	做	IO	ASP

etamakua	tsi	tamaku,	ḍea-mia-tsʔo	eaez-a	iatsʰi-a	emi-a.	oʔa	ḍa-mia
抽烟	REL	烟草	ASP–1PL–ASP	也–PF	REFL–PF	种–PF	NEG	ASP–1PL

m-hino	ne	ŋeesaŋsi.	io	mo	etamaku	tsi	ma-mameoi,	i-he-tsu
AF–买	OBL	平地	IO	REA.AF	抽烟	REL	RED–老人	REA.NAF–3PL–ASP

etʔots-a.	ʔo	ḍa-he	iatsʰi-a	emi-a	tsi	tamaku.	ho	ḍa	etamaku
用–PF	NOM	ASP–3PL	REFL–PF	种–PF	REL	烟草	当	ASP	抽烟

to	tamaku	ne	ŋeesaŋsi,	oʔa	ḍa-he	aiḍ-a	imnɨ-a.	io	ḍa-he
OBL	烟草	OBL	平地	NEG	ASP–3PL	真的–PF	好–PF	IO	ASP–3PL

emi-a	tsi	tamaku,	naʔno	kaeb-a	emi-a	to	tsotsa	no	emoo.	ho	ḍa
种–PF	REL	烟草	很	喜欢–PF	种–PF	OBL	外面	GEN	屋子	当	ASP

emɨmʔi	naʔnosi	no	eap-neni	ʔo	tutu-si,	hotsi	oʔte	m-iapo
种植	大部分	CONJ	播种–IF	NOM	种子–3PL.POSS	如果	NEG	AF–播种

no	tutu-si,	ta-he	soezua-a	ʔo	oko	no	tamaku.	ho	mo
OBL	种子–3PL.POSS	IRR–3PL	移植–PF	NOM	小孩	GEN	烟草	当	REA.AF

maitsa	mitshɨ,	ɖa	naʔno	manʔi	ʔo	ɖa	emɨmʔi	to	tamaku	tsi
像这样	下雨	ASP	很	多	NOM	ASP	种	OBL	烟草	因为

ɖa-so	naʔno	eosku	ho	mo	mitshɨ.	ho	ɖa-tsʔu	mameoi	ʔo
ASP–ASP	非常	长	当	REA.AF	下雨	当	ASP–ASP	老	NOM

ɖa-he	emi-a	tsi	tamaku,	ta-he-tsu	teots-a	ho	toskuf-neni	to
ASP–3PL	种–PF	REL	烟草	IRR–3PL–ASP	砍–PF	CONJ	放–IF	OBL

pupuzu	ho	poa-oemɨʔmi-a.	ho	te-tsʔu	oemɨʔ-i,	te-tsʔu	peeɖi-i
火炉	CONJ	CAUS–烘干–PF	当	IRR–ASP	干–LF	IRR–ASP	能–LF

etamaku-a
抽烟–PF

我们用来抽烟的东西通常是自己做的，所抽的烟草，我们也自己种，我们没有从平地买。抽烟的老人们习惯用他们自己种的烟草，他们不是很喜欢抽那些从平地来的烟草。他们很喜欢把烟草种在屋外。种植时大部分都是播撒种子，如果他们不播种，就得移栽烟草幼苗。像这样下雨的时候，种烟草的人就很多，因为烟草在下雨时长得非常快。当烟草长成了，他们就会（将它们）砍下来，放在火炉上烘干，（烟草）变干就能抽了。

4．一日记事

ne	mi-ʔo	uh	tanʔe	netaseona,	naʔno	kui	tsi	mitshɨ.	io
当	REA.AF–1SG	到	PROX.DEM	早上	非常	大	REL	下雨	IO

tseonɨ	naʔno	smuu	ho	ɖiŋki.	naʔno	kuzo	ho	mo	tsoetsonɨ,
马路	非常	潮湿	CONJ	泥泞	非常	坏	CONJ	REA.AF	走路

siho	niate	s<m>optsuku.	ne	mi-ʔo-tsu	sitsʔihɨ	to	mo	poneo
好几次	差点	<AF>跌倒	当	REA.AF–1SG–ASP	到达	OBL	REA.AF	平原

ta	oiʔi,	mi-tsu	akeʔi	ɨmni	ho	mo	tsoetsonɨ.	mo
NOM	下方	REA.AF–ASP	一点点	好	CONJ	REA.AF	走路	REA.AF

atʔiŋhi	fozu	ʔo	tsʰumu,	ne	mi-ʔo-tsu	sitsʔihɨ	tanʔe,	aana
只有	满	NOM	水	当	REA.AF–1SG–ASP	到达	PROX.DEM	不再

mio	naʔno	mitshɨ.	os-ʔo-tsu	ait-i	muu,	ma
REA.AF	非常	下雨	REA.NAF–1SG–ASP	看到–LF	2PL	EMPH

第六章 语料

231

mi-mu-nʔa		aidɨ	ɓonɨ.	ne	mi-tsu		tsohiona,	mi-ʔo-tsu	
REA.AF–2PL–ASP		正好	吃	当	REA.AF–ASP		中午	REA.AF–1SG–ASP	

maineʔe.	mi-ʔo-nʔa		aidɨ	eiʔmi	tanʔe,	mo	akeʔi	mɨtshɨ
回家	REA.AF–1SG–ASP		正好	离开	PROX.DEM	REA.AF	一点点	下雨

ne	mi-ʔo-tsu		sitsʔɨhɨ	ta	oiʔi,	mi-tsu	iʔvaho	naʔno	kui	tsi
当	REA.AF–1SG–ASP		到达	OBL	下方	REA.AF–ASP	又	非常	大	REL

mɨtshɨ.
下雨

我早上到的时候，雨下得非常大，马路非常潮湿而且泥泞，走起来路况非常不好，好几次差点儿跌倒。一旦到了平原下方，路走起来就比较好走了。虽然到处都是水，可我到达这里后，雨也不再下得那么厉害了。我看到你们时，你们刚好在吃东西。中午了，我就回家了。我正要离开这里时，正好下了一点点雨。但当我到达下方时，雨又下得非常大了。

mi-ʔo-tsu		sitsʔɨhɨ	ne	emoo,	noeitsɨ	ʔe	poojojo-ʔu.
REA.AF–1SG–ASP		到达	OBL	家	全湿	NOM	裤子–1SG.POSS

os-ʔo-nʔa	juŋ-a	naʔa	ho	aie.	mi-ʔo-tsu		ɓonɨ,
REA.NAF–1SG–ASP	脱掉–PF	先	CONJ	换	REA.AF–1SG–ASP		吃

mi-ʔo-tsu		o-epɨŋɨ	ɓonɨ,	ukʔa	tsi	os-ʔo	hioa,
REA.AF–1SG–ASP		吃–完	吃	NEG	REL	REA.NAF–1SG	工作

mi-ʔo-tsu		uh	to	hopo	ho	oeŋɨtɨ.	mi-ʔo	naʔno	moonoi
REA.AF–1SG–ASP		去	OBL	床	CONJ	睡觉	REA.AF–1SG	非常	睡着

hotsi-he	oʔte	poetsiʔv-a,	oʔa	nte-ʔo	ahtu	smomio.	oʔa	mi-ʔo
如果–3PL	NEG	叫醒–PF	NEG	CNTRFCT–1SG	曾	醒	NEG	REA.AF–1SG

amako	jomuju,	mi-ʔo-tsu		uh	tanʔe,	mi-ʔo	ŋoheiŋei	hotsi
至少	洗脸	REA.AF–1SG–ASP		到	PROX.DEM	REA.AF–1SG	害怕	假如

oʔte	teedɨ,	mi-ʔo-tsu		naʔno	amajahe.	oʔamotsu	mi-ʔo	emomtsovhi
NEG	准时	REA.AF–1SG–ASP		非常	快	NEG	REA.AF–1SG	走远

ne	emoo,	mi-tsu	pajo	ʔo	hie,	ne	mi-ʔo-tsu		esmɨ	ta
OBL	家	REA.AF–ASP	出现	NOM	太阳	当	REA.AF–1SG–ASP		到达	OBL

sitsa,	ait-i	ʔe	taini.
PROX.DEM	看见–LF	NOM	3SG

我到家后，裤子全湿了。我先脱掉裤子，换（一条干的）。我开始吃东西，吃完东西之后没有其他事让我做，我就去床上睡觉了。我睡得很熟。如果他们没有叫醒我，我不会醒

来。至少我没有时间洗脸,我害怕不能准时到这里就跑得很快。(出发时)我还离家不太远,太阳就出来了,当我到了这个地方,我就看见它了。

5. 巫师

ʔe	ɖa	eon	ta	tapaŋi	nenoanao,	moso-ɖa	manʔi	na
NOM	ASP	住	OBL	达邦	过去	REA.AF–ASP	多	NOM

moso-ɖa	eoifo.	atsɨhi	maitanʔe	aana	mo	amako	eimo	na
REA.AF–ASP	巫师	全部	现在	不再	REA.AF	超过	五	NOM

os-ʔo	tsohiv-i.	io	os-ʔo	tsohiv-i	tsi	eoifo	ta	aɨɖi-tsʔo
REA.NAF–1SG	知道–LF	IO	REA.AF–1SG	知道–LF	REL	巫师	NOM	真正–ASP

ea	tanʔe	mo-tsʔo	tsihi	zou	eoifo	no	mamespiŋi.	io	ɖa	amamio
住	这里	REA.AF–ASP	一个	COP	巫师	GEN	女性	IO	ASP	生病

maitanʔe	tsi	tsou,	ɖea-he-tsu	naʔnosi	no	eieima	ʔo	ɖepemosʔosʔo.
现在	REL	人	ASP–3PL–ASP	大部分	CONJ	送	NOM	中医

mi-tsu	kakutia	ʔo	ɖa	ɓieɓiemi	to	eoifo.	ho	ɖa	poameipo
REA.AF–ASP	非常少	NOM	ASP	找	OBL	巫师	当	ASP	CAUS–施法

ʔo	ɖa	amamio	tsi	tsou,	ɖa	iatsʰi	mah	to	mo	tson	no
NOM	ASP	生病	REL	人	ASP	REFL	拿	OBL	REA.AF	一	GEN

takuviŋi	tsi	fuesɨ	ho	tapaniou.	te-tsʔu	uh	to	emoo	to	eoifo
碗	REL	米	CONJ	草	IRR–ASP	去	OBL	家	GEN	巫师

ho	poa-meipo.	mo-ʔu-ɖa	t<m>aɖi	to	mo	maitsa	tsi
CONJ	CAUS–施法	REA.AF–1SG-ASP	<AF>听到	OBL	REA.AF	像这样	REL

eʔe.	ho	mo	naʔno	kuzo	na	mo	amamio,	tena	eoho-a	na
话	当	REA.AF	非常	坏	NOM	REA.AF	生病	IRR	叫–PF	NOM

eoifo	hoho	poa-uh	no	emoo	no	mo	tmaʔtsoŋo.	ho	ɖa
巫师	CONJ	CAUS–去	OBL	家	OBL	REA.AF	生病	当	ASP

poa-uh	no	emoo	no	ɖa	tmaʔtsoŋo	na	eoifo,	ɖa	ts<m>uhu	ho
CAUS–去	OBL	家	OBL	ASP	生病	NOM	巫师	ASP	<AF>杀	CONJ

pʔ-ani	na	eoifo.	ina-tsu	maitanʔe,	aana	mo	maitsa	na	ɖa
CAUS–吃	NOM	巫师	INA–ASP	现在	不再	REA.AF	像这样	NOM	ASP

hioa.
做事

过去住在达邦的人里有很多巫师，现在所有的人中，我知道的不超过五个。我所知道的真正住在这里的巫师里，只有一位是女巫师。现在生病的人大部分都被送去看中医，找巫师的人已经非常少了。当病人要求巫师"施法"时，他就会自己拿一碗米和tapaniou草，然后去巫师的家并要求"施法"。我听说，如果出现这种情况，那就是一个人病得非常严重了，此时巫师会被叫去那个病得很严重的病人家。当巫师被要求去那个病重的病人家时，他们会杀动物给巫师吃。现在做事的方法不再是这样了。

ine	mo-ʔu-nʔa-ɖa	oko,	mo-ʔu-ɖa	siho	fiho	to
当	REA.AF–1SG-ASP–ASP	小	REA.AF–1SG-ASP	好几次	去	OBL

m\<a\>ameoi-u	ho	poa-meipo.	ɖa-ʔu	naʔno	otsi-a	tsotsv-i	ho
\<RED\>老人–1SG.POSS	CONJ	CAUS–施法	ASP-1SG	很	想–PF	笑–LF	当

ɖa	meipo	ʔo	eoifo.	asoni	ahoi	ho	mo-ʔu-tsu	tompuska,	aana
ASP	施法	NOM	巫师	大概	开始	当	REA.AF–1SG-ASP	二十岁	不再

ɖa-ʔu	ahtu	poa-meipo,	ɖa-ʔu-tsu	naʔno	taaeaezoi-he	ʔo
ASP-1SG	曾	CAUS–施法	ASP-1SG–ASP	很	有信心–COMP	NOM

ɖepemosʔosʔo.	upena	ho	ɖa-he	eaints-a	to	m\<a\>ameoi,	mio
医生	不管	当	ASP-3PL	说–PF	OBL	\<RED\>老人家	REA.AF

imni-he	to	ɖepemosʔosʔo	ʔo	eoifo,	ɖa-ʔu-tsʔo	taakukunuev-a.
好–COMP	OBL	医生	NOM	巫师	ASP-1SG–ASP	相信–PF

我还小的时候，好几次跟着老人们去央求（巫师）"施法"。巫师在"施法"时，我心里就很想笑。大概从我二十岁开始，我就不再要求"施法"了，我对医生有更多的信心。不管老人家们把巫师说得比医生有多好，我就只相信（医生）。

6. 传承

nenoanao	ɖa	poa-tsohiv-neni	to	mo-nʔa	juʔfafoinana	ʔo	ɖa
过去	ASP	CAUS–知道–BF	OBL	REA.AF–ASP	年轻人	NOM	ASP

hioa	to	mi-tsu	ma-mameoi,	ho	ta-he-tsu	tsohiv-i	to	mo
工作	OBL	REA.AF–ASP	RED–老	当	IRR–3PL–ASP	知道–LF	OBL	REA.AF

juʔfafoinana	na	nia-ɖa	hioa	no	moso	mameoi,	ta-he-tsu
年轻人	NOM	ASP–ASP	工作	OBL	REA.AF	老	IRR–3PL–ASP

jaits-a	eutitsŋitsŋih-i	ho	iʔvah-a	no	mo-nʔa	ʔoʔ-oko.
像这样–PF	传承–LF	CONJ	再–PF	OBL	REA.AF–ASP	RED–孩子

过去，那些年轻一代的人由老一辈的人来教导（怎么）做事，当这些年轻一代的人已经知道老一辈的人所做的事后，他们便会将这些再传承给下一代。

7. 吴凤

moso-ɖa	eon	nintsa	saviki	na	nia	ŋohoo.	moso	nana	ɖa
REA.AF–ASP	住	后面	山美	NOM	ASP	吴凤	REA.AF	EVID	ASP

m-aitsa,	ozomɨ	na	nia	tsou	ta	saviki,	oʔa	i-si	aht-a
AF–像这样	猎人头	NOM	ASP	邹人	OBL	山美	NEG	REA.NAF–3SG	曾–PF

teom-i	no	ozomɨ.	i-si	nana	eaints-a:	"hotsi-mu	aŋu	m-itsi
赞同–LF	OBL	猎人头	REA.NAF–3SG	EVID	说–PF	如果–2PL	真的	AF–希望

eofŋu,	nte-mu	ahoz-a	nta	fŋuu-ʔu	na	te-mu	eaa."
砍人头	CNTRFCT-2PL	开始–PF	NTA	头–1SG.POSS	NON	IRR–2PL	拿

o-he	nana	aɨmt-a	optsoz-a	na	nia	ŋohoo.	o-he-tsu
REA.NAF–3PL	EVID	最后–PF	杀–PF	NOM	ASP	吴凤	REA.NAF–3PL–ASP

nana	optsoz-a	na	ŋohoo,	moh-tsu	eiʔmi	ta	ŋeesaŋsi	na
EVID	杀–PF	NOM	吴凤	REA.AF–ASP	来自	OBL	平地	NOM

vtsoŋi-si,	paʔ-toesoso	no	mo	m-uni,	ina	nte	moeŋitsɨ
妻子–3SG.POSS	CAUS–飞	OBL	REA.AF	AF–叫	INA	CNTRFCT	往上看

ho	teiʔtmɨ,	te-tsʔu	mtsoi,	koʔko	moso	eno	aɨɖi	titsɨtsɨhi	na	nia
CONJ	注视	IRR–ASP	死	结果	REA.AF	因此	真的	消灭	NOM	ASP

tsou	ta	saviki.	ho	moh-tsu	mtsoi,	o-he-tsu	teai	na
邹人	OBL	山美	当	REA.AF–ASP	过世	REA.NAF–3PL–ASP	做	NOM

oŋko-si	ho	si-a	ne	ŋohoo	vio.	o-he-tsu-ɖa	totovaha
图像–3SG.POSS	CONJ	放–PF	OBL	吴凤	庙	REA.NAF–3PL–ASP	每年

pees-eni	to	eaneŋeesaŋsi.
祭拜–BF	OBL	平地人

已故的吴凤曾住在山美后面。故事是这样的：以前山美部落的邹人猎取人头，但吴凤不赞同这样做。他说："如果你们真的希望猎取人头，那就来砍我的头吧。"他们最后就把吴凤杀了。吴凤被杀后，他的妻子从平地赶来，让飞禽飞起来鸣叫，那些向上看的人就会死。最后那些曾经住在山美的邹人就真的被全部消灭了。吴凤过世后，平地的人画出他的画像来并摆放在吴凤庙里。（如今）平地的人每年都去祭拜他。

8. 打猎

ho	moso-ɖa	eʔohɨ	nenoanao,	ɖa	ahoi	meeni	to	tonʔu	ho
当	REA.AF–ASP	打猎	以前	ASP	开始	捣	OBL	小米	CONJ

第六章 语料

235

teaph-a	to	efutsu.	aepiŋ-a	teaph-a	to	efutsu,	tena-tsʔu	teaph-a	to	keipɨ,
放–PF	OBL	袋子	完成–PF	放–PF	OBL	袋子	IRR–ASP	放–PF	OBL	网子

ho	tena-tsʔu	aepiŋ-a	si-a	to	keipɨ	ʔo	fiesi,	tena-tsʔu	eʔohɨ.
当	IRR–ASP	完成–PF	放–PF	OBL	网子	NOM	米	IRR–ASP	打猎

ɖa-tsʔu	eʔohɨ,	ɖa	t<m>aaeaezoeɨ	to	zomɨ	to	tseonɨ.	hotsi	kuzo	na
ASP–ASP	打猎	ASP	<AF>听	OBL	鸟	OBL	路	如果	坏	NOM

zomɨ,	ɖea-nʔa	juovei	ta	emoo,	ho	tena	hutsmasi,	te-tsʔu	iʔvaho	eʔohɨ.
鸟	ASP–ASP	回去	OBL	家	当	IRR	隔天	IRR–ASP	再	打猎

ho	ɖa-tsʔu	eʔohɨ	ho	imni	na	zomɨ,	tena-tsʔu	sitsʔihɨ	to	teova.
当	ASP–ASP	打猎	CONJ	好	NOM	鸟	IRR–ASP	到达	OBL	工寮

ho	mi-tsu	sitsʔihɨ	to	teova,	si-a	to	teova	ʔo	keipɨ.
当	REA.AF–ASP	到达	OBL	工棚	放–PF	OBL	工棚	NOM	网子

te-tsʔu	mimimio	ho	eafou,	hotsi	mimimio	ho	ɓaito	no	euansou,
IRR–ASP	出来	CONJ	打猎	如果	出来	CONJ	看到	OBL	动物

te-tsʔu	pna-a.	hotsi	ih-a,	tena-tsʔu	haf-a	uh	to	teova.	hotsi	ʔua,
IRR–ASP	射–PF	如果	射–PF	IRR–ASP	带–PF	去	OBL	工棚	如果	鹿

aatsni-a	papas-a	ho	teoŋasi	ʔo	motsmo-si,	ina	i-si
总是–PF	切–PF	CONJ	分享	NOM	别人–3SG.POSS	INA	REA.NAF–3SG

teoŋasi,	tena	juovei.	hotsi	miʔho	no	fuzu,	oʔa	ɖa	namatsi	papas-a,	tsi
分享	IRR	返回	如果	打	OBL	山猪	NEG	ASP	需要	切–PF	因为

ɖa-tsʔo-so	avʔoh-a.	tena	iʔvaho	mimimio	ho	eaa	mazozomɨ,	hotsi
ASP–ASP-ASP	背–PF	IRR	再	出来	CONJ	找	动物	如果

m-aitsa	iʔvaho	m-ajo,	te	iʔvah-a	haf-a	uh	to	teova.	hotsi	ɓotŋonɨ
AF–像这样	再	AF–抓	IRR	再–PF	带–PF	回	OBL	工棚	如果	很多

na	nte	nithɨ	ho	aana	ɖa	eafou,	te-tsʔu	aaŋaez-a	ho
NOM	CNTRFCT	一起去	CONJ	NEG	ASP	打猎	IRR–ASP	分食	CONJ

maineʔe	no	hutsmasi.
回家	OBL	隔天

  从前去打猎的时候，要先捣好小米放进袋子里。小米放到袋子里后，就把袋子放进网子里，放到网子里后，就可以去打猎了。去打猎的时候，要注意听路上小鸟的声音。若听到的鸟叫声不吉利，就要马上回家，隔天再去打猎。去打猎的时候若见到的鸟是吉祥的，就直接去往打猎的工棚。到达打猎的工棚后，把装小米的网子放下，就出来打猎。如果出

来看到动物，就会射杀它们，如果射中了，就把猎物带回工棚。如果射到鹿，就要分割开，跟同伴分享，那些分享到猎物的人就会回去。如果打到的是山猪，那便不需要分割，因为可以背回去。之后，再次去找动物时，如果也像这次一样抓到猎物，也要带回工棚。如果一起去的人很多，而且同伴们也没打到猎物，他们会把猎物分食掉，而且要隔一天才回家。

9．守候式狩猎

hotsi	zotajo,	tena	ohtsumʔu	to	ɓeahtsi	to	evi	ho
如果	守候式狩猎	IRR	走近	OBL	果子	OBL	树	CONJ

zotaev-a.	na	nte	ɖa	uso	tsi	juansou	ho	ɖa	m-aitsa
守候式狩猎–PF	NOM	CNTRFCT	ASP	前往	REL	动物	当	ASP	AF–像这样

zotajo,	ɖa	naʔno	smeehao,	tsi	nte	ɖa	pkaako	ho	ɖa
守候式狩猎	ASP	非常	安静	因为	CNTRFCT	ASP	跑掉	当	ASP

t\<m\>adɨ	no	nte	kaukeokeo.	io	ɖa	hia	eafou,	mo	naʔno
\<AF\>听	OBL	CNTRFCT	窸窣声	IO	ASP	如何	打猎	REA.AF	非常

mavʔovʔo.	pan	to	ɖa	eaints-a	zonso	ho	eafou.	ɖa	us-a
各种不同	有	OBL	ASP	说–PF	在兽泉处狩猎	当	打猎	ASP	前往–PF

ho	te-tsʔu	feŋna	ho	zotaev-a	na	nsoo.	io	ɖa	uh	to
当	IRR–ASP	傍晚	CONJ	守候式狩猎–PF	NOM	兽泉	IO	ASP	去	OBL

nsoo	ho	m-imo,	zou-tsʔo	ʔua.	ho	tena-tsʔu	uso	ʔo	ʔua,	tena
兽泉	CONJ	AF–喝	COP–ASP	鹿	当	IRR–ASP	前往	NOM	鹿	IRR

poa-naʔa	m-imo.	tena-tsʔu	pna-a,	io	ɖa	ɨh-a,	pan	to	ɖa	oʔte
CAUS–先	AF–喝	IRR–ASP	射–PF	IO	ASP	前往–PF	有	OBL	ASP	NEG

tsoŋo	ho	toekameosɨ.	tena	josuʔk-a,	io	mo	tsoŋo,	ɖa-tsʔo	osni
痛	CONJ	立刻跑	IRR	跟着脚印–PF	IO	REA.AF	痛	ASP–ASP	立刻

epuju.	tena-tsʔo	eseʔva	to	nsoo.	upena	ho	ɖa-tsʔu	pono	ho	majo,
倒下	IRR–ASP	拉出	OBL	兽泉	即使	CONJ	ASP–ASP	射	CONJ	抓

oʔa	te	aumʔuhu	maineʔe,	tsi	oʔa	nte	peeɖ-a	zotaev-a
NEG	IRR	很快	回家	因为	NEG	CNTRFCT	能–PF	守候式狩猎–PF

na	nte	uafeihi.	ho	ɖa	ɓotŋonɨ	ʔo	ɖa	nithɨ,	tena
NOM	CNTRFCT	跟在后头	当	ASP	很多	NOM	ASP	一起去	IRR

jupa-asuski	jusuhŋu.
RECIP–轮流	坐

如果采取守候式狩猎，猎人们会去果树旁边守候可能出现的动物，像这样的守候式狩猎都非常安静，因为动物听到任何窸窸窣窣的声音都会跑掉。每个猎人怎么打猎，这可能非常不同。打猎的时候，有的在兽泉处狩猎。当天到傍晚时，前往兽泉处进行守候式狩猎，去兽泉处喝水的动物中一定有鹿。鹿来的时候，先让它喝水，然后再射杀它。有可能鹿中枪了也没感到痛立刻跑掉，那就跟着它的脚印追踪下去，那些感觉到痛的便会立刻倒下，这时就可以把鹿从的喝水地方拉出来。即使猎人已经射中并抓到了鹿，他也不会很快回家。因为那样的话他就射杀不到那些后面过来的动物了。当然，如果很多人一起去的话，他们也会轮流坐着等候。

10．带狗打猎

siho	ɖa	poa-avʔu,	siho	mi-tsu	sitsʔɨhɨ,	tena-tsʔu	juŋ-a	ʔo
当	ASP	CAUS–狗	当	REA.AF–ASP	到达	IRR–ASP	松绑–PF	NOM

avʔu.	iho	ɖa-tsʔu	juŋ-a	ʔo	avʔu,	ihotsi-tsʔu	eɖɨ	no	juansou,
狗	当	ASP–ASP	松绑–PF	NOM	狗	如果–ASP	找到	OBL	动物

ta-si-tsu	peoɓaŋ-a.	siho	ɖa-tsʔu	m-eoɓaŋo	no	i-si	peoɓaŋ-a
IRR–3SG–ASP	追–PF	当	ASP–ASP	AF–追	OBL	REA.NAF–3SG	追–PF

ta-he-tsu	joŋm-a	to	tsʔoeha.	sihotsi	esmi	no	tsʔoeha	na	juansou,
IRR–3PL–ASP	守候–PF	OBL	溪	如果	到	OBL	溪	NOM	动物

te-he-tsu	pna-a.	ho	ɖa-tsʔu	ih-a,	te-tsʔu	papasa	ho	haf-a
IRR–3PL.ASP	射–PF	当	ASP–ASP	射–PF	IRR–ASP	切	CONJ	带–PF

maineʔe.
回家

带狗打猎的话，到达打猎的地方时，就会给狗松绑。狗松绑了，如果它找到动物，便会去追。当它追捕动物时，猎人就在溪边守候，如果动物靠近溪边了，他们就射击，被射中的动物就会被分成块儿带回家。

11．用陷阱打猎

ɖa	ahoi	m-ooeai	sikotva,	te-tsʔu	m-ooeai	sapiei-si,	te-tsʔu
ASP	开始	AF–做	陷阱地弓	IRR–ASP	AF–做	鞋子–3SG.POSS	IRR–ASP

paʔe-a	ʔo	pujujua.	aepiŋ-a	paʔe-a,	te-tsʔu	eaa	fohŋu,	te-tsʔu
挖–PF	NOM	陷阱	完成–PF	挖–PF	IRR–ASP	拿	套绳陷阱的树枝	IRR–ASP

tsiʔtsiʔ-neni	to	tseoa.	siho	i-si-tsu	aepiŋ-a	tsiʔtsiʔ-neni,	tena-tsʔu
插–IF	OBL	土	当	REA.NAF–3SG–ASP	完成–PF	插–IF	IRR–ASP

seʔoti-neni	ʔo	evomɨ.	aepiŋ-a	seʔoti-neni,	te-tsʔu	ehkuei	ho	ŋovʔ-eni
挂–IF	NOM	茅草结 完成–PF	挂–IF		IRR–ASP	调整	CONJ	挂–IF

to	sikotva-si	ʔo	tsotsku-si.		aepiŋ-a	ŋovʔ-eni	ʔo
OBL	陷阱地弓–3SG.POSS	NOM	鸟套挂钩–3SG.POSS	完成–PF	挂–IF	NOM

tsotsku-si,	tena-tsʔu	poa-mai<ku>ukujuŋ	to	sapiei-si	ʔo
鸟套挂钩–3SG.POSS	IRR–ASP	CAUS–<RED>围成圈	OBL	鞋子–3SG.POSS	NOM

ɖa	feoŋo-si	to	evomɨ.	aepiŋ-a	na	itsʔo,	te-tsʔu	efo-a
ASP	洞–3SG.POSS	OBL	茅草结 完成–PF	NOM	DIST.DEM	IRR–ASP	盖–PF

to	tseoa,	siho	i-si-tsu	aepiŋ-a	akeʔ-a	naʔa	poa-noanao,
OBL	土	当	REA.NAF–3SG–ASP	完成–PF	一点–PF	先	CAUS–一段时间

tena-tsʔu	papʔet-a,	ho	ɖa-tsʔu	papʔet-a.
IRR–ASP	巡视陷阱–PF	当	ASP–ASP	巡视陷阱–PF

如果用陷阱地弓打猎，猎人们就会先做陷阱地弓，先做一个鞋形的木板，再挖陷阱。挖完陷阱后，把套好绳子的树枝插在土里。插完之后，就把茅草结挂起来。挂完之后，调整好并在陷阱地弓上挂鸟套挂钩。挂完鸟套挂钩后，茅草结的洞对着鞋形木板围成圈。做完这个后，用土盖起来。过一段时间，猎人再去巡视陷阱。

hotsi-si	mumio,	te-tsʔu	juŋ-a	ho	papasa.	ho	la-si	mumio,
如果–3SG	中陷阱	IRR–ASP	松绑–PF	CONJ	切	当	ASP–3SG	中陷阱

pan	to	ɖa	ʔoha	monʔi	mtsoi	ho	tuefis-a	ʔo	fohŋu.
有	OBL	ASP	NEG	快	死	CONJ	脱离–PF	NOM	套绳陷阱的树枝

ta-si-tsu	eaits-a	haf-a	ʔo	fohŋu	ho	toekameosɨ,	pan	to
IRR–3SG–ASP	说–PF	带–PF	NOM	套绳陷阱的树枝	CONJ	立刻跑	有	OBL

ɖa	naʔno	emomtsovhi,	te-tsʔu	petohɨjɨ	ekosɨ	ho	mtsoi.	ho	ɖa
ASP	非常	走远	IRR–ASP	终于	碰触	CONJ	死	当	ASP

m-aitsa,	tena	aatsni-a	josuʔk-a	ho	eiʔeima.	ɖea	m-aezo	ɖojo	ʔo
AF–像这样	IRR	总是–PF	跟着脚印–PF	CONJ	寻找	ASP	AF–也	普遍	NOM

ɖa	oʔte	tuefisi	to	fohŋu.	siho	i-si	papʔet-a,
ASP	NEG	脱离	OBL	套绳陷阱的树枝	当	REA.NAF–3SG	巡视陷阱–PF

hotsi-nʔa	jansou-a	te	seuʔts-a	ho	papasa.
如果–ASP	活–PF	IRR	刺杀–PF	CONJ	切

如果巡视陷阱时发现有猎物中陷阱了，他会将猎物松绑，接着把猎物分割成肉块儿。当陷阱地弓抓到猎物时，如果有些动物还没有死，就可能脱离套绳陷阱的树枝。据说此时

它就有可能带着套绳陷阱立刻逃跑，有些跑得非常远，最后撞到什么东西才会停下来死掉。在这样的情形下，猎人们总会跟着猎物的脚印继续寻找，没有脱离套绳陷阱树枝的情形也很普遍。当猎人们巡视陷阱时，发现猎物还活着，就会把猎物刺死并分割成肉块儿。

12. 烧耕得猎物

io	ɖa	pʰomeo	ɖa	ɓotŋoni	ʔo	ɖa	nithi.	tena	noteueunu	naʔa
IO	ASP	烧耕	ASP	很多	NOM	ASP	一起去	IRR	聚集	先

ho	toisɓisɓiti	no	te	hia	pʰomeo.	ho	ɖa-tsʔu	aepiŋi	toisɓisɓiti,
CONJ	讨论	OBL	IRR	如何	烧耕	当	ASP–ASP	完成	讨论

tena-tsʔu	iananʔou	uh	to	te	eon-i.	siho	ɖa-tsʔu	ahoi	pʰomeo,
IRR–ASP	分开	去	OBL	IRR	在–LF	当	ASP–ASP	开始	烧耕

tena	ahoi	to	pepe-si.	ho	ɖa-tsʔu	hmo-i	ʔo	pepe-si,
IRR	开始	OBL	上面–3SG.POSS	当	ASP–ASP	烧–LF	NOM	上面–3SG.POSS

tena-tsʔu	aepoh-a	hmo-i	ʔo	mafafaeŋi-si.	aepiŋ-a	hmo-i.	te-tsʔu	hmo-i
IRR–ASP	同时–PF	烧–LF	NOM	旁边–3SG.POSS	完成–PF	烧–LF	IRR–ASP	烧–LF

ʔo	oiʔi-si.	ho	ɖa-tsʔu	maitsa	iuniou,	te-tsʔu	toekameosi	na
NOM	下面–3SG.POSS	当	ASP–ASP	像这样	放火	IRR–ASP	立刻跑掉	NOM

euansou.	eumio	to	ɖa	eoŋmi.	io	ɖa	oʔte	eumio	to	ɖa	eoŋmi
动物	去面对	OBL	ASP	等待	IO	ASP	NEG	去面对	OBL	ASP	等待

tena	nisʔih-a.	siho	mi-tsu	hoepuŋi,	tena-tsʔu	atsihi	ɓieɓiemi	no
IRR	烧–PF	当	REA.AF–COS	结束烧耕	IRR–ASP	全部	找	OBL

nte	nisʔih-a.	atsihi	ina	ɖa	eaa	tsi	fou,	tena	haf-a	uh	to	ɖa
CNTRFCT	烧–PF	全部	INA	ASP	找	REL	肉	IRR	带–PF	去	OBL	ASP

ahoz-a	eon-i.	noteueunu	ho	teai.	ho	ɖa	aaŋaezo,	tena	iananʔou	m-aeo
开始–PF	在–LF	聚集	CONJ	切	当	ASP	分开	IRR	分别	AF–拿

ho	si-a	to	keipi.	ho	ɖa-tsʔu	taseona,	te-tsʔu	iananʔou	maineʔe.
CONJ	放–PF	OBL	网子	当	ASP–ASP	早上	IRR–ASP	分别	回家

讲到烧耕，一起去的人有很多。他们先聚（在一起），然后商量如何烧耕。商量完，他们就分开各自去定好的地点。一开始，他们从上面开始烧。上面烧起来以后，他们也在旁边开始点火烧。（上面和旁边）烧完后，他们烧下面。他们这样烧一阵火后，动物们（马上）会跑起来。（火）遇上（那些逃不掉的）动物们，就会把它们烧（死）。烧耕结束后，他们都去寻找被烧过的动物。然后，所有的猎物都被带到猎人们一开始聚集的地方。大家聚在一起，然后把猎物切割成块儿。把动物切分好后，他们拿走猎物的肉块儿放进自己的网里。

到了早上，大家就各自回家了。

13．如何毒鱼

ɖa	aueu	m-eia	otofnana	ho	toteueu-neni.	tena-tsʔu	uh	ne	tsʔoeha.
ASP	先	AF–挖	毒藤蔓	CONJ	放一起–IF	IRR–ASP	去	OBL	溪

ho	ɖa-tsʔu	otfo,	tena	ahoz-a	tutv-a	ʔo	otofnana	ho	aasɓit-a
当	ASP–ASP	毒鱼	IRR	开始–PF	打–PF	NOM	毒藤蔓	CONJ	有时–PF

tfu-i	to	tsʰumu.	siho	i-si-tsu	tʔoepiŋi	ʔo	otofnana,	tena-tsʔu
洒–LF	OBL	水	当	REA.NAF–3SG–ASP	喷洒完	NOM	毒藤蔓	IRR–ASP

ait-i.	hotsi	hafsɨ,	te-tsʔu	eaeoskɨ.	ɖa	sitsʔihi	to	aana	ɖa	hafsɨ.
看–LF	如果	毒到	IRR–ASP	拿鱼	ASP	去远处	OBL	不再	ASP	毒到

tena-tsʔu	maineʔe	ho	toteueu-neni	ʔo	eoskɨ	ho	aaŋez-a.
IRR–ASP	回去	CONJ	放一起–BF	NOM	鱼	CONJ	分开–PF

这是一个有关毒鱼的故事。毒鱼时，先挖出有毒的藤蔓，然后把它们放在一起。接着就去溪边。（到了溪边）先摔打藤蔓（，把毒液敲打出来），然后把它洒在水里。喷洒完后，（他）就观察（水面）。如果有鱼被毒到，他就会把鱼拿上来，再走到远处没有下毒的地方，最后他将毒过的鱼带回去分开摆放。

14．如何网鱼

ho	mo	mitshɨ,	ɖa	ait-i	ʔo	tsʔoeha	hotsi	himeu.	hotsi	himeu
当	REA.AF	下雨	ASP	看–LF	NOM	溪	如果	泥泞	如果	泥泞

te-tsʔu	uh	ne	tsʔoeha	ho	m-aaseu.	ho	ɖa	m-aaseu,	oʔa	mo
IRR–ASP	去	OBL	溪	CONJ	AF–网鱼	当	ASP	AF–网鱼	NEG	REA.AF

mai	to	motsmo	tsi	ɖa	hia	eaeoskɨ	ho	oʔte	skoeu.	mo
像	OBL	别人	REL	ASP	如何	捕鱼	CONJ	NEG	害怕	REA.AF

maitsa.	ɖa-ʔso	naʔno	fozu	ʔo	tsʰumu.	ho	oʔa	ɖa	naʔno	fozu	ʔo
像这样	ASP–ASP	很	深	NOM	水	当	NEG	ASP	很	深	NOM

tsʰumu,	tena	akeʔi	m-eeɖi	m-aaseu	to	taitso-si.	ho	mo	naʔno
溪流	IRR	一点	AF–能	AF–网鱼	OBL	中间–3SG.POSS	当	REA.AF	很

fozu	ʔo	tsʰumu,	tena-tsʔo	peoasaskita.	ho	ɖa	m-eoɖi	to	eoskɨ,
深	NOM	水	IRR–ASP	在水的边缘网鱼	当	ASP	AF–捉到	OBL	鱼

tena	m-oftiftii	to	eoi.	oʔa	ɖa	monʔi	peeɖ-a	titsun-a	ta	emutsu.
IRR	AF–跳动	OBL	网子	NEG	ASP	快	能–PF	抓–PF	NOM	手

ho	ḍa-tsʔu	titsun-a,	tena-tsʔu	eaa	ho	si-a	to	pupuŋa.	siho
当	ASP–ASP	抓–PF	IRR–ASP	拿	CONJ	放–PF	OBL	竹筒	当

i-si-tsu	si-a	to	pupuŋa,	tena-nʔa	noanaʔo	m-oftiftii.	tena-tsʔu
REA.NAF–3SG–ASP	放–PF	OBL	竹筒	IRR–ASP	一阵子	AF–跳动	IRR–ASP

mtsoi.
死

下雨的时候，他会看溪里是否泥泞。如果是泥泞的，他就会去溪边网鱼。网鱼的时候，捕鱼的方式不会像其他方式那样让人害怕。当水积得不是很多时，就可以在水中间网鱼；当水积得很多时，也可以在水边网鱼。当捉到鱼时，它在网子里跳动，没有办法立刻用手抓起来。抓到鱼后，就把鱼拿起来放进竹筒里。刚被放进竹筒里时，它还会跳动一阵子。不一会儿，它就死了。

15. 如何钓鱼

ho	ḍa	toaḍuŋu,	oʔa	ḍa	ainpinpi	m-eeḍi.	iho	mo-tsʔo	mai
当	ASP	钓鱼	NEG	ASP	随心所欲	AF–能够	当	REA.AF–ASP	像

ta	maitanʔe	ho	ŋoetsiŋtsɨ	ʔo	ḍa	m-eeḍi	toaḍuŋu.	iho	ḍa
OBL	今天	CONJ	石头不滑	NOM	ASP	AF–能够	垂钓	当	ASP

toaḍuŋu,	te	ahoi	m-eia	poḍo	ho	si-a	to	mo	oko	no	pupuŋa.
垂钓	IRR	开始	AF–挖	蚯蚓	CONJ	放–PF	OBL	REA.AF	小	GEN	竹筒

siho	ḍa-tsʔu	m-euepiŋi	m-eia	poḍo,	tena-tsʔu	haf-a	ʔo	ḍuŋu	ho
当	ASP–ASP	AF–挖完	AF–挖	蚯蚓	IRR–ASP	拿–PF	NOM	钓钩	CONJ

eoetsiŋhi	ho	uh	ne	tsʔoeha.	iho	te-tsʔu	aiḍɨ	toaḍuŋu,	ahoz-a	naʔa
钓竿	CONJ	去	OBL	溪流	当	IRR–ASP	真正	垂钓	开始–PF	先

si-i	to	poḍo	ʔo	ḍuŋu.	siho	te-tsʔu	aepiŋ-a,	tena-tsʔu	toʔs-eni	to
放–LF	OBL	蚯蚓	NOM	钓钩	当	IRR–ASP	完成–PF	IRR–ASP	丢–IF	OBL

tsʰumu.	oʔa	ḍa	toʔs-eni	to	mo	smomatsoŋo,	tsi	nte
水	NEG	ASP	丢–IF	OBL	REA.AF	急流	CONJ	CNTRFCT

ŋohtsu.	ḍa	toʔs-eni	to	mo	smopohao.	tena	oʔte	meaeovtsu	ʔo
冲走	ASP	丢–IF	OBL	REA.AF	缓慢的水流	IRR	NEG	流走	NOM

ḍuŋu.	siho	ḍa-si-tsu	eoets-a	to	eoskɨ	ʔo	ḍuŋu,	tena-tsʔu	eftii-neni.
钓钩	当	ASP–3SG–ASP	咬住–PF	OBL	鱼	NOM	钓钩	IRR–ASP	拉起–IF

pan	to	ḍa	okosi.	pan	to	ḍa	meoisi.	ho	ḍa	ɓoetsɨ	ʔe	meoisi,
有	OBL	ASP	小	有	OBL	ASP	大	当	ASP	咬	NOM	大

tena	noanaʔv-a	peikieŋi-a.	tena-tsʔu	petohɨe-a	peed̯-a	eaa.	siho
IRR	旋转–PF	一阵子–PF	IRR–ASP	最后–PF	能–PF	拿	当

i-si-tsu	eaa	d̯a	ɓumemead̯i,	tsi	d̯a-ʔso	mafeɬesɨ	ʔo	eoskɨ.
REA.NAF–3SG–ASP	拿	ASP	有技巧	CONJ	ASP–ASP	滑	NOM	鱼

想钓鱼的时候，他不能随心所欲地钓。（只有）天气像今天这样而且石头不滑的时候才可以垂钓。垂钓时，他先要挖蚯蚓并把挖到的蚯蚓放进一个小竹筒里。挖完蚯蚓后，他会拿钓钩和钓竿去溪流边。当他真正垂钓时，会先把蚯蚓放在钓钩上。做完之后，就（把钓钩）丢入水里。他不会将它丢入急流，因为那会被冲走。他会将它丢入流速缓慢的水流里，这样钓钩就不会被水流冲走。当钓钩被鱼咬住，就会被拉起来。有些鱼是小的，有些是大的。当一条大鱼咬了（鱼钩），会旋转一阵子。但最后鱼（还是）会被拿起来。拿鱼的时候，是非常需要技巧的，因为鱼非常滑。

16．如何做鱼叉

io	teezo	d̯a	ɓoemi	to	meemeno	ho	poa-maenoa.	aepiŋ-a
IO	鱼叉	ASP	用	OBL	铁	CONJ	CAUS–变尖	结束–PF

poa-maenoa,	tena-tsʔu	fut-a.	ho	d̯a-tsʔu	aepiŋ-a,	tena-tsʔu	ʔtsɨŋh-eni
CAUS–变尖	IRR–ASP	绑–PF	当	ASP–ASP	完成–PF	绑–PF	IRR–ASP	装–IF

to	eoetsɨŋhɨ.	siho	i-si-tsu	aepiŋ-a,	tena-tsʔu	peed̯-i	titʰ-a	ʔo
OBL	把手	当	REA.NAF–3SG–ASP	完成–PF	IRR–ASP	能–LF	用–PF	NOM

teezo	ho	eaeoskɨ.	io	teezo	d̯a	titʰ-a	ho	d̯a	otfo	ho
鱼叉	CONJ	捕鱼	IO	鱼叉	ASP	用–PF	CONJ	ASP	毒鱼	CONJ

mamtesŋusŋu.	hotsi	ukʔa	tsi	teezo	nte	naʔno	ʔoha	sonɨ	ho
用玻璃捕鱼	如果	NEG	REL	鱼叉	CNTRFCT	非常	NEG	快	CONJ

d̯a	eaeoskɨ.
ASP	捕鱼

说到鱼叉，（人们）用铁片把它削尖。削尖之后，给它绑一些线。绑完之后，装上一个把手。这些做完之后，鱼叉就可以用来捕鱼了。鱼叉是在毒鱼或用玻璃叉鱼的时候用的。如果没有鱼叉，就不能快速地捕鱼。

17．如何使用玻璃叉鱼

ho	d̯a	mamtesŋusŋu,	d̯a	ahoz-a	poa-teai-neni	ʔo	d̯a	titʰ-a	tsi
当	ASP	用鱼叉叉鱼	ASP	先–PF	CAUS–做–IF	NOM	ASP	用–PF	REL

gad̯asɨ.	iho	d̯a-tsʔu	oʔte	mɨtshi	ʔo	d̯a	uh	ne	tsʔoeha,	tsi	d̯a-ʔso
玻璃	当	ASP–ASP	NEG	下雨	NOM	ASP	去	OBL	溪	CONJ	ASP–ASP

oʔte	eueafo	eoski.	ho	ḑa-tsʔu	aiḑi	mamtesŋusŋu,	ḑa	topts-eni	to
NEG	出来	鱼	当	ASP–ASP	真的	用玻璃叉鱼	ASP	放靠近–IF	OBL

mo	ʔoha	smomatsoŋo	ʔo	gaḑas.	tena	ait-i	hotsi	pan	no	eoski.
REA.AF	NEG	水流不急	NOM	玻璃	IRR	看–LF	如果	有	OBL	鱼

tena-tsʔu	papteezoea.
IRR–ASP	刺鱼

要用鱼叉叉鱼时，首先用玻璃做一个鱼叉。在没有下雨的时候去溪边，因为（下雨的时候）鱼就不会出来。捕鱼时，在水流缓慢的河流附近，用玻璃叉鱼的方式捕鱼。当有鱼靠近的时候，就可以刺鱼了。

四　故事

1．五勇士

pan	to	moso-ḑa	maitsa	nenoanao.	moso-ḑa	eimo	tsi
有	OBL	REA.AF–ASP	像这样	久	REA.AF–ASP	五	REL

euozomɨ.	nanatʔotʔohaesa.	moso-ḑa	totovaha	ozomɨ.	io	nia
勇士	兄弟	REA.AF–ASP	每年	猎人头	IO	PST

ohaesa-si	to	moso	atavaesi	mameoi	ʔo	i-si	eaints-a:
弟弟–3SG.POSS	OBL	REA.AF	最	老	NOM	REA.NAF-3SG	说–PF

"oʔa	nte-ḑa	namatsi	pohtsiŋha?"	maitsa	ʔo	nia-ḑa	hioa-he.
NEG	CNTRFCT–ASP	必须	攻击	像这样	NOM	PST-ASP	做事–3PL.POSS

atsɨhɨ	atʰo	na	nia-ḑa	hioa-he.	moh-tsu-ḑa	naʔno
全部	准备武器	NOM	PST-ASP	工作–3PL.POSS	REA.AF–ASP-ASP	很

maʔmuaḑɨ.
勇猛

以前有个这样的关于五位勇士的故事。他们是兄弟，而且每年猎人头。勇士中那位年纪最大的弟弟说："我们不是应该攻击（Hmoiana）吗？"这五位勇士以前做事就是这样，全部都要准备武器，非常勇猛地对待敌人。

ʔo	isi	eaints-a	no	nia	ohaesa-si:	"oʔa	te	namatsi
NOM	3SG	说–PF	OBL	PST	弟弟–3SG.POSS	NEG	IRR	必须

pohtsiŋha.	tena	teai	ʔoahŋi."	eaints-a	no	nia	ateujunu	ohaesa-he:	"oʔa
攻击	IRR	做	亲戚	说–PF	OBL	PST	最年长	弟弟–3PL.POSS	NEG

te	namatsi	teai	ʔoahŋɨ.	te		aŋeov-a		pohtsɨtsɨh-a."	eaints-a	no	nia
IRR	必须	做	亲戚	IRR		杀–PF		一个接一个–PF	说–PF	OBL	PST

ohaeva-si:	"tena	soɨsnɨsmɨi	no	nia	hosa."	eaints-a	no	nia	ateujunu
哥哥–3SG.POSS	IRR	统治	OBL	PST	部落	说–PF	OBL	PST	最年长

ohaesa-he:	"mo	kuzo	ʔo	toʔtohɨŋɨ-su.	ohaeva.	m-itsi
弟弟–3PL.POSS	REA.AF	坏	NOM	想法–2SG.POSS	哥哥	AF–想

eaʔoahŋia	no	hmoiana."	moso	ozomɨ.	moh-tsu	nitʔitsɨ.	moso	uh
成为亲戚	OBL	hmoiana	REA.AF	猎人头	REA.AF–ASP	隔年	REA.AF	去

ne	aaskiti	ne	etɨpɨ.	homio	moh-tsu	naʔno	kuzo	na	nia
OBL	岸	OBL	海	CONJ	REA.AF–ASP	很	坏	NOM	PST

hioa-si.	i-he-su	tuno	peteonanʔov-a	na	moso	ɓotŋoni.
事情–3SG.POSS	REA.NAF–3PL–ASP	三	驱赶–PF	NOM	REA.AF	很多人

moso	osni	m-eedɨ	maineʔe	na	mo	jusno	peteonanʔov-a.	moso
REA.AF	立刻	AF–能够	回家	NOM	REA.AF	二	驱赶–PF	REA.AF

akeʔi	monʔi	m-eedɨ	maineʔe	na	moso	tson	tsi	peteonanʔov-a.
一点	快	AF–能够	回家	NOM	REA.AF	一	REL	驱赶–PF

o-he-tsu	optsoz-a	na	mo	joso.	mi-tsu-tsʔo	tsihi.
REA.NAF–3PL–ASP	杀–PF	NOM	REA.AF	二个人	REA.AF–ASP–ASP	一个人

mi-tsu	ʔaoko	pkaako.
REA.AF–ASP	一直	逃跑

他的另一位弟弟说:"我们没有必要攻击他们,我们会和他们成为亲戚的。"他们中年纪最大的那位弟弟说:"不一定会成为亲戚的,就把他们一个一个都杀了吧。"哥哥说:"他们应该由部落来统治。"他们年纪最大的弟弟接着说:"哥哥,你希望跟Hmoiana成为亲戚的想法不好。"于是(他们就去)猎人头。隔年的时候,他们去海岸边做了很坏的事情。他们把许多人驱赶成三群,两群立刻能回家,一群中快一点儿的人也能立刻回家。他们将其中两个人杀了,只剩下一个人。剩下的这个人一直在逃跑。

o-si-tsu	atsɨh-a	ootʰom-i	ʔo	maosʔosʔo.	o-si-tsu
REA.NAF–3SG–ASP	全部–PF	吃看看–LF	NOM	各种草	REA.NAF–3SG–ASP

fih-i	ʔo	hie.	o-si-tsu	fih-i	ʔo	feohɨ.	o-si-tsu
跟随–LF	NOM	太阳	REA.NAF–3SG–ASP	跟随–LF	NOM	月亮	REA.NAF–3SG–ASP

fih-i	ʔo	tuantɨhɨ.	o-si-tsu	fih-i	ʔo	fkuu.
跟随–LF	NOM	tuantɨhɨ星	REA.NAF–3SG–ASP	跟随–LF	NOM	北斗星

moh-tsu	petohɨji	edʑ.	pan	no	moso	eohɨ	tsi	dʑuhtu.
REA.AF–ASP	终于	发现	有	OBL	REA.AF	打猎	REL	久美人

moh-tsu	esmi	no	teova	no	dʑuhtu.	i-he	ait-i	no
REA.AF–ASP	到达	OBL	猎寮	GEN	久美人	REA.NAF–3PL	看–LF	GEN

dʑuhtu.	mio-nʔa	m-ahafo	no	fŋuu	no	haŋi.	ukʔana	tsi	snɨfɨ-si.
久美人	REA.AF–ASP	AF–带	OBL	头	GEN	敌人	NEG	REL	皮肤–3SG.POSS

moh-tsu	tonʔonʔo	ʔo	nia	snɨfɨ-si.	i-he	ait-i	no
REA.AF–ASP	腐烂	NOM	PST	皮肤–3SG.POSS	REA.NAF–3PL	看–LF	GEN

dʑuhtu.	i-he-tsu	aidʑidʑi-a.	i-he-tsu	peiʔ-neni	no	tsohma.
久美人	REA.NAF–3PL–ASP	照顾–PF	REA.NAF–3PL–ASP	煮–BF	OBL	粥

mi-tsu	akeʔi	m-eedʑ	aomotiʔɨ.	o-he-tsu	pʔ-an-i	no
REA.AF–ASP	一点	AF–能够	说话	REA.NAF–3PL–ASP	CAU–吃–LF	OBL

mo	ɨmnɨ	tsi	naveu.	mi-tsu	aidʑi	m-eedʑ	aomotiʔɨ
REA.AF	好	REL	饭	REA.AF–ASP	真正	AF–能够	说话

i-he-tsu	haf-a	maineʔe	ne	dʑuhtu.	moh-tsu	jon	ne	dʑuhtu.
REA.NAF–3PL–ASP	带–PF	回家	OBL	地名	REA.AF–ASP	在	OBL	地名

moh-tsu	m-eedʑ	maineʔe	tanʔe.
REA.AF–ASP	AF–能够	回家	PROX.DEM

那人由于饥饿沿途试着吃了不同种类的草。他跟着太阳，跟着月亮，跟着tuantihi星，跟着北斗星，夜以继日地在逃跑。最终他发现有久美人在打猎，于是他到了久美人的猎寮。久美人看到他还带着敌人的头，这颗头已经没有了皮肤，皮肤已经整个烂掉了。久美人照顾他，给他煮粥吃，他就能够开口说些话了。久美人让他吃顿好点儿的饭后，他真的能够说点儿话了。他们把他带回久美，让他待在久美，他才能够再回到这里来。

2．北斗七星的由来

moso	nana	eohɨ	na	eaazuonɨ.	moso	nana	oʔte	teedʑ	ho
REA.AF	EVID	打猎	NOM	eaazuonɨ	REA.AF	EVID	NEG	准时	CONJ

moso	mituŋutsu.	ho	moh-tsu	nana	tsmɨʔho	ho	mo	eohɨ
REA.AF	祭祀	当	REA.AF–ASP	EVID	回来	CONJ	REA.AF	打猎

mi-tsu	nana-ʔso	mituŋutsu.	ho	mi-tsu	tsmɨʔho,	tosvo	no	ieia.
REA.AF–ASP	EVID-ASP	祭祀	当	REA.AF–ASP	回来	停止	OBL	木板

ho	mi-tsu	nana	aomane	ahaʔo	psoepepe	na	ieia	tsi	i-he
当	REA.AF–ASP	EVID	不久	突然	飞上去	NOM	木板	REL	REA.NAF–3PL

no	eon-i	mo	pitu	tsi	eaazuonɨ.	ho	mi-tsu	nana	psoepepe
OBL	在–LF	REA.AF	七	REL	eaazuonɨ	当	REA.AF–ASP	EVID	飞上去

na	i-he	eon-i	tsi	ieia,	mo	nana	ahoi	psoepopohao
NOM	REA.NAF–3PL	在–LF	REL	木板	REA.AF	EVID	开始	慢慢地飞

ho	amiotsnɨ	no	oʔa	i-si	eno	titsɨh-a	no	mo	eon
CONJ	停留	OBL	NEG	REA.NAF–3SG	然后	到达–PF	OBL	REA.AF	在

no	tseoa.	mo	nana	miusnu	no	mo	eon	no	tseoa	ho
BOL	地面	REA.AF	EVID	回到	OBL	REA.AF	在	OBL	地面	CONJ

eaintsa:	"te-mu-ḍa	hoŋ-a	na	amia	ho	te-mia-ḍa	eon	ne
说	IRR–2PL–ASP	清楚看到–PF	NOM	1PL	CONJ	IRR–1PL–ASP	在	OBL

pepe,	tsi	te-mia-tsʔo-ḍa	tmuteueunu."	i-he	nana	eaez-a	eaintsa:
天空	CONJ	IRR–1PL–ASP–ASP	在一起	REA.NAF–3PL	EVID	也–PF	说

"ta-mu-ḍa	atsɨhɨ	teiʔtmɨ	amia.	ina	ta-mu	ahoi	teoḍɨ,	tena	naʔno
IRR–2PL–ASP	全部	照顾	1PL	INA	IRR–2PL	开始	看	IRR	非常

imnɨ	na	ta-si	atavei."	moh-tsu	nana	hutsmasi,	o-he-tsu
好	NOM	IRR–3SG	之后	REA.AF–ASP	EVID	隔天	REA.NAF–3PL–ASP

aɨmt-a	teiʔtm-i.	oʔa	i-he	nana	aht-a	teoḍɨ-i.	amio	moh-tsu
真的–PF	找–LF	NEG	REA.NAF–3PL	EVID	曾–PF	看到–LF	持续	REA.AF–ASP

noanaʔo,	o-he-tsu-ḍa	teoḍɨ-i	na	mo	pitu	tsi	tsoŋeoha.
很久	REA.NAF–3PL–ASP–ASP	看到–LF	NOM	REA.AF	七	REL	星星

  eaazuonɨ人去打猎了。因此，在家里人祭祀时，他们没有赶上。当他们打猎回来时，家里的人已经举行过祭典了，他们就站在木板上休息。片刻之后，七个eaazuonɨ人站的木板突然飞了上去。当这七个人和那块木板飞上去时，木板先慢慢地飞并停留在天上，再没有回到地面。他们转过头来对那些还在地上的（人）说："当我们在天空中时，你们会清楚地看到我们，因为我们将会在一起。"他们还说："你们都将照顾我们。先看到我们的人之后会有好运。"隔天，他们真的去找（天上的人），花了很长时间，（但）他们不曾看到天上的人，（而是）看到了七颗星星。

3．哭泣的孩子被带走

ho	moh-tsu	nana	feŋna,	pan	no	moso	nana	ʔaoko	moŋsi
当	REA.AF–ASP	EVID	傍晚	有	OBL	REA.AF	EVID	一直	哭泣

tsi	oko.	i-si	nana	eaints-a	no	ino-si:	"ho	mo
REL	孩子	REA.NAF–3SG	EVID	说–PF	GEN	母亲–3SG.POSS	当	REA.AF

ʔaoko	moŋsi	na	oko,	si-a	ta	tsotsa.	te-si	eaa	no	meefutsu."
一直	哭泣	NOM	孩子	放–PF	OBL	外面	IRR–3SG	拿	GEN	小矮人

nte-si-tsu	nana	aɨmt-a	si-a	no	tsotsa.	nte-si-tsu
CNTRFCT-3SG–ASP	EVID	真的–PF	放–PF	OBL	外面	CNTRFCT-3SG–ASP

nana	ada	teoŋasi.	atʔiŋha-tsʔo	tieov-a	no	meefutsu	ho	haf-a
EVID	真的	留	仅仅–ASP	带走–PF	GEN	小矮人	CONJ	带–PF

toekameosɨ	no	voetsɨvtsɨ.	i-si	nana	tatsun-i	na	oko	ho
跑入	OBL	黑暗	REA.NAF–3SG	EVID	带走–LF	NOM	孩子	CONJ

mo	moŋsi.
REA.AF	哭泣

傍晚的时候，有一个孩子一直哭。他的母亲说："孩子一直哭，（就）把他放在外面，小矮人会来带走他的。"她真的把孩子放在外面，她真的把他留在那边。然后，他被矮人带走了，跑入黑暗中。这个孩子被带走时还在哭。

4．虎口脱险

pan	no	moso	nana	eon	ne	iskiana	tsi	mamespiɲi.	moso
有	OBL	REA.AF	EVID	住	OBL	地名	REL	女人	REA.AF

nana	tsapo	ho	tiɓoɓkotsɨ	no	ehti	no	dauea	ho	toʔs-eni	no
EVID	爬	CONJ	折下	OBL	树枝	GEN	枫树	CONJ	丢–IF	OBL

tseoa.	nia	i-si	nana	toʔs-eni	no	tseoa	na	i-si
地面	PST	REA.NAF–3SG	EVID	丢–IF	OBL	地面	NOM	REA.NAF–3SG

tiɓoɓkotsa	tsi	dauea,	notfɨɲ-a-si	nana	tasutsi-a.	i-si	nana
折下	REL	枫树	同时–PF–3SG	EVID	收集–PF	REA.NAF–3SG	EVID

tsohiv-i	no	mamespiɲi	ho	te-si	tɨtpɨt-a	no	meefutsu.
知道–LF	GEN	女人	CONJ	IRR–3SG	捉–PF	GEN	小矮人

mi-tsu	nana	ʔaoko	eohoɨ.	ukʔa	tsi	mo	nana	ahtu	t<m>adʑ.
REA.AF–ASP	EVID	一直	大叫	NEG	REL	REA.AF	EVID	曾	听过

ukʔa	tsi	mo	nana	ʔso	oʔte	t<m>adʑ.	mi-tsu	nana	moozoeɨ:
NEG	REL	REA.AF	EVID	ASP	NEG	听到	REA.AF–ASP	EVID	大声呼叫

"euʔsipeohɨ	na	mamespiɲi."	mi-tsu	euʔsipeohɨ,	i-si-tsu	tɨtpɨt-a
下来	NOM	女人	REA.AF–ASP	下来	REA.NAF–3SG–ASP	捉–PF

no	meefutsu.	i-si	nana	teeskukueŋuv-eni,	mo	nana	eukatsi
GEN	小矮人	REA.NAF–3SG	EVID	前后地滚–BF	REA.AF	EVID	胯下爬

no	meefutsu	na	mamespiɲi.	mo	nana	mieɓotsɨ	na	meefutsu,
OBL	小矮人	NOM	女人	REA.AF	EVID	放屁	NOM	小矮人

homio	iatsʰi-a-si	tsotsv-i,	i-si-tsu	eaints-a	poesih-a	na
那时候	REFL-PF-3SG	笑–LF	REA.NAF-3SG-ASP	说–PF	松开–PF	NOM

mamespiɲi.	mi-tsu	nana	toekameosɨ	ho	i-si	poesih-a.
女人	REA.AF–ASP	EVID	跑掉	CONJ	REA.NAF-3SG	松开–PF

ʔaok-a-si	peoɓaŋ-a	ho	oʔte	aht-a	titsun-a.	i-si	nana
一直–PF-3SG	追–PF	CONJ	NEG	曾–PF	捉–PF	REA.NAF-3SG	EVID

atave-a	tsotseun-i	no	poeave.
最后–PF	丢向–LF	OBL	刀

有个女人住在iskiana。她爬上枫树并折下树枝丢在地上。就在她丢树枝的时候，他（指小矮人）把树枝捡起来。她知道自己会被小矮人捉走，就一直大叫，可没有人听得到，没有人真的能听到。（小矮人）大声呼叫："女人，下来。"她下来后，就被小矮人捉住了。她前后地滚，在小矮人的胯下爬行。这时，小矮人放了屁，他自己笑起来。这样，他松开了那个女人。当他松开时，（她）就跑掉了。小矮人一直追，再也没有捉住她。最后，他把刀丢向了她。

5. 被杀害的男孩

pan	no	moso	nana	noatsʰi	tsi	mi-tsu	akeʔi	saasmoeiskɨ
有	OBL	REA.AF	EVID	独自待在	REL	REA.AF–ASP	一点	年轻

tsi	oko.	ho	noatsʰi	no	emoo,	oʔa	mo	nana	smoeo	no
REL	孩子	当	独自待在	OBL	家	NEG	REA.AF	EVID	害怕	OBL

meefutsu.	moh-tsu	nana	noanaʔo	ho	mo	noatsʰi.	pan	no
小矮人	REA.AF–ASP	EVID	很久	CONJ	REA.AF	独自待在	有	OBL

mo	nana	ahaʔo	uso	tsi	meefutsu	ho	etokɨ.	ho	mi-tsu
REA.AF	EVID	突然	来	REL	小矮人	CONJ	用棒子敲打	当	REA.AF–ASP

nana	tsmiʔho	na	maameoi-si	ho	mo	uh	no	ezoeɨ,	ait-i
EVID	回家	NOM	父母–3SG.POSS	CONJ	REA.AF	去	OBL	田地	看–LF

na	nia	oko	ho	i-si	toʔsipue-a	no	aemana	no	emoo.
NOM	PST	孩子	CONJ	REA.NAF-3SG	悬吊–PF	OBL	房间	GEN	家

有个年轻的男孩独自一人在家。他一人在家里时，不害怕小矮人。他独自在家的时间很长。有个小矮人突然来了，带着棒子敲这个男孩。当男孩的父母亲从田里回家时，看到

死去的男孩吊在家中的房间里。

6．逃跑的母子

pan no nana ɖa mamespiŋi no eaazuoni̵ tsi mo ŋaŋhoi̵
有 OBL EVID ASP 女人 GEN eaazuni̵ REL REA.AF 怀孕

moso-tsʔo m-aezo ho noatsʰi. i-he-tsu nana ti̵tpi̵t-a
REA.AF–ASP AF–也 CONJ 一个人住 REA.NAF–3PL–ASP EVID 捉到–PF

ho eakak-a ho haf-a emounu maitaʔe. ho i-he nana
CONJ 拖–PF CONJ 带–PF 走到 那里 当 REA.NAF–3PL EVID

eakak-a ho mi no tseoni̵, mo nana ti<ɓko>ɓkotsi̵ no ma-ʔeʔ-evi.
拖–PF CONJ 走 OBL 路 REA.AF EVID <RED>折断 OBL MA–RED–树

nte-si-ɖa akoev-a no humi hotsi-ɖa m-eeɖi̵ toekamoosi̵. ɖea
CNTRFCT-3SG–ASP 打算–PF OBL 做记号 如果–ASP AF–能 跑走 ASP

nana m-aezo na meefutsu ho ti<ɓko>ɓkotsi̵. moh-tsu nana eaeo
EVID AF–也 NOM 小矮人 CONJ <RED>折断 REA.AF–ASP EVID 出生

na oko-si ho moso noupu no meefutsu. moh-tsu
NOM 孩子–3SG.POSS CONJ REA.AF 一起住 OBL 小矮人 REA.AF–ASP

nana ai̵ɖi̵ saasmoei̵ski̵ na oko-si. moh-tsu-ɖa asŋi̵tsi̵ fiho
EVID 真的 长大成人 NOM 孩子–3SG.POSS REA.AF–ASP–ASP 通常 跟随

ho ɖa eohi̵.
CONJ ASP 打猎

有个eaazuoni̵的女人怀孕了，她一个人住在家里。他（指小矮人）捉到她，然后拖着她走到一个遥远的地方。当小矮人拖着她走在路上的时候，她折断了很多树枝。她打算（用这种方式）做记号，希望逃走时可以使用这些记号。小矮人也折断树枝（以混淆她做的记号）。她跟小矮人住在一起时，她的小孩出生了。小孩长大了，长成一个年轻人。去打猎的时候，他通常都跟着小矮人。

o-si-tsu nana ɖa eaints-a no ino-si: "ho
REA.NAF–3SG–ASP EVID ASP 说–PF GEN 母亲–3SG.POSS 当

te-ko-ɖa fiho eohi̵, te-ko-ɖa miikikiiŋi̵. hotsi-ko-ɖa ɓaito no
IRR–2SG–ASP 跟随 打猎 IRR–2SG–ASP 环顾 如果–2SG–ASP 看 OBL

mo eaezoeia, itsʔo na oh-to eiʔmi." o-si-tsu
REA.AF 有田地 DIST.DEM NOM REA.NAF–1PL 来自 REA.NAF–3SG–ASP

nana ɖa eisɓita no ino-si ho moso-ɖa ɓaito no ezoei̵.

EVID	ASP	告诉	OBL	母亲–3SG.POSS	CONJ	REA.AF–ASP	看	OBL	田地

moh-tsu nana zotpuu no tonʔu. nte-he-ḍa akoev-a no
REA.AF–ASP EVID 捣 OBL 小米 CNTRFCT-3PL–ASP 打算–PF OBL
tsɨeɨ hotsi-ḍa m-eeḍɨ pkaako. moh-tsu-ḍa aepiŋɨ zotpuu no
准备干粮 如果–ASP AF–能 逃跑 REA.AF–ASP–ASP 结束 捣 OBL
te-hẹ tsɨeɨ. ahaʔo toekameosɨ ho emounu no o-he
IRR–3PL 准备粮食包 突然 跑走 CONJ 跑向 OBL REA.NAF–3PL
ait-i tsi ma-ezo-ezoeɨ. ho mo emounu, maitsa mio-tsʔo nana
看–LF REL MA-RED–田地 当 REA.AF 跑走 像这样 REA.AF–ASP EVID
mi no o-he-ḍa mi-a tsi tseonɨ i-he nana
经过 OBL REA.NAF–3PL–ASP 经过–PF REL 路 REA.NAF–3PL EVID
ait-i na o-he-ḍa tiɓoɓkots-a tsi ma-ʔeʔ-evi. mi-tsu
看–LF NOM REA.NAF–3PL–ASP 折断–PF REL MA–RED–树 REA.AF–ASP
nana aḍɨ kaahkɨmnɨ na mo euvahi. moh-tsu nana sitsʔihɨ no
EVID 真的 庞大 NOM REA.AF 长出来 REA.AF–ASP EVID 到达 OBL
emoo no puutu. i-he nana poa-totoefiŋɨ, tsi ŋoheiŋ-eni
房子 GEN 汉人 REA.NAF–3PL EVID CAUS–躲藏 CONJ 害怕–BF
hotsi-he teovʔoh-a no meefutsu. mi-tsu nana aomane, esmi na
假如–3PL 追上–PF GEN 小矮人 REA.AF–ASP EVID 一会儿之后 来 NOM
mo m-eoɓaŋo. i-he nana osni-a tuotsos-i no puutu ho
REA.AF AF–追 REA.NAF–3PL EVID 立刻–PF 问–LF OBL 汉人 CONJ
eaints-a: "pan no mo ahtu esmi tanʔe?" i-he nana
说–PF 有 OBL REA.AF 曾 经过 PROX.DEM REA.NAF–3PL EVID
eaints-a no puutu: "ʔa mi-tsu noanaʔo ho mo mi
说–PF GEN 汉人 EMPH REA.AF–ASP 很久 CONJ REA.AF 经过
tanʔe. aana te-mu aht-a teovʔoh-a."
PROX.DEM 不再 IRR–2PL 曾–PF 追上–PF

他的母亲说:"当你跟着他去打猎时,你要环顾四周。如果你看到哪里有田,那就是我们来的地方。"当他看到田地的时候,他就告诉了他的母亲。然后他们捣着小米,准备干粮,打算在逃跑时用。他们捣完准备的干粮后就赶紧跑了,并且跑向他们原来看到的田地。就这样跑,他们经过了曾经经过的路,看到了她以前折断的很多树枝,这些长出来的树真的非常高大。他们来到汉人的房子前,汉人让他们躲起来,因为他们害怕小矮人追上他们。

过了一会儿，追他们的那个人来了。他们立刻问那汉人，说道："有什么人经过这个地方吗？"汉人说："是的，他们已经离开这里很久了。你们再也追不上他们了。"

mi-tsu	nana	eusuhŋu	ho	moŋsi	no	hia	natsʔo-a.	ma
REA.AF–ASP	EVID	坐下来	CONJ	哭泣	OBL	程度	伤心–PF	EMPH

i-si	nana	eno	efiŋ-a	no	emoo	no	puutu.	moh-tsu
REA.NAF–3SG	EVID	然后	躲藏–PF	OBL	家	GEN	汉人	REA.AF–ASP

nana	iʔvaho	tsoetsoni.	moh-tsu	nana	ʔeopsi	ho	mi-tsu	sitsʔihɨ
EVID	再	走	REA.AF–ASP	EVID	天黑	CONJ	REA.AF–ASP	到达

no	emoo-si.	mi-tsu	nana	ahoi	eon	no	tsieŋona	no	hifi
OBL	家–3SG.POSS	REA.AF–ASP	EVID	先	待	OBL	另一边	GEN	茅草墙

ho	eiɓihɨ.	ho	i-si-tsu	nana	tadɨ-i	no	o-si
CONJ	吹口簧琴	当	REA.NAF–3SG–ASP	EVID	听到–LF	OBL	REA.NAF–3SG

ɖa	teoŋasi	tsi	oko-si,	i-si	nana	eaintsa:	"tsi	maisʔa
ASP	留下	REL	孩子–3SG.POSS	REA.NAF–3SG	EVID	说	CONJ	好像

eiɓihɨ	to	nia	ino."	ina	atavei-si	homio	moh-tsu	asonɨ
吹口簧琴	OBL	PST	母亲	INA	之后–3SG.POSS	那时候	REA.AF–ASP	可能

eimeimɨ.	ina	atavei-si	aana	os-ʔo	tsohiv-i.
进入	INA	之后–3SG.POSS	不再	REA.AF–1SG	知道–LF

小矮人坐下来哭了，非常伤心。其实他们就躲在汉人的家里。后来他们再度踏上旅程，到家的时候天已经黑了。他们先待在茅草墙的另一边，吹口簧琴。当口簧琴的声音被她当初留下来的孩子听到时，他说："这好像是我那过世的妈妈吹的。"至于后来，可能是他们进到房子里去了。最后的结局，我就不知道了。

7. 蛇变人

moso-ɖa	maitsa,	o-ʔu-ɖa	tadɨ-i,	ne	noanaʔo	moso
REA.AF–ASP	像那样	REA.NAF–1SG-ASP	听到–LF	OBL	很久	REA.AF

nana	ɖa...	siho	mi-tsu	feŋna,	ɖa	nana	uh	no	i-si
EVID	ASP	当	REA.AF–ASP	傍晚	ASP	EVID	去	OBL	REA.NAF–3SG

eon-i	no	mamespiŋi	na	fkoi	ho	tmutsou.	siho	ɖa-si	nana
住–LF	OBL	女人	NOM	蛇	CONJ	变成人	当	ASP–3SG	EVID

ait-i	no	mamespiŋi,	mo	nana	naʔno	eiɨɨmni	tsi	hahotsŋi.	oʔa
看–LF	OBL	女人	REA.AF	EVID	很	帅	REL	男人	NEG

i-si	nana	tsohiv-i	ho	zou	fkoi.
REA.NAF–3SG	EVID	知道–LF	CONJ	COP	蛇

我常听到这个故事。很久以前，傍晚的时候，蛇会跑去女人住的地方，然后变成人。当女人看到它时，她看到的是一个很帅的男人。她不知道那就是蛇。

8．投胎为人

ine	noanaʔo	moso	nana	ḍa	mavʔovʔo	na	moso-ḍa	tmu-tsou.
INA	很久	REA.AF	EVID	ASP	各式各样	NOM	REA.AF–ASP	转变–人

maitsa,	na	oʔa	moso-nʔa	hitsu	na	mo	maitsa?	atsɨhi	na
像这样	NOM	NEG	REA.AF–ASP	灵魂	NOM	REA.AF	像这样	全部	NOM

fkoi	fuzu	kuhku	eitisa	eŋohtsu	ho	poḍo.	o-he-ḍa	nana	akvo-a
蛇	山猪	狐狸	昆虫	水鬼	CONJ	蚯蚓	REA.NAF–3PL–ASP	EVID	引出–PF

ʔo	eŋohtsu	ho	oh-tsu	nana	akvo-a,	moh-tsu	nana
NOM	水鬼	CONJ	REA.NAF-ASP	EVID	引出–PF	REA.AF–ASP	EVID

tsmoehu	ho	naʔno	kui	tsi	smɨnɨi.	ina	feoho	no	maapapai,
台风	CONJ	很	厉害	REL	下雨	INA	急流	OBL	稻田

ḍa-he-tsʔo	ahaʔv-a	ŋohtsu-i	no	himnonu.	ḍa	nana	eiʔmi	no
ASP–3PL–ASP	突然–PF	流向–LF	OBL	主人	ASP	EVID	来自	OBL

oiʔi-si	ho	meausnu	ne	eaiku.	ho	ḍa-si	nana	poa-oʔtena-etɨpɨ
下面–3SG.POSS	CONJ	流入	OBL	地名	当	ASP–3SG	EVID	CAUS–NEG–洪水

ta-si	eomia	no	sʔofɨ	ho	ispepi-a	na	tsʰumu,	tena-tsʔu	nana	ɨmnɨ
IRR–3SG	用	OBL	树枝	当	分开–PF	NOM	水	IRR–ASP	EVID	漂亮

tsi	emoo	no	eŋohtsu.	na	i-si	ait-i.
REL	房子	OBL	急流	NOM	REA.NAF–3SG	看到–LF

很久以前，各式各样的物体都可以投胎为人。那些灵魂不是这样的吗？包括蛇、山猪、狐狸、昆虫、水鬼和蚯蚓（都可以投胎为人）。人们引出水鬼，当它被引出来的时候，就会有台风，而且下雨下得很厉害。稻田里的急流就突然地流向这个地区的主人。水从低地来，并且流入 eaiku（地名）。水鬼用一根树枝让洪水不再继续，当他分开水的时候，急流中出现漂亮的房子。那就是人家所看到的。

9．邹人和山猪

moso	maitsa,	o-he-ḍa	eisɓit-a,	eiʔmi	no	pʰiŋi	ho
REA.AF	像这样	REA.NAF–3PL–ASP	说–PF	来自	OBL	门	CONJ

toʔsiemiavi.	moh-tsu	ahoi	ʔo	fuzu,	homio	oh-tsu	akvo-a.
在暗处攻击	REA.AF–ASP	开始	NOM	山猪	那时候	REA.NAF–ASP	引出–PF

ahoi	homio,	pan	no	moso	nana	ɖa	sueumo	tsi	mo
开始	那时候	有	OBL	REA.AF	EVID	ASP	攻击	REL	REA.AF

ɓotŋoni	tsi	fuzu.	moso	nana	sueumo	no	mo	eon	no	kuɓa.
很多	REL	山猪	REA.AF	EVID	攻击	OBL	REA.AF	在	OBL	祭场

ahoz-a-he	nana	paʔe-a	na	masisiesi-si	ho	poa-oefia	na	kuɓa
先–PF-3PL	EVID	挖–PF	NOM	柱子–3SG.POSS	CONJ	CAUS–倒塌	NOM	祭场

ho	i-si	ait-i	na	moso	eon	no	kuɓa	tsi	tsou
CONJ	REA.NAF–3SG	看–LF	NOM	REA.AF	在	OBL	祭场	REL	男人

ho	mo	toekameosi.	i-si	nana	peoɓaŋ-a	ho	an-a.
CONJ	REA.AF	逃跑	REA.NAF–3SG	EVID	追–PF	CONJ	吃–PF

moso	nana	ɓotŋoni	na	moso	eon	no	kuɓa.	mi-tsu-tsʔo
REA.AF	EVID	很多	NOM	REA.AF	在	OBL	祭场	REA.AF–ASP–ASP

nana	eoso	na	oʔa	mo	mtsoi.	moh-tsu	nana	aepiŋi	sueumo
EVID	两人	NOM	NEG	REA.AF	死	REA.AF–ASP	EVID	结束	攻击

na	fuzu,	evasizi	ho	mai	taʔe.	moh-tsu	nana	uh	no
NOM	山猪	一起走	CONJ	像	DIST.DEM	REA.AF–ASP	EVID	去	OBL

einʔi	ho	oʔte	nomso	no	hia	ɓotŋoni	moh-tsu	moŋoi	no
杂草原	CONJ	NEG	有足够空间	OBL	程度	很多	REA.AF–ASP	离开	OBL

itsʔo	ho	uh	no	mo	naʔno	meoi	no	einʔi.	mi-tsu
DIST.DEM	CONJ	去	OBL	REA.AF	很	大	OBL	杂草原	REA.AF–ASP

nana	nomso.	o-he-tsu	nana	us-a	no	moh-tsu-tsʔo
EVID	有足够的空间	REA.NAF–3PL–ASP	EVID	去–PF	OBL	REA.AF–ASP–ASP

eoso	tsi	tsou	ho	hmoi.	moh-tsu-tsʔo	nana	tsoni	na	oʔa
两	REL	邹人	CONJ	放火烧	REA.AF–ASP–ASP	EVID	一	NOM	NEG

mo-tsʔo	nisʔiha.	ahomamso	nia	ino-si	tsi	mo	eaa	eaeoa
REA.AF–ASP	烧死	剩下	PST	母亲–3SG.POSS	REL	REA.AF	有	胎儿

na	ɓieo-si.	hotsi	moso	nana	tuupu	na	ino-si,
NOM	肚子–3SG.POSS	如果	REA.AF	EVID	一起死	NOM	母亲–3SG.POSS

ukʔana	tsi	nte	maitanʔe	ɖa	fuzu	ta	fueŋu.
NEG	REL	CNTRFCT	现在	ASP	山猪	OBL	山

是这样子的，他们说，山猪从门那里过来，而且在暗处发起攻击。从它们被引出来的时候开始，有很多山猪在攻击，攻击那些留在祭典场地的人。它们首先挖柱子让祭场倒塌，然后看到在祭典场地里有人逃跑，它们就去追，然后吃掉逃跑的人。留在祭典场地的人有很多，没死的只有两个。山猪结束攻击后，就聚在一起去一个遥远的地方。它们来到杂草原，但那里没有足够的空间容纳这么多只的山猪。它们离开那里，又去另一个非常大的杂草原，那里有足够的空间。剩下的那两个邹人去放火烧掉（那个大的杂草原），没有被烧死的山猪只有一只。剩下的这一只山猪是雌的，肚里有猪崽。如果连它都一起死了，现在山里也就不会再有山猪了。

10. 狐狸变人

ina	nana	ḍa	kuhku.	siho	mi-tsu	feŋna,	te-tsʔu	ahaʔo
INA	EVID	ASP	狐狸	当	REA.AF–ASP	晚上	IRR–ASP	突然

tmutsou	ho	uh	no	i-si	eon-i	no	mamespiŋi	tsi	tsou.	ho
变成人	CONJ	去	OBL	REA.NAF–3SG	住–LF	OBL	女人	REL	邹人	当

mi-tsu	nana	taseona,	te-tsʔu	moŋoi.	moh-tsu	nana	akeʔi	noanaʔo,
REA.AF–ASP	EVID	早上	IRR–ASP	离开	REA.AF–ASP	EVID	一点	很久

o-si	nana	fut-a	no	mo	tatsvohʔi	tsi	teesi	na
REA.NAF–3SG	EVID	绑–PF	OBL	REA.AF	长	REL	绳子	NOM

iatsʰi-si	emutsu.	moso	nana	ḍa	uh	no	mo	tsovhi	ho
REFL-3SG.POSS	手	REA.AF	EVID	ASP	去	OBL	REA.AF	远	CONJ

oeŋiti.	i-si-tsu	nana	fih-i	no	mamespiŋi	na	teesi.	ina
睡觉	REA.NAF–3SG–ASP	EVID	跟–LF	GEN	女人	NOM	绳子	INA

i-si	seoisi	no	teesi,	ma	ina	ḍa	asŋitsɨ	noepohɨ	ho
REA.NAF–3SG	绑	OBL	绳子	EMPH	INA	ASP	一直	陪伴	CONJ

ḍa	feŋna	tsi	kuhku.	i-si	nana	ahoz-a	homio	ho
ASP	傍晚	REL	狐狸	REA.NAF–3SG	EVID	开始–PF	那时候	CONJ

tsohiv-i	no	mamespiŋi	ho	oʔa	aɨmtɨ	eatatiskova.
知道–LF	GEN	女人	CONJ	NEG	真的	人类

有一只狐狸，到了晚上就突然变成人，并且去女人住的地方。早上，它就会离开。过了很久，她在狐狸的手臂上绑了一条长长的绳子。狐狸去一个遥远的地方睡觉，这女人就跟着绳子，绳子那头绑着的东西变成晚上一直如伴侣般陪伴自己的狐狸。从那时候开始这女人就知道它并不是真正的人。

参考文献

何大安 1976 邹语音韵,"中研院"历史语言研究所编《历史语言研究所集刊第四十七本第二分册》,南京:江苏古籍出版社。

潘家荣 2014 沙阿鲁阿语和邹语的形容词,《南开语言学刊》第2期。

潘家荣 2019 邹语和拉阿鲁哇语的祈使结构,《黔南民族师范学院学报》第3期。

潘家荣 2020 邹语时点和时段的词性特征,《百色学院学报》第4期。

潘家荣、杜佳烜 2019 阿里山邹语语序初探,《汉藏语学报》第9期。

潘家荣、张永利 2017 邹语概况,《汉藏语学报》第8期。

齐莉莎 2000《邹语参考语法》,台北:远流出版社。

张永利、潘家荣 2018[2016]《邹语语法概论》(第二版),新北市:"原住民族委员会"出版社。

Blust, Robert 1977 The proto-Austronesian pronouns and Austronesian subgrouping: A preliminary report, *University of Hawai'i Working Papers in Linguistics*, Vol.9, No.2. pp.1–15.

Blust, Robert 1999 Subgrouping, circularity and extinction: Some issues in Austronesian comparative linguistics. In Elizabeth Zeitoun and Paul Jen-kuei Li, eds. *The Eighth International Conference on Austronesian Linguistics*, Taipei: Academia Sinica. pp.31–94.

Chang, Henry Y 2009 Adverbial verbs and adverbial compounds in Tsou: A syntactic analysis, *Oceanic Linguistics*, Vol.48, No.2. pp.439–476.

Chang, Henry Y 2011a Transitivity, ergativity, and the status of O in Tsou. In Chang Jung-hsing, ed. *Language and Cognition: Festschrift in Honor of James H.-Y. Tai on His 70th Birthday*, Taipei: The Crane Publishing Co. pp.277–308.

Chang, Henry Y 2011b Triadic encoding in Tsou, *Language and Linguistics*, Vol.12, No.4. pp.799–843.

Chang, Henry Y 2015a Nominal aspect in Tsou. In Elizabeth Zeitoun, Stancy F. Teng and Joy J. Wu, eds. *New Advances in Formosan Linguistics*, Canberra: The Australian National University. pp.157–182.

Chang, Henry Y 2015b Extractions in Tsou causative applicatives, *Lingua Sinica*, Vol.1. No.1. pp.1–48.

Chang, Melody Ya-yin 1998 *Wh-constructions and the Problem of Wh-movement in Tsou*, M.A. thesis, Tsing Hua University.

Chang, Melody Ya-yin 2002 Nominalization in Tsou, *Language and Linguistics*, Vol.3, No.2. pp.335–348.

Chang, Melody Ya-yin 2004 *Subjecthood in Tsou Grammar*, Ph.D. dissertation, Tsing Hua University.

Chen, Yin-ling 2002 *Tsou Phonology: A Study of Its Phonemes, Syllable Structure and Loanwords*, M.A. thesis, Tsing Hua University.

Huang, Huei-ju 2010 *The Syntax and Pragmatics of Clausal Constituents in Tsou Discourse*, Ph.D. dissertation, Taiwan University.

Huang, Huei-ju and Shuanfan Huang 2007 Lexical perspectives on voice construction in Tsou, *Oceanic Linguistics*, Vol.46, No.2. pp.424–455.

Huang, Shuanfan 2002 Tsou is different: A cognitive perspective on language, emotion, and body, *Cognitive Linguistics*, Vol.13, No.2. pp.167–186.

Li, Paul Jen-kuei 1979 Variations in the Tsou dialects, *Bulletin of Institute of History and Philosophy*, Vol.50, No.2. pp.273–296.

Lin, Gujing 2010 *Argument Structure of Tsou: Simplex and Complex Predicates*, Ph.D. dissertation, Rice University.

Lin, Gujing 2017 Event integration and argument realization in nonconcordant verb serialization in Tsou, *Oceanic Linguistics*, Vol.56, No.1. pp.42–72.

Liu, Tsai-hsiu 2011 *Complementation in Three Formosan Languages — Amis, Mayrinax Atayal, and Tsou*, Ph.D. dissertation, University of Hawa'i.

Pan, Chia-jung 2010 *The Grammatical Realization of Temporal Expressions in Tsou*, Muenchen: Lincom Europa.

Tsai, Wei-tien Dylan and Melody Yayin Chang 2003 Two types of wh-adverbials: A typological study of HOW and WHY in Tsou. In Pierre Pica, ed. *The Linguistic Variation Yearbook*, Amsterdam: John Benjamins Publishing Company. pp.213–236.

Tsuchida, Shigeru 1976 *Reconstruction of Proto-Tsouic Phonology*, Ph.D. dissertation, Yale University.

Wright, Richard and Peter Ladefoged. 1994. A phonetic study of Tsou, *UCLA Working Papers in Phonetics*, No.87. pp.67–92.

Wright, Richard 1996 *Consonant Clusters and Cue Perception in Tsou*. Ph.D. dissertation, University of California, Los Angeles.

Zeitoun, Elizabeth 2005 Tsou. In Alexander Adelaar and Nikolaus Himmelmann, eds. *The Austronesian Languages of Asia and Madagascar*, London and New York: Routledge. pp.259–290.

调查手记

2016年年中，我有幸收到丁石庆先生邀请，主持"中国语言资源保护工程专项任务""濒危语言调查·台湾嘉义邹语"项目。随着调查的全面展开和不断深入，嘉义县丰富多彩的民族文化、得天独厚的语言资源和善良淳朴的民风民俗，特别是当地广大邹人朋友对知识分子的尊重敬仰之情、对自己民族语言的热爱保护之意，都给我留下了非常深刻的印象，并最终转化为一份力量和责任感，促使我为嘉义邹语文化的保护和传承做些努力。

我们的调查工作是在2016年的夏天展开的。在此之前，我已有一定的邹语研究基础，感觉难度不会太大。但与我熟识的几位发音人在几年前已经相继离开，我们不得不寻找新的发音人，这给项目增加了难度。几经周折，最终确定了两位发音人。遗憾的是，其中一位男性发音人，虽年龄合适，却只剩下几颗牙齿，严格来讲不符合要求。在与语保工程领导沟通之后，还是选择了他，原因无他，确实找不到更合适的发音人了。

团队合影　台湾嘉义县 2016.8.8 潘家荣 提供

确定好了发音人之后，在工作地点又出现了一些问题。由于调查是在夏天，阿里山山上容易午后下雷阵雨，雨声很大，我们团队无法进行摄像和录音，于是临时联系阿里山山下中正大学的接待中心。适逢暑假，学校没有太多师生在校，也没有举办学术活动，就在那里住了几天，每天白天就是抓紧时间给发音人摄像、录音。

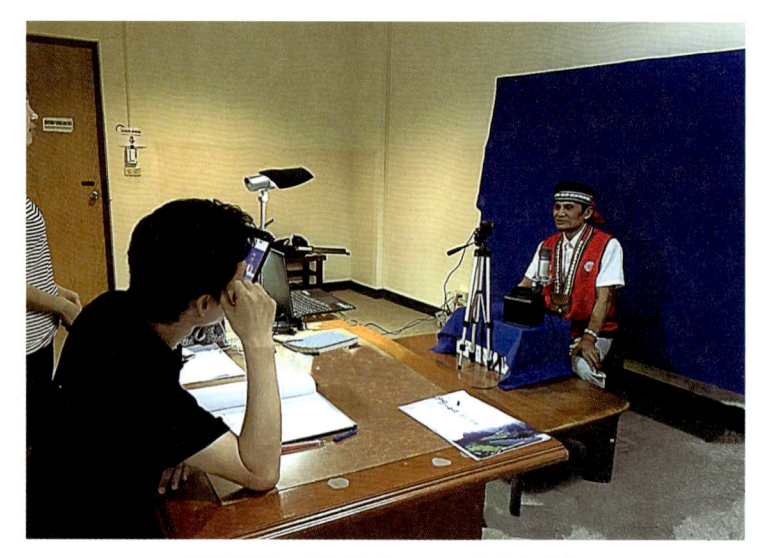

录音现场　台湾嘉义县 2016.8.8 潘家荣 提供

嘉义县阿里山乡集青山、绿水、雄浑于一身，她的美说不完、看不厌，宛若一颗明珠镶嵌在玉山山脉，散发着耀眼的光芒。漫步在街上，到处都能看到具有邹人特色的建筑物穹顶。嘉义县除主体民族为汉族外，就只分布着邹人，他们的生产生活方式同中有异、异中有同，共同构成了绚丽多姿的民族文化。邹人的语言文化不仅极富魅力，而且是该区域独特而深厚的人文资源的有机组成部分。

嘉义这一历史文化圣地虽偏居阿里山乡，但以其厚重的历史、多彩的文化呈现出更加灿烂的现代价值。在多民族和谐共存、和睦相处的过程中，嘉义凭借其独特的语言交融特征和珍贵的民族语言资源，越来越受到国内外专家学者的重视和青睐，神秘古老的嘉义邹语也以其特有的文化神韵展现在当代世界多元文化之列。

邹语属于南岛语系语言，因此嘉义成了研究南岛语言的语言宝库，也是进行古今南岛语言比较研究的大型语料库。在这里的每一份材料都极为珍贵。

作为学习研究嘉义邹语文化的一名学者，能切身感受她的神奇，领略她的厚重，吮吸她的养分，是我的荣幸，也是我进行学术研究的源泉。

自踏上嘉义阿里山乡这片土地的那天起，我就深深地感受到了邹人同胞的礼让和热情。

初涉生地，接触生人，问路坐车，总是怀着一种忐忑的心情，但一接触到邹人，立刻就会发现其独特之处。每次问路，邹人都会不厌其烦地给我指引。讲不清楚时，他们还会亲自带路。

此外，语言学田野调查是一项艰苦的工作，在许多时候是十分单调和枯燥的。在调查的过程中，常常会遇到一个词条录制多遍却仍然不满意、一个问题询问许多次却仍然得不到解答的情况。作为调查者，必须以足够的耐心同发音人进行沟通互动，并虚心向发音人请教。只有不断地观察、聆听、思考，再观察、再聆听、再思考，仔细地记录和捕捉每一个信息，才能触碰到语言的精妙之处。

尽管调查的过程并不是一帆风顺，但在当地乡亲们的热心帮助下，大大小小的问题都得到了妥善的解决。在阿里山，我们收获的不仅仅是调查的经验和邹语的知识，更是邹人朋友的深厚友谊。

回想在阿里山乡的每一天，我听到的最多、最熟悉的一句话是"您研究我们的语言，我们应该感谢您！"每每听到这样的话语，我心里都热乎乎的，同时我也感受到了一份沉甸甸的责任和一种殷切的期待！我不断地问自己："你能否担得起这份责任？你该如何回报这份深深的、浓浓的厚爱和期许？"答案只有一个，那就是发奋学习邹语，努力研究邹语！

在阿里山乡调查期间，处处受到热情的接待，被奉为上宾。乡公所专门安排邹人耆老帮助我调查嘉义邹语，让我深刻体会到了身为人民教师又被冠以"专家学者"名号的责任。常常感到忝入"专家学者"之列，盛名之下，其实难副。

时间过得真快，一晃我离开阿里山乡已经好几年了。前前后后的数次调查，让我收集到了一批又一批非常珍贵的资料。但这仅仅是开始，今后我还要不断深入当地做好调查，为嘉义邹语文化的抢救、保护和发展贡献自己的一份力量。

后 记

从最初2004年调查邹语到现在，一转眼已经20年了。很惭愧的是，本人投入的时间和精力有限，加之能力不足，一路跌跌撞撞，始终感觉对邹语还是不太了解。从2003年开始调查民族语言以来，共深入考察了几种少数民族语言，但始终不变的是，邹人一直是我最钟爱的原住民。原因很简单，就语言本身而言，邹语在类型学上具有很多值得关注的特点，许多现象的理论价值不菲，比如格位系统、示证范畴、助动词、时体态等。同时，正因为它还具有不少存古的南岛语遗迹，邹语在南岛语系属分类上始终独立占据一个分支；就人文而言，邹人具有深厚的文化底蕴，温和谦恭、待人真诚友善。

2004年在硕士导师张永利研究员的指导下开始调查阿里山邹语。那是我第一次了解到邹语，自此开启了研究邹语的漫长旅程。不同阶段都有着不同的收获。每次开展一个新的研究课题时，总是满怀热情地投入考察之中，但到了研究课题收尾时，既有些许遗憾，又觉得倍受鼓舞。遗憾的是，研究成果好像并不那么令自己满意，总觉得缺点什么东西；倍受鼓舞的是，又可以重新开始（或继续）一段新的研究旅程。期许能像麦哲伦那样航行在发掘未知的远洋的旅程上，自己也能航行在邹语研究的浩瀚无边的汪洋中。

本课题的诞生，还得益于中央民族大学丁石庆教授的推荐。书稿撰写过程中，得到了总主编曹志耘教授、中国传媒大学人文学院李大勤教授和北京师范大学珠海校区人文和社会科学高等研究院语言科学研究中心执行主任黄行教授的鼓励和指导。同时感谢商务印书馆编辑戴燃女士在审稿过程中提出了许多的宝贵意见和建议。还要感谢南开大学文学院2015级博士生丛珊和南开大学文学院2015级硕士生房冬青前往台湾协助录制邹语语料，同时感谢南开大学文学院2015级硕士生房冬青、南开大学文学院2017级硕士生卢海、北京师范大学文学院2022级博士生潘雪雨晴协助整理本书初稿。

谨以此书献给我深爱的邹人和amo Pasuya（郑政宗，卒于2012年）！

潘家荣
2024年4月19日